上海故事

上海音像资料馆 编

一座城市的温暖记忆

上海大学出版社

图书在版编目(CIP)数据

上海故事：一座城市的温暖记忆/上海音像资料馆编.—上海：上海大学出版社，2018.8 (2019.4重印)
ISBN 978-7-5671-3200-9

Ⅰ.①上… Ⅱ.①上… Ⅲ.①城市史－上海 Ⅳ.①K295.1

中国版本图书馆 CIP 数据核字（2018）第 158926 号

责任编辑　陈　强
装帧设计　倪天辰
技术编辑　金　鑫　钱宇坤

上海故事：一座城市的温暖记忆
上海音像资料馆　编
上海大学出版社出版发行
(上海市上大路99号　邮政编码200444)
(http://www.shupress.cn　发行热线021-66135112)
出版人　戴骏豪
*
南京展望文化发展有限公司排版
上海颛辉印刷厂印刷　　各地新华书店经销
开本 710mm × 1000mm　1/16　印张22.5　字数345千
2018年8月第1版　2019年4月第2次印刷
ISBN 978-7-5671-3200-9/K·182　定价　48.00元

序：呵护城市的集体记忆　塑造城市的集体人格

2011年元旦，上海音像资料馆立足于为上海这座城市挖掘弥足珍贵的记忆，策划开办了电视周播节目"上海故事"。节目开播以来，秉承"贴近百姓、抚今追昔、继往开来"的原则，讲述上海故事、传承上海文化、弘扬上海精神，唤醒了无数沉睡于泛黄胶片中的声光色影，撰写了一部活色生香的上海影像志。

上海音像资料馆作为上海唯一的专业音像档案馆，收藏管理着超过100万小时的音像资料，其中包括拍摄于1898年的外滩活动影像、大量20世纪二三十年代以来有关上海这座城市的历史影像和上海广播电视台全部广播电视音视频资料。这些宝贵的历史人文遗产，犹如童话中的"睡美人"，等待着王子将之唤醒。

而"上海故事"栏目的"王子之吻"，为"睡美人"重拾了生命的体温。就如同家庭会通过影集留住共同的生活记忆，"上海故事"通过回顾这座城市的前世今生，化身承载"集体记忆"的"上海城市影集"。例如：本书中收录的《我在人民公园》《少年宫的记忆》和《记忆里的体育场馆》等一系列既有丰富历史影像资料，又有丰富民间记忆的文章，传播着可阅读的建筑，连接起了历史与现实；而《告别"蜗居"年代》《公交变奏曲》《记忆中的年味》和《情洒小三线》等，则呈现着城市的沧桑变迁，留住了上海人的乡愁记忆。

记得曾有人对"文化"下过这样的定义：文化，是一种包含精神价值和生活方式的生态共同体；它通过积累和引导，创建集体人格。"上海故事"正是通过讲述个人命运，以小见大、以水滴汇成洪流，折射出时代的风云变幻。节目通过历史见证人的真实讲述和珍贵影像资料有机结合，寻找历史记忆，挖掘精神宝藏，凸显价值导向，描摹出这座城市最具人文关怀的"集体人格"。历史岁月在这里成了将历史影像资料点石成金的"魔法棒"。

对于老年人来说，"上海故事"是真切的回忆；对于年轻人来说，"上海故事"是历史的传承；正是通过极具地方特色的史话故事，"上海故事"传承着上海的城市精神风貌，彰显着上海城市气质特征。例如：以上海品牌和中华老字号为主题的《屋里厢的三大件》系列、《海鸥照相机的故事》和《我爱星广会》等，就蕴含了太多的上海城市精神与城市荣耀。

从音像资料馆的专业角度来说，"上海故事"电视节目的播出推动了音像资料的编研与开发，赋予了历史影像二次生命。但我以为，唤起和守护人们对上海这座城市温暖的集体记忆，塑造起城市"集体人格"的文化意义更为重要。

上海音像资料馆馆长　**乐建强**

2018 年 7 月 11 日

本书编委会

总　　编
乐建强　戴骏豪

主　　编
王明远

策　　划
王良鸣

审　　订
项先尧

编　　导
范竞秋　李　霞　王　戎　曾凡荣　郝晓霞
周　倩　罗伟建　张云骅　邵大星　冯　如
夏　宁　普　郁　吴　琼　莫晓斐

编　　辑
张文婕　李佳敏

本书执笔
陈　强　徐雁华

目 录

告别"蜗居"年代 / 1

公交变奏曲 / 15

家有独生子女 / 26

记忆中的年味 / 37

浓油赤酱本帮菜 / 49

上海点心 / 61

西餐那些事 / 75

少年宫的记忆 / 86

弄堂里的童年游戏 / 98

动物园里趣事多 / 107

孵茶馆 / 121

我在人民公园 / 133

阿拉上海闲话 / 145

上海人讲普通话 / 155

"屋里厢的三大件"之上海
　　手表 / 166

"屋里厢的三大件"之上海
　　自行车 / 179

"屋里厢的三大件"之上海
　　缝纫机 / 192

海鸥相机的故事 / 202

记忆里的体育场馆 / 215

记忆中的动画片 / 228

记忆里的中国好声音 / 243

我爱星广会 / 255

名著人生 / 267

高考1977 / 278

情洒小三线 / 292

上海医生在非洲 / 305

照片美化大师的绝活 / 317

空嫂20年 / 327

上海裁缝 / 339

告别"蜗居"年代

20世纪七八十年代,居民住房困难的问题一直困扰着上海,一家数口挤在区区几平方米的阁楼里,床上、地上都睡满了人,这是大量上海城市居民住房情况的真实写照。为了解决这一困难,上海启动了旧区改造的民生工程,30多年来,旧区改造的持续推进使得成片的棚户区一片片消失,多位一体的住房保障政策让居民的住房条件今非昔比。如今,当原来住在棚户简屋里的居民回首这30多年来上海的住房变化时,个个感慨万千。

繁华商业街后的陋室生活

上世纪七八十年代的上海,居民住房条件十分恶劣,旧区改造面临的形势十分严峻。1984年,为了向中央汇报上海新一轮城市规划的思路和举措,上海城市规划局会同上海科教电影制片厂拍摄了一部内参片——《上海市城市总体规划》,该片真实地反映了当时上海市民居住条件的窘况,影片里可以看到:从一个大门进去,一幢石库门住宅就住有15户人家,一个狭小的走廊既是过道又是厨房。另一户人家,在一个4平方米后楼里,住着老两口和他们的两个儿子,只好在房间里搭个小阁楼,谁能想到在上海最著名、最繁华的南京路商业街背后竟然还有这样的角落。

30多年过去了,当年出现在镜头里的这些居民搬迁到哪里去了?他们

上海曾经的棚户简屋

如今的居住条件又如何呢？《上海故事》的编导根据当年镜头中的画面，旧地重访。两位知情人把记者带到了南京东路旁的香粉弄，原来，如今春申江宾馆的位置就是当年镜头里的那栋危房，而原来住在这里的居民大多搬迁到了浦东的梅园新村。佘桂珍阿姨说，她有个小学同学柏龙应当年就曾经居住在这个房子里，于是，编导又专程前往梅园新村拜访，听明编导的来意后，柏龙应热心地帮助我们找到了30多年前一起搬来的老邻居，这部老影片勾起了他们共同的回忆。

梅园新村居民蔡月娥记得，当时她家的楼板缝隙之大，楼上人家的东西不小心会从地板的间隙掉到楼下，老人和小孩在上下阁楼时，也常会因为扶手的松动从陡峭的楼梯上摔下来。蔡月娥说："（地板）是七高八低的，而且有的时候踏得不小心'咯噔'一下会踏空的，会坏掉的，我们一拖地板，水就漏下去了，人家楼下在做饼什么的楼上的水就漏下去了。"当年影片中有一段旁白："我们又访问了一个拥挤户，7个平方米，6口人，1老5少，4女2男。入夜，床上、地上睡满了人。"对此，蔡月娥有着真切的记忆，她记得自己小时候，爸爸、妈妈睡在床上，自己就睡在四把凳子拼成的"床"上，全家人挤在七八平方米的房间里，和鸽子笼没什么两样，梅园新村的居民张建东也有着同样的经历，他回忆："两个人睡床两个人睡地铺，（睡地铺的人）两只脚要放在桌子下面的。"

告别"蜗居"年代

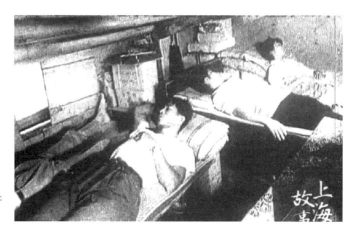

上海市民居住条件曾经非常窘迫

告别棚户区的早期动迁户

　　就在这部内部电影拍摄后没几年,南京东路旁的这个地块就开始动迁了。1985年,蔡月娥和她的一些邻居搬进了浦东梅园新村,新房子独门独户、煤卫独用,他们可以说是改革开放以后上海较早通过动迁解决住房困境的居民。

　　在那部纪录片中还提到,当时上海市区还有300多万平方米的棚户简屋,改造任务非常艰巨,而南市区的西凌家宅就是其中的一片。1984年,西凌家宅的居民终于住进了新公房,他们再也不用挤在狭小的空间里,再也不用在公共走道里烧饭。据当时的新闻资料显示,西凌家宅地区改造,涉及3000多户居民、54个企事业单位,建成后的西凌家宅住宅小区由15幢高层建筑和12幢多层建筑组成,这里已成为上海市区又一个新型居民住宅区。

　　朱菊英老人在西凌家宅住了半个多世纪,看到影片中的画面,她不禁回忆起了过去住在棚户区的生活:"最热的时候外面马路旁边都睡满的,很可怜的,真苦,睡过夜的人也有的,有的半夜就逃进去了,有的在外面睡到天亮。"舒薇敏也曾经生活在西凌家宅,那些年,20多个平方米的简屋里住着他们一家8口人,如今舒薇敏还保存着当年的床沿布,这是对过去棚户区生活的一种纪念。那时，由于棚户区居民家里狭小窘迫，有客人来了也没有地方坐，让客人坐床上又怕脏，于是聪明的上海人便利用家里多余的布料做成床沿布盖在床上，客人来了让他们坐在上面，客人走了就可以拿掉。对于这样的生活细节，同是西凌家宅棚户区里的老居民李瑞成也记得。西凌家宅的弄堂四通八达，最宽的地方也就两米左右，只有倒马桶的车能勉强通过，最窄处只有五六十厘米，人通过时要侧身走。有些居民的家里终日不见阳光，下雨时，弄堂里的雨下得比外面还要大，因为两侧屋檐滴下来的水都会聚集在弄堂里。

西凌家宅经改造后，居民的居住条件发生了天翻地覆的变化，当年邵阿招阿姨一家五口人分到了两套住房，李瑞成回忆自己当时兴奋的心情："当时的心情就是解放了，以前每家人家房子都是四处透风的，当初在这个情况下住进新房子里不是到了天堂吗？"在那个蜗居的年代里，有独门独户的房子几乎是所有正在恋爱的青年男女梦寐以求的愿望，西凌家宅居民舒薇敏是幸运的。1991年，西凌家宅的新公房建成后，28岁的她便结束了恋爱长跑，有了一套一室一厅的新房，这让舒薇敏开心不已。

随着时代的变迁，当时让人们羡慕不已的西凌家宅的新公房，如今在周边高楼大厦的映衬下，显得有些陈旧了。舒薇敏的儿子也在一天天长大成人，曾经让他们做梦都能笑出声来的一室一厅的房子如今显得越来越小了。正在念大三的儿子对自家的住房条件颇多怨言。舒薇敏夫妇想再买新房，但是对于工薪阶层的她来说，现在商品房的高价是他们难以承受的。如何解决老百姓的住房问题是政府近年来关心的头等大事。有一天，舒薇敏看到了一则新闻，说上海将进一步加快经济适用住房建设，经济适用住房建设规模约占同期新建住宅规模的百分之二十，这让舒薇敏看到了改善居住条件的希望。

如今，上海正在完善住房保障体系，测算下来，舒薇敏家庭符合购买经济适用房的条件。他们又赶上了一个好时代，成了幸运儿。舒薇敏一家购买的68平方米两室一厅的经济适用房位于浦东三林地区，这里正在建设大型的保障房居住社区，不久，将会有更多像舒薇敏的家庭享受这个政策的优惠。当年分到两套动迁住房的邵阿招阿姨在动迁新房里住了没几年，他的儿子就为她置换了新的电梯房，邵阿姨老夫妻俩住在儿子买的高

告别"蜗居"年代

改建后的西凌家宅住宅小区

楼里,感觉日子过得特别舒坦。

从"两湾一宅"到中远两湾城

"两湾一宅"棚户区,曾经是上海城市版图上的一块疮疤。2012年盛夏的一天,《上海故事》摄制组来到了上海苏州河的一条游船上,同船的还有一位专门拍摄苏州河沿岸棚户区动迁改造的摄影师陈泰明先生,他在船上向编导介绍说中远两湾城是新世纪初新建的上海大型居民社区,而在十多年前,它是老上海人都知道的上海规模最大的棚户区,人们称为"两湾一宅"——潘家湾、潭子湾、王家宅。

当中远两湾城的旧址上还是一片破旧不堪的棚户简屋时,陈泰明就已经在那里拍摄了数千张照片。这一天,陈泰明陪同摄制组来到位于上海西区的桃浦新村,当年潭子湾、潘家湾和王家宅被拆除以后,很多的居民都搬迁到了这里。这一天,桃浦十村的居委会正在举办一个摄影展,展出的都是陈泰明的作品,这些老照片真实地记录了当年"两湾一宅"棚户区居民的生活。两湾影展吸引了很多人驻足观看,老照片中的一幕幕往事勾起了很多老潭子湾居民对过去生活的回忆。原潭子湾居民余兆泰老人与陈泰明因照片而结缘。1998年时,陈泰明曾为他拍摄过告别棚户、乔迁新居的照片。余兆泰老人1946年从老家苏北农村坐船沿着苏州河漂流到了上海,

陈泰明拍摄的"两湾一宅"棚户区

上岸后,他先落脚在苏州河边的药水弄,后来又搬到了潭子湾,在棚户区里一直住了52年。他记得自己造的简易棚屋,以竹篱笆为墙,屋顶有木头的,也有竹子的。当年,每次遭遇台风暴雨,他们家的危棚简屋就处在倒塌的危险中。每当这个时候,余兆泰的老伴就会埋怨自己的丈夫。余兆泰老人退休前是一名建筑工人,参加过黄兴路、控江路一带"两万户"工房的建设,一个造房子的人什么时候也能住上新房子,这是他大半辈子人生的念想和等待。其实早在改革开放后的1980年,上海就开始了大规模的住宅建设,由于历史欠账太多,重点放在为住房特别困难的家庭解困,苏州河畔的潭子湾、潘家湾、朱家湾和药水弄是著名的"三湾一弄",是当年上海最大的成片棚户区之一。80年代,药水弄率先改造,动迁的希望离余兆泰老人一家越来越近了,余兆泰回忆,当时改造了药水弄,潭子湾却没有轮到。

普陀区曾经是上海著名的工业区,在这个地区的潘家湾和潭子湾,居民点与不少工厂犬牙交错,胡阿姨家门前就有一个煤炭场,曾给他们的生活带来极大的不便。平日里,即便每天关着窗拉着窗帘,桌子上依然满是灰尘,床上的被单仍然是乌黑的,每个星期都需要洗被单、洗被子、洗枕头毛巾。"两湾一宅"的居民除了要应对暴雨、台风和工厂的污染外,还要面对苏州河水的臭味,那个年代盼拆迁、盼改造是所有生活在棚户区里的居民最迫切的心声。

从20世纪90年代初开始,随着浦东的开发开放,上海进入了大建设、大变样的黄金发展期,上海第一轮大规模的旧区改造也随之启动。上海市政府确立了一个刚性目标,要在20世纪末以前,拆迁改造二级旧里以下的危棚简屋365.6万平方米。也正在那个时候,普陀区房地局职工,同时也是一个摄影爱好者的陈泰明挎着照相器材走进了"两湾一宅",他用镜头记录下了最后的棚户生活。他回忆说:"片子(拍得)最多的是1998年的大热天,棚户区的人有个习惯就是天热了跑到外面来,因为家里热没有地方待,就待在外面乘风凉、洗澡、吃饭,所有活动都在外面。"

1998年,离新世纪的到来还有两年,"两湾一宅"的动迁改造项目终于启动了。原任普陀房地局局长的魏财铭对那次动迁记忆犹新,他回忆说:"动迁的时候就称它为'淮海战役',无非几个原因:一是它(两湾一宅)规模大,在上海'365万'里面属于比较成片的,而且是数量比较多的;二是动迁难度很高,动迁成本高,因为'两湾一宅'里有1万多户,还有1 147个单位。所以动迁的时候用了600个人,出动了四大动迁公司,普陀区精锐的动迁公司都来了,而且组织了很多房源随居民挑。"1998年6月25日,普陀区政府和中远(上海)置业发展有限公司签订了"两湾一宅"动迁开发协议,中远出资前期费用23亿元,总投资66亿元。1998年8月,动迁工作正式启动,两湾人家终于迎来告别旧屋、乔迁新居的那一天。要动迁了,许多人家纷纷在居住了几十年的老房子前拍照留念。刘军是一名业余摄影爱好者,1998年10月13日,这一天距离他们家动迁仅仅一个月,他用摄像机记录了家里自己搭出来的四层阁楼的全景。

1998年11月20日,余兆泰老人的大儿子从动迁办公室里拿回了新居的调配单,正在跟踪拍照的陈泰明就在他们家的破房子门口,按下了照相机的快门。余兆泰一家共分到了桃浦新村的三套新公房,老两口40多平方米,大儿子、大儿媳加上他们的孩子分到了60多平方米,小儿子、小儿媳分到40多平方米,总计将近150平方米,而原来他们家的房子总共才40多个平方米。四天以后,余兆泰一家就和潭子湾告别了,临走时,他们还向左邻右舍送了年糕和团子,年糕象征步步登高,团子象征团团圆圆。临行时,他还特地拆下了家里的门牌,他要把这块铁皮带到新房子里去,留下一个纪念。在棚户区住了大半辈子的余兆泰老人忽然有感而发,吟出一首诗来抒发心中的喜悦:"翘首盼动迁,今日庆实现。告别潭子湾,美景展眼前。劳碌大半辈,享受乐晚年。"曾经被煤炭厂的粉尘污染搞得头疼不已的胡阿姨一家,当年动迁时选择的是货币安置,没想到10多年后,她竟然又住回了曾经被她厌弃的潘家湾这片土地上,不过,如今这里已是中远两湾城。如今,胡阿姨住在28楼,站在阳台上往远处眺望,苏州河两岸的风景尽收眼底,胡阿姨说:"我们现在看下去,(底下的)人一点点大,心情两样了,蓝天白云以前是看不到的,以前看到的只是漫天的烟雾腾腾,水是乌黑的,又很臭。"

余兆泰老人一家搬离了棚户区(陈泰明作品)

老一辈上海人都知道，上世纪七八十年代，苏州河水由于受工业废水和生活污水的污染，市区河段终年黑臭。1998年，上海启动了苏州河综合整治工程，动迁了两岸众多的工厂和棚户区，清理了很多粪码头和垃圾码头，终于在2003年使苏州河变成了水清岸绿的景观河，胡阿姨家阳台下的"梦清园"就是苏州河边的公园。如今，中远两湾城白天有绿、晚上有灯，成了苏州河边一道美丽的风景线。

虹镇老街：阳光新政缓解动迁难

虹镇老街是上海最后一块集中的棚户区，危棚简屋密集，生活环境脏乱，那里困窘的居住状况在上海曾经是出了名的。原属虹镇老街10号地块的居民王蔚记得，由于虹镇老街都是老式阴沟，排水能力差，每逢大雨都会水漫金山，他只得用水桶从家里往外舀水，一听天气预报说要下雨，他便十分惊慌。历年来，由于虹镇老街里每户人家都在不断搭建，危房越造越高，使得阳光照不进来，居民家里白天也得开灯，到了晚上弄堂里一片漆黑，走在这里让人心惊胆战。刘根伟是虹镇老街的老住户，一家老小蜗居在20多个平方米的老房子里，两个儿子到了成婚的年龄，由于买不起房子，刘根伟就在原来的老屋上又翻建了两层，楼上住人，楼下开店，可是即便这样，也没有上海人家肯把女儿嫁给他们。吴善荣出生在虹镇老街，是家里的长子，他还有三个兄弟、姐妹，虽然家里面积有87平方米，但兄弟姐妹相继结婚生子后，家里也就越来越挤了。

那个时候，盼望拆迁是虹镇老街居民最大的心愿，因为按照他们的收入条件，买商品房只能是个梦想。在盼望动迁的日子里，王蔚曾多次给市领导写信，有的信是她一个人署名，有的信则是200多个居民联名写的。2010年年底，王蔚所在的虹镇老街10号地块连同2号、9号地块的旧改动迁终于启动了。这一轮动迁实施两轮征询的旧改新政，所谓"两轮征询"，第一轮是征询居民动迁的意愿，第二轮是看居民对动迁安置补偿方案是否认可并同意签订附生效条件的协议。只有在两轮征询中，同意和签约的居民占大多数，动迁工程才能实质性启动。

虹镇老街棚户区俯瞰

2011年春节的除夕之夜,王蔚在她小杂货店的店堂里和棚户区的邻居们一起吃年夜饭。由于有近六成住户和动迁公司达成协议,顺利签约,离70%的二次征询"通过线"近在咫尺,大家对动迁有了盼头,而身为杂货店的老板娘王蔚喜弄文墨,在居民的附和下即兴赋诗一首:"阳光照陋居,迎春爆竹响。今日齐举杯,同庆兔年旺。"他们还约定第二年春节大家也聚在王蔚家里一起吃年夜饭,但不是在虹镇老街的破房子里,而是在动迁安置基地——"中虹家园"的新房子里。

"两次征询""阳光动迁"是近年来上海旧区改造动迁中实施的新政,虹镇老街的动迁公司把所有居民的基本情况、整个基地的安置房源和签约家庭的补偿方案全部公示出来,绝不暗箱操作,针对的是以前动迁中出现的一些弊端,坚决杜绝早走的人吃亏、后搬的人占便宜这种前紧后松、首尾不一的现象。原虹镇老街10号地块居民吴善荣说:"公开,透明,不像以前(动迁)打闷包,现在谁家的情况我们都很清楚的。"刘根伟一开始对底楼小店的门面只能按居住用房进行补偿的方案不是很满意,为此,他迟迟没有签约,想等到最后看看是否有松动的迹象。当时,街道的和动迁公司的工作人员到刘根伟家来了好多次,跟他说明政策口径丝毫没有松动。中虹动拆迁公司总经理陈重五将政策执行的前后严格一致形容为:"动迁公司这次穿'直筒裤',阳光到底,一定不穿'喇叭裤',前后不一致。"不过,后来街道和动迁公司的工作人员了解到刘根伟曾经被评为省级劳模,又患有残疾,于是在安置环节上用足政策,帮他申请了动迁补助和残疾人生活困难补助。这些,刘根伟都看在眼里,他的心态有了明显的变化,他对动迁公司表示,只要真正做到公开、公平、公正,他就积极配合。最终,刘根伟不仅与动迁方签了约,而且还做起了别的动迁居民的工作。

动迁公司的种种鼓励和优惠政策——签约奖、按期搬迁奖、整体搬迁奖,让钉子户难以产生。原虹镇老街10号地块居民王蔚觉得:"这次阳光新政呢,早搬晚搬一个样,甚至于后面我们总结了下,觉得晚搬的人是穿'小脚裤'了,他很多奖没了,是变'小脚裤'了吧,不是'直筒裤'了。"2011年3月21日,王蔚所在的10号地块终于有70%的居民在第二轮征询中和动迁公司签了约,这表明动迁工作将实质启动,这个地块上日夜盼望动迁的居民终于梦想成真。

2011年4月16日,王蔚一家和这里的居民们终于告别了虹镇老街的棚户,乔迁之喜也是他们的人生之喜。2012年春节,王蔚和众多动迁居民终于实现了在新房子里吃年夜饭的心愿,她再次赋诗一首:"大红灯笼中国结,平分易门双喜贴。烟火爆竹待我点,风干腊味窗前列。热气腾腾新家园,年味浓浓难化解。真情举杯邀真友,龙年福临财神接。"

虹镇老街居民庆祝搬迁

新社区·新生活·新乐趣

  2012年盛夏的一天,在上海浦东新区曹路镇附近的"中虹家园"住宅小区里,一群居民发生了争论。原来这是几位居民志愿者在检查小区的环境卫生,开展小区护绿行动,他们和一户养鸡的居民交涉起来了。如今上海的住宅小区大多成立了业主委员会,但像他们这样把小区当成自己家的业主似乎并不多见,"中虹家园"的居民之所以对小区环境和绿化管理如此热情和主动是有原因的。

  位于浦东曹路地区的"中虹家园"是一处配合旧区改造安置动迁居民的新建住宅小区,在过去的一两年中,上海虹口区虹镇老街的居民陆续乔迁新居,入住"中虹家园"。王蔚夫妻一共分到了两套动迁安置房,一套2室1厅的新房由儿子居住,而另一套一室一厅50多平方米的新居就是他们老夫妻俩的新天地了。在新居里生活了一年多的光景,王蔚夫妻俩的日子过得很舒坦,家里四处都能感受到喜庆的气氛。王蔚的丈夫赵振兴在家里负责"买汰烧",曾经在棚户区那狭窄厨房里烧了大半辈子饭菜的他如今想学着做几道又营养又好吃的小菜,新居的环境和厨房条件调动了他学习烹饪的积极性。赵振兴说:"现在多少开心,和以前不能比的,按菜谱烧来吃,多少开心,烧的菜也好吃,心情好了嘛,烧出来的菜肯定好吃。"

  王蔚夫妻又回忆起过去下雨天在棚户区破房子里烧饭的情形:不到两平方米的厨房,一台煤气灶,只能容一人进厨房操作,做饭根本就没有心情。王蔚总结说:"以前叫烧饭,现在叫烹饪,讲究厨艺了。哪个菜好吃,我们就想尝试一下,生活情趣也提高了,这心情和环境完全有联系的,环境好了心情就两样了。"

  王蔚原先在虹镇老街开了家烟纸杂货店,做了20年的老板娘,乔迁到"中虹家园"后,她原本想小店新开,但是看到新居的环境,王蔚彻底改变了主意。她家的阳台外面是大草坪,她不忍心开店后草坪被踩出一条路来,为了保护这片绿地,王蔚决定不开店了。她和丈夫商量,让丈夫出去另找工作,为了保护小区里的草坪绿地,王蔚宁可放弃自己熟门熟路的

当年拥挤的公共厨房

生意,甚至改变家里的生活方式,她要尽情享受小区美好的环境和清新的空气。不只是王蔚,许多从虹镇老街乔迁来的居民都特别珍惜小区的绿化环境,为此,他们自发组织了一支护绿队,每周义务清扫垃圾,维护小区环境整洁。在一次护绿行动中,志愿者发现有些居民把在棚户区里种菜、养鸡的生活习惯带到了新家园,于是,便上前进行了干预,于是就发生了争论。

旧区改造工程,使很多居民告别了棚户区,乔迁到新家园,动迁使生活更美好。如今,每天傍晚,居民们就会聚在小区花园里,跳舞做操,锻炼身体。原虹镇老街10号地块居民韩阆侠年轻时是一名文艺爱好者,会拉小提琴,以前,他住在虹镇老街的棚户区里的时候,他把小提琴藏了起来,因为他觉得那里不是一个拉小提琴的地方,他认为,棚户区的环境和他的那份雅兴格格不入,如今,搬进了新居,他又重拾兴趣,并表示要为小区居民服务,而在"两湾一宅"动迁居民集中的桃浦社区每年夏天都会举办"月光下的电影节"。现在的新公房都是独门独户的,居民们很难有交流的机会,而放映露天电影的小区广场就成了这些动迁居民谈心叙旧的理想场所,说到棚户区的夏天,很多人都不堪回首。从"两湾一宅"到桃浦新村，不但住上了新公房，而且还有丰富多彩的文化活动，这样的好日子，居民们原来可是想都不敢想的。

改善民生，安居为先。上海市政府正在加大保障性住房的政策受益面，上海住房难的那一页历史已经翻过去了，最后的成片棚户区将会从上海的版图上消失，上海这个大都市将难觅"都市里的村庄"，"居者有其屋"这个曾经的上海之梦也将会梦想成真。

公交变奏曲

上海是中国最早拥有公交车的城市。1908年，上海就出现了现代大型快速公交车辆——有轨电车。不久，公共汽车、无轨电车相继登场，南京路上的20路、淮海路上的26路、四川北路上的21路、西藏路上的18路都是上海人记忆最深刻的公交车线路。不同时代的公交公司职工和市民见证了从英商电车公司到新中国建立初期上海公交的历史沿革，他们也亲眼目睹了上海公共交通的快速发展和巨大变化。

公交序曲：南京路上的当当声

早在20世纪初，外商就在租界范围内率先铺路设立有轨电车和无轨电车，之后华商也跟着开设公交线路，使得上海成为中国最先拥有公交系统的城市。

那时，英籍犹太地产商哈同为了进一步刺激南京路的地价，花费60万银两，在南京路铺设了400万块印度铁藜木作为木砖路面，架设电车轨道，使南京路成为当时最高档、最方便行驶有轨电车的马路。有轨电车就是俗称的铛铛车，电车经过道路时的当当声，伴随着一代代上海人成长。1908年3月5日，由英商经营的上海第一条有轨电车线路正式通车营业。清晨5点30分，第一辆电车从静安寺出发，经愚园路、赫德路（今常德路）、静安寺路（今南京西路）向东行驶，穿过公共租界商业大街南京路，沿着外滩至今中山东一路延安东路的上海总会。这条线路的开通，标志着

20世纪初行驶在上海街头的有轨电车

上海城市公共交通开始进入一个运用现代交通工具的时期。电车迷宋文超介绍说，张爱玲就在《公寓生活记趣》一文中提到，她当年住所的门口就有电车，听不到电车声音她就没办法睡觉。

张爱玲当年住在赫德路，也就是今天常德路、南京路口的常德公寓。她经常听到的电车声音，就是从附近的静安电车栈始发的，当时这里是英商电车公司的车场，大致位置在今天南京西路上的机场航站楼。

毛忠海老人接受采访时已经96岁了，早在1943年他就开始在英商电车公司1路车上当售票员，是我们能找到的年龄最大的上海公交见证人。半个多世纪前，叮叮当当的1路电车，无数次经过张爱玲的寓所。毛忠海回忆起当年1路电车的走向："静安寺开始，头一站常德路，第二站铜仁路，短得很，第三站，过去叫小沙渡路，现在叫西康路，第四站陕西路，过去的西摩路，第五站，再过去泰兴路，再过去叫卡德路（今石门二路）。"

罗建璋老人1947年进入"英电"公司做售票员，他和毛忠海老人一样也在1路电车上工作。史料记载，1路电车开通伊始，司机、售票员都是洋人，但半年后，英商电车公司就开始大批招募华人担任驾驶、售票、检修等工作。

在毛忠海和罗建璋老人的回忆里，当时司机和售票员的工作十分辛苦，电车司机是站着驾驶的，两只脚都要派用场：一只脚用来踏铃，"当当当"地提醒行人避让，另一只脚用来刹车。当时有轨电车的车厢并非全封闭的，车前并没有玻璃，一到雨雪天，司售人员苦不堪言。罗建璋回忆说："一边开呢，一边刮风下雨，雨都刮进来了，驾驶员没办法，卖票的还

公交变奏曲

无轨电车

可以缩到里面去避一避,因为进了车厢以后有一道门的,门可以关一关,那个时候我们售票的跟驾驶员大家比较要好,总归有难同当有福同享,他在外面很苦的,我们就陪着他。"

初期的电车,车门、车窗都没有玻璃,前后门也没有栅栏,乘客为了图方便,往往半途飞身而下。为防止意外发生,后来在驾驶台和车尾的门上设置了拉闸和护栏。不过遇到下雨天,轨道上滑得像加过油一样,有轨电车就显得特别危险,那时的应对办法则是在车厢里备好黄沙箱,关键时刻将黄沙撒到轨道上增加阻力。

1914年,英商决定开通无轨电车线路,购入了7辆无轨电车。在公共租界内的福建路开辟了一条1.1公里的无轨电车线路——14路电车。那时英商还把电车车厢分成头等和三等,头等车厢票价更贵,一般人乘坐不起。罗建璋回忆:第一条电车线路通车后,全线共分3段,其中头等车厢每段票价3分银元;三等车厢每段票价2分,全程3分。到1927年底,上海市区已辟有有轨电车线路22条,其中英商11条、法商7条、华商4条,20世纪30年代,电车已成为人们出行的主要工具。

1949年上海解放后,人民政府先后接管和征用了英商、法商电车公司,于1958年7月成立了上海市公共交通公司。进入60年代以后,由于电车轨道建造年代已久,设备陈旧,1963年8月15日,南京路上的有轨电车轨道首先被拆除。那天凌晨零时17分,南京路上的最后一辆有轨电车从静安寺开出,等候在南京路两旁的工人、干部和解放军战士等它过去后,立即开始撬掉电车钢轨。毛忠海回忆道:"拆轨的时候我做纠察,从外滩到静安寺，一路跟着拆轨，当时拆轨拆得相当快，因为马上要铺路，要开无轨电车了，所以拆得相当快，拆轨是分段的，各方面都投入劳动力。一面拆，一面马上铺路了。"

就是在那一天，在南京路上行驶了整整55年的上海第一条有轨电车线路结束了它的历史使命。3时52分，第一辆20路无轨电车离开静安寺起点站向外滩方向驶去，南京路上的交通揭开了新的一页。

车型演进：从煤气包、白煤炉到巨龙车

上海解放之初，公交公司仍然有一些解放前遗留下来的旧车被沿用，从1951年起，上海的公交车辆主要由上海客车厂利用旧载重汽车改装而成。1950年，因缺少汽油，上海还出现过一种以白煤为燃料的公共汽车，为了减轻客车的重量，便将白煤炉另外放在一个拖斗车上，毛忠海形容"公共汽车前面开，后面一个拖油瓶"。60年代初期，公交车改用煤气做燃料，那时可以看到这些公交车的车顶上都背着一个煤气包。直到1963年我国汽油自给后，公共汽车才开始恢复使用汽油。50年代初，全上海仅有公交车943辆、44条线路，每天的客运能力仅为66万人次。1959年上海电车修造厂制造了铰接式高容量无轨电车，交通部门又引进了一批两节车厢的大容量铰接式公交车。由于车长14.8米，是一般车的两倍，人们就称之为"巨龙车"。巨龙车容量大，运营成本低，极大地缓解了乘车难，成为20世纪下半叶上海城市公交的主力车型。巨龙车最能唤起上海人对上世纪公共交通的回忆，无论是公交职工还是乘客，都对巨龙车有着难以磨灭的印象。对于公交车司机来说，驾驶巨龙车十分辛苦，对司机驾驶技术的要求也非常高。原公交公司维修人员何钜坤回忆说："它的发动机是前置的，发动机一运行，发动机的热气就从引擎盖下面出来，所以公交车的驾驶员很辛苦。夏天，驾驶室的温度有四五十度，冒出来的热气就喷在脚上面，夏天过去后，男男女女的驾驶员，左腿不红，右腿都通红通红的。所以我们那个时候开玩笑，你看这个腿跟金华火腿有什么两样，都差不多。"

巨龙车又宽又长，它的驾驶技巧也与普通汽车不同，倒车、转弯、进

巨龙车

站,开"巨龙车"都比开普通公交车困难得多,有些女驾驶员都不太敢开。除了驾驶起来难度较大,巨龙车的内部构造也很特殊,香蕉座是它的典型标志。乘客廖辉记得:"香蕉座一开始是真的长得像香蕉,与一个褐色的香蕉一样,后来改成背靠背式的座位。"

流行歌曲《别挤了》红遍申城

20世纪七八十年代,上海已成为一座超过千万人的特大城市,由于当时上海城市建设基础设施还不完善,上海的公交一度出现了严重的拥挤,特别是早晨上班时间,六点半到七点半的一个小时内乘客竟高达100多万人次。

"别挤了,别挤了,为什么乘车总是这样难?"这是1989年上海流行的一首歌的歌词,歌名就叫《别挤了》。在1994年的电影《股疯》中,人们疯狂地往公交车上挤、售票员竭力维持秩序、公交工作人员在车门口"推屁股"等挤车的场景,真实地反映了90年代初上海公共交通的状况。恐怕如今年纪稍长的上海市民都还记得当时乘坐公交车的艰难:自己站在人群中等车,坐在硬硬的座位上,站在拥挤的车厢里,在售票员"上车请

挤公交

"买票,月票请出示"的喊声中把车票钱一个挨一个地接力式递送到售票员手里,听着巨龙车转弯时转盘处吱嘎吱嘎的响声,乘坐的电车经常会发生"翘辫子"。

上海最严重的公交拥挤的状况始于20世纪80年代后期。有一年,公交公司曾专门派人在车厢作过调研,发现当时最拥挤时的车厢竟能容下近140位乘客,也就是说1平方米的地方要放下12双脚。尽管公交公司采取了增加车辆,开辟跨线联运、区间车、大站车、高峰车等各种措施,但乘车拥挤的现象仍未见缓和。于是人们又动起了改造巨龙车内部构造的脑筋,把座位减少,增加站立空间,游开勋曾经在巨龙车上做过多年售票员,对巨龙车内部的变化印象很深。他回忆说:"巨龙车开始的时候是一排一排的座位,座位比较多的,后来因为车厢里面比较拥挤,乘客上不了,所以把这个位子拆掉了,可以多站几个人。此外,刚开始的时候靠窗那边有一个通道,售票员可以走过去卖票,然后再兜回来,和乘客分开的。后来感到这个也没有必要,乘客还站进站出的,要堵照样把你堵住,人多的时候人家管你什么通道,而且这地方不利用上也是浪费,后来就撤销了。"

这样的巨龙车俗称"大篷车",14.8米长的车厢里,总共才30多个座位,这就意味着大多数乘客必须站着。"大篷车"一般都用在早、晚高峰时段,当年最风光的"大篷车"要数淮海路上的26路,由于乘26路的人

"推屁股"

特别多,有资料说当时每42秒就要发出一班车,售票员的交接班也不得不利用梯子。原26路公交车售票员张学根回忆道:"售票员上下班用楼梯的,两个楼梯放在车的门口,车子来了你接班,你把楼梯拿过去,在窗口边一放,车里的售票员爬下来,你再爬上去,他把楼梯再拿到旁边去。"对于挤车的乘客来说也要讲究技巧,车辆一进站,人们就如同进入战斗状态,争先恐后地一边用手奋力拨开一道缝隙,一边用胳膊肘抵挡后面涌上来的人群,平时优雅、精致、讲究的上海人形象,在公交车到站时荡然无存。乘客姚臻讲起她的挤车心得,那就是车来了要迅速挤到门口,但不能站在车门的正当中,因为公交车总是先下后上,要挤在车门的边上,哪怕下来一个人她也能上去,不能迎着人,否则下车的乘客会冲撞到自己。掌握了这个诀窍,哪怕很挤的车她也能挤上去。

那时候一些大客流站点,比如徐家汇、曹家渡、五角场等都有一些戴着红袖章的公交公司员工"推屁股"。原公交车驾驶员顾家煌回忆,差不多一星期有五天要去当"推门员",即使做夜班,凌晨一点多钟到家,早上五点多钟也必须要起来"推屁股"去。

面对必须准点上班、上学的现实,再有修养的人也不再矜持,最终练出一身"吊车门"的本事。到了1981年冬,每天公交车辆的乘客人次已达到1 000多万。大人们要靠"推屁股"上车,苦不堪言,但孩子们有时还是受到关爱，自有专属"宝座"。那时候的公交车上售票员有个工作台，父母们有时会让自己的孩子坐在那个"宝座"上，让孩子享受一点小小的优待。

拥挤车厢里的温暖

巨龙车容量大，运营成本低，极大地缓解了当时乘车难的问题。在鼎盛时期，上海的巨龙车多达近5 000辆，占了全市公交车的半壁江山。与其他类型公交车不同，"巨龙车"的前后门各有一个售票员的座位，那时的售票员身上有"四大法宝"，分别是慢字旗、票袋、票板和票钳。售票员除了做好本职工作，他们还会准备一些小工具，做了不少看起来是分外的事。

熊国珠是巨龙车的售票员，她工作的路线正好要经过几所学校，最让她心疼的是早高峰时那些赶着去上学的孩子。那时候熊国珠的女儿正好也上小学，因为工作起早贪黑，没法无微不至地照顾女儿，熊国珠便把这一份关爱倾注到小乘客身上。早晚高峰，车厢里十分拥挤，看到小朋友们力气小挤不上车时，熊国珠就会请男乘客帮忙，将孩子从车窗里递进来，有

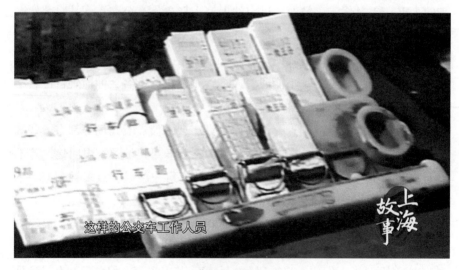

售票员的票夹

时一个车站通过这种方式就能传进好几个孩子。小学生的书包很沉,在拥挤的车厢中背着十分吃力,熊国珠就做了几十个不锈钢钩子,专门给小朋友们挂书包用。那时的车厢中充满了关爱和暖意,其他乘客也没有人提意见。小朋友上车了,就一个个钩子挂起来,小朋友要下车了,大人们再帮忙把书包传递下去。除了准备挂钩,熊国珠还常年背着一个大包,包里有干毛巾、创可贴,还有小孩子穿的干净衣服。突然下大雨,小朋友的衣服湿透了,熊国珠会帮他们擦干身体,让小朋友换上自己带的干净衣服,以免着凉。第二天小朋友乘车上学时,会把衣服再还给她。

游开勋长期在15路电车上当售票员,15路车程长,沿途医院多,乘客中病人也多,如果乘客在车上犯病,既影响行车安全,也会影响其他乘客。于是,游开勋就当了个有心人,留心观察乘客中有哪些常见病并自己出钱准备起了一个小药箱,里面晕车药、心脏病药、红药水、紫药水都有,无论春夏秋冬,他都带在身边。别看这小小的药箱,还真帮助过不少突发疾病、意外受伤的乘客。

进入21世纪,全国各地乃至世界各地的人都来到上海,售票员游开勋所在的15路因为要途经领馆区,经常有外国人乘他的车,为此,没有英语基础的游开勋便开始学习用英语和外国乘客打交道。他回忆:"我们

年轻时的熊国珠

15路经过的复兴路附近是一个领馆区,经常有外交官的家属、夫人乘公交车,我在报站的时候,他们就踏着我最后三个音节,跟我一起念,我念什么,他们最后三个就像唱歌一样的,像唱小调一样的,我给他们这样鼓动得自己情绪也上来了。"他认为,在国际大都市当中,我一个售票员代表了一个什么样的地位?外国人面前我是中国人,中国人面前我是上海人,上海人面前我是公交人。在游开勋、熊国珠的心目中,帮助乘客、服务乘客是天经地义的事儿,一年年就这么自然而然地做了下去。然而让熊国珠万万没想到的是,有一天,一个她不认识的中学生一路打听,找到了她的家里,告诉她自己是她当年的小乘客。令熊国珠感动的是,这位中学生把她当年如何替自己擦脸、换衣服等细节都写到了一篇作文中,作文题为《我的妈妈》。后来她凭着这篇作文考上了上海市格致中学。

公交新时代:轨交为主,公交为辅

20世纪90年代,上海开始了史无前例的城市交通大建设,随着高架路和地铁的出现,上海人乘车难的现象终于得到了一些缓解。90年代初,随着地铁、高架路相继开通,单节电车、汽车开始复兴,身躯庞大的"巨龙车"也逐渐消失了。

2005年3月,上海最后一辆巨龙车退出营运,而新型的公交车开始不断地出现在上海街头。这种新型即充式纯电动公交车无污染、零排放,它的外观与原先的无轨电车一样,车顶也有两根"辫子",在行驶途中,它既可以像无轨电车一样利用架空线网一边行驶一边快速充电,还可以像纯电动车那样脱离线网运行十来公里。如今的上海,新型电车、汽车已经成为公交线路上的主力军,价格百万元的高等级车已有1 500余辆,身价170多万的"奔驰"豪华客车也开始奔跑在机场线上。至2017年,上海已经拥有1 400多条公交线路,上海公共交通发展思路也演变成"轨交为主、公交为辅",虽然地面公交的地位有所下降,人们对公交的记忆和情感却无法磨灭。近年来,"公交迷"们以各种方式纪念上海公交走过的历程。

2014年是上海无轨电车诞生100周年,上海七宝中学的地理老师柳英华带领同学们绘制了一张《百年车辙》纪念地图，地图配以历史图片和上海无轨电车发展大事记，以1932年、1967年、1992年三幅无轨电车线路图串联起自1914年以来上海"辫子电车"发展的历史脉络。柳英华介绍说，在寻找历史资料的过程中，他们发现上世纪的二三十年代，上海的不少桥梁是可以通电车的，而如今重修重建之后，就不能再通行电车了。他们觉得应该反思的是保护一个建筑、保护一座桥乃至保护城市，要注意城市的景观其实是整体的、流动的。

中学生们带着《百年车辙》地图免费向市民发送，受到市民的欢迎。由此可见，在上海地铁线网高度发达、私家车得以普及的今天，曾经为市民出行作出巨大贡献的上海公共交通会一直留在很多上海市民的脑海里，公交车点点滴滴的变化也一定会深深地印在上海人的记忆里。

家有独生子女

从1979年起,中国开始出现这样一个特殊而又庞大的群体,他们没有亲兄弟亲姐妹,父母把所有的爱都给了他一个人,甚至一度他们被人们称为"小皇帝",这个群体是中国计划生育政策实施后的第一代独生子女。

独生子女时代的观念巨变

拥挤的人群,焦灼的眼神,几乎每一天都会出现在中国的各个城市各个学校的大门口,家长们在等着接自己家的孩子放学回家,这样的情形,如今的人们已经见怪不怪了。三十多年过去了,校门里走出的依然是独生子女,不同的只是越来越重的书包,在校门口等待的换成了爷爷奶奶和外公外婆。

上个世纪70年代末,在"一对夫妇只生一个孩子"的倡导下,第一代独生子女降生到了人世。这是一群特殊的孩子,他们没有亲兄弟和亲姐妹,在他们还不会说话的时候,社会就已经开始为他们代言了:"妈妈生我一个好。"他们带着标签呱呱坠地,还在襁褓里的时候,除了户口本,还多了一本红红的证明他们特殊身份的——独生子女证。独生子女政策的实施使得中国的家庭结构和家庭伦理发生了根本性的变化,在过去的多子女家庭里,父亲常常是家庭的核心人物,而到了独生子女时代,家庭的核心人物就变成了全家唯一的孩子了。孩子成为了全家重点保护对象,得到了全家人所有的关爱。上海社会科学院青少年研究所所长杨雄认为:"(独生子女）的父母会把所有的时间、精力、金钱全部堆放在这一个 only one（唯一）身上，所以他们从小得到的教养，无论从精神上、物质上都是最好的。"

在实行独生子女政策以前的年代里，中国家庭往往是三代同住、四世同堂，一对夫妇也大都养育好几个孩子，这些孩子生活在有父母长辈、有兄弟姐妹、有远近亲戚的热闹环境中。杨雄分析说："三兄弟为了一个破玩具，要抢啊，最后还要哭啊，甚至还要打架。但是，这样一个过程，实际上也是一个家庭的社会化过程。最后他达成妥协了，弟弟先玩，然后

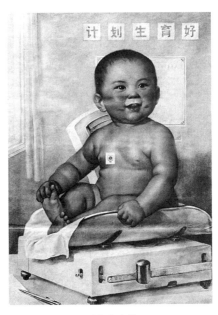

计划生育宣传画

再小哥哥玩，然后再大哥哥玩，然后再轮过来。这样一个破玩具的闹腾的过程，实际上就是学会了妥协，学会了合作，学会了碰到冲突的时候，如何解决。"随着城市住房条件的改善，很多人家住进了单元房，孩子们放学后，就只能一个人在家里做作业、打电脑。杨雄认为，缺乏童年的伙伴导致的结果是非常"宅"，加之现在的互联网环境，所以独生子女一代始终生活在一个电子社会和间接社会中间，所以直接导致其与人打交道的能力非常弱，长大以后，就会形成退缩性的人格。

有一部1997年拍摄的纪录片《独生子女》，片中的上海小男孩叫徐平，生于80年代末，父母之所以为他取名徐平，就是对这个家庭中唯一的孩子寄予了平安健康的期望。徐平的爸爸表示："现在只有一个孩子，只有时时刻刻多提醒他，他才会对自己的安全多留心一些，我跟他说，安全最最要紧。"因为是父母的唯一，孩子的人身安全，就成了绝大多数独生子女的父母最担心的事情。平时，只要小徐平出门玩耍，父母亲就总是不离左右，这和父母们童年时自己挂钥匙的时代形成了巨大的反差。那个时候摔个跟斗，蹭破点皮，在他们父母的眼里根本算不了什么，但如今他们自己做父母了，就恨不得把家中这唯一的宝贝系在自己的腰带上。片中，

小徐平说自己最喜欢踢足球，而爸爸、妈妈经常不让他踢，这让他很不开心。不光踢足球会让小徐平父母的心提到嗓子眼，就连上海弄堂里小孩子经常玩的刮刮片，也会让他们如临大敌。影片拍摄于1997年，那时的小徐平还只是个小学生，如果说父母担心他的安全问题不让他踢足球、玩刮刮片，或许还情有可原，但是对于当时已经是大学生的王国婷来说，任何家务事，无论大小，只要有一丝伤害到她的可能，父亲就断然不会让她去做。她回忆说："水开了，妈妈就叫我了，婷婷，下来冲开水，我还没来得及回答，我爸爸就说，来了，来了，他就很起劲地跑下去冲水了，几次以后，我妈妈就习惯了。"因为"妈妈只生我一个"，所以"生男生女都一样"。由于只有一个孩子，中国千百年来"男尊女卑"的传统观念受到了挑战。1984年10月1日，在中华人民共和国成立35周年的国庆大典上，宣传计划生育的彩车上，那个又像男孩，又像女孩的胖娃娃给中国老百姓留下了深刻的印象。既然一个家庭只生一个孩子，那么无论生男生女，都是父母的宝贝、家庭的核心。杨雄分析道："过去多子女家庭背景下，那么男孩子可能是优先排序的。现在都是一个孩子嘛，女孩也当男孩养，处于更有利于女生发展的这样一个起始点。"

张咏晴如今是一家全球性医药健康公司的中国传播部副总监，她出生在1975年，当时还没有大规模地实行"只生一个"的计划生育政策，而是延续了1963年开始的"晚、稀、少"的政策，就是要把孩子的生育数控制在两到三个。然而当张咏晴长到四岁时，她的母亲想要生第二个孩子的时候，1979年8月，上海市人民政府发出了"一对夫妇只生一个孩子"的倡议，张咏晴的母亲就成了这个倡议书的第一批积极响应者。当时有一首歌的歌词唱道："妈妈只生我一个，不要弟弟和妹妹，幸福美满催我长，我们全家乐呵呵。"但长大后她还是认为，自己不是很喜欢独生子女的状态，从小还是觉得比较孤独。

"小皇帝"父母的教子苦心

他们是特殊的一代，被称为"小皇帝"。中国的第一代独生子女从出

家有独生子女

独生子女证

生到成长恰逢中国改革开放的初期,老百姓的生活开始好起来了,很多年轻的父母亲由于自己的孩提时代生活清贫,物资短缺,因此,他们便以对孩子加倍的溺爱来补偿自己小时候没有得到的经济上、物质上的缺憾。于是到了周末,很多父母就会带上孩子去吃好吃的东西,而且常常是孩子们在前面尽情地吃,他们在后面尽情地看,对自己他们则能省就省,只要对孩子好,他们出手多少都不会心疼。

杨雄分析了传统多子女家庭和独生子女家庭成长环境的不同:"小时候,一个梨,哥哥让给弟弟,弟弟让给妹妹,实际上这是一个社会化的教养过程。现在家里的孩子,他的梨是他的,妈妈的梨是他的,爸爸的梨是他的,外公外婆、爷爷奶奶的梨也是他的。"由于家长们对自己的子女过分宠爱,使得很多的孩子养成了过于自我的心理,身体上也出现了问题,体重超标,有的甚至还患上了肥胖症。此时,父母们便开始矛盾起来,他们既希望自己唯一的孩子能够生活幸福,但又怕娇生惯养的他们在未来的人生道路上扛不住压力,经不起磨难。于是那个年代,父母亲们又开始花大钱让自己的孩子去参加各种吃苦夏令营。

由于实行了独生子女政策,上海的家庭开始趋于小型化,各种家用电器减轻了家务劳动的负担,有些家庭还请了保姆或钟点工,父母的家务劳动越来越少,就更不用说孩子了。因此,幼儿园和小学的老师觉得,有时候小朋友并不是自己想做"小太阳"和"小皇帝",他们自己也有很多的内心的苦处。有一次学校里检查小朋友会不会叠被子,小朋友都举手告诉老师,说自己在家根本不用叠被子,在家里面只要把床罩往床上一铺就行,爸爸、妈妈都是这样做的。发现了这样的现象后,上海的很多中小学校就开起了各种各样的劳动课,叠衣服、钉纽扣、削苹果这些本来日常生活中人人都会的基本技能竟然成了学校里的竞赛项目,包馄饨、踩缝纫机甚至刮鱼鳞这些本来应该在家里接受的能力培养被越来越多地放到了学校的课堂上,为了调动孩子们做家务的积极性,老师们也是动足了脑筋。同样身为老师的张咏晴父亲,当时也意识到了生活自理能力对于孩子成长的重要性,所以尽管心有不忍,但还是坚持让自己的独生女儿做一些力所能及的家务活。张咏晴记得父亲那时要求她洗碗,冬天,水是冰冷的,碗是油腻的,张咏晴对此很抗拒,但父亲一直很坚持,每次在旁边陪着女儿,也会在水槽里倒一点热水,让她的手可以不会那么地冷。张咏晴记得有一次自己为了不洗碗,甚至逃到了外婆家,"我爸还把我抓回来了,而且我记得他第一次是使用工具来揍我。他以前是用手来揍我的,那一次他使用工具来揍我"。张咏晴后来考上了上海市的重点中学——上海中学,当她在学校住读的时候,这才理解了父亲的良苦用心。她发现不少初一男生从来不用毛巾洗脸洗脚,他们的毛巾一直都是干的,让她觉得那些男生的自理能力太差了。高中毕业后,张咏晴考入复旦大学国际政治系,大学毕业后又被文汇报社录用,经过几番职业定位,她现在在一家大公司负责相关的传播工作。她说如今在大场面上工作的那种从容和自信是和儿时父母亲对她的培养和教育分不开的,虽然那时她总会有些不情愿。她回忆道:"我们家那时候住在宝钢,每次去奶奶家,路上大概要花一个半小时,在这一个半小时里,我爸经常希望我在公共汽车上能够表演朗诵,表演唱歌,我也觉得很抗拒,但是我爸就一直觉得这是一个很基本的素质。"

1980年,在东北插队的叶国治和当地的女青年李桂英结婚,三年后,他们的儿子出生了,叶国治给他们唯一的儿子起名叫叶胜一。叶国治说:"'胜一',啥意思? 胜过你爸爸一个人就可以了。"李桂英则说:"广义地理解呢,就是胜过我们这一辈。"1997年,叶国治在黑龙江省逊克县担任了工业局局长,然而他还是希望儿子将来能考取上海的大学,并且在上海成家立业。成绩一向很好的叶胜一经常包揽班级里的第一名,为了让儿子早点体会到人生的坎坷,叶胜一的母亲想出了一个"挫折教育"的办法。有一次考试,她让老师故意多扣了2分,让儿子没有能得到第一名,好强的叶胜一是哭着回家的,母亲乘机教育他,次次都考100分是不可能的,只要努力了就可以了,否则将来再有大的挫折怎么办。在东北的黑土地上"散养"惯了的孩子最容易没有自控力,只要不是原则性问题,叶胜一的父母都不会责骂孩子,但是如果涉及品格的养成,严厉的妈妈一定毫不手软。有一次因为叶胜一骂人,4岁的他被母亲用柳条狠狠地打了一顿,母亲李桂英说:"打一次打疼他,记一辈子。"

1997年,上初二的叶胜一来到上海读书,他的父母也回到了阔别多年的上海。2002年7月,像叶胜一当年说的那样,靠着自己的努力,他考取了上海同济大学高分子材料专业。如今,只要儿子一回到家中,家里就一片笑声,因为是家里唯一的孩子,所以中国的独生子女背负着父母乃至整个家庭的期望和梦想。尽管每一个独生子女的家庭对自己唯一的孩子的教育都各有不同,但是有一点是相通的,那就是孩子为大,孩子是天,父母要为孩子擎起一片希望的天空,既要孩子不输在起跑线上,又要孩子能够挤过高考的独木桥,只要孩子能够出人头地,他们什么都愿意尝试,什么都愿意去做。在一所中学举办的课后复习班里,前来听课的不光有学生,还有学生的家长,他们工作了一天还陪着孩子来上课,只是为了回家以后可以帮助儿女复习迎考。一边摸索、一边前行的独生子女父母们有的还把自己上中学的孩子送到国外去读书,目的只有一个,就是让自己唯一的孩子能够接受最好的教育。20世纪90年代,中国出现了"留学热",而留学生的年龄也变得越来越小。

就业还是创业?

从1979年9月1日中国正式实行计划生育政策算起,至今已经过去了近40年,在这个特殊的历史背景下成长起来的中国第一代独生子女已经成为社会各阶层的中坚力量。不管是上班工作,还是自主创业,为了梦想他们不停地辞职跳槽,不停地奋斗拼搏。作为第一代独生子女的,无论是家庭还是社会对于他们的期望值都要超越其他年代出生的孩子，很多独生子女走上了父母亲为他们精心设计的人生之路。有一些独生子女则坚持自己的择业观念，最终走向成功。在1978年出生的单海冬的记忆里，童年时代的他是弄堂里有名的皮大王，因为母亲是到黑龙江插队的知青，单海冬两岁多的时候，母亲就把他送到上海，由外婆外公来抚养照看。

1997年夏天，单海冬即将从华师大二附中毕业，在他准备填写大学的报考志愿时，他的父母亲建议他报考金融等当时很热门的专业，但是在单海冬看来，自己的成才之路和职业规划还是要由自己来拿主意。经过慎重的考虑，单海冬在他的高考保送志愿书的三栏志愿上都填上了医学院。单海冬父亲回忆，因为他觉得医院这个环境总跟病人接触不是很好，因此并不赞成儿子学医，单海冬母亲则觉得儿子选择学医这一条路还是正确的，因为他喜欢。父母最终还是尊重了儿子的意愿，单海冬在复旦大学医学院读了本科和硕士，硕士毕业后成了一家大医院的眼科医生。几年之后，他又到英国的牛津大学读了医学博士，可以说，单海冬的人生之路走得还是挺顺畅的。

程应鼎也是80后的那一代独生子女，他初中毕业考进上海戏剧学校，毕业后又考入了上海戏剧学院。大学毕业后他去了云南贫困地区支教了一年，回到上海以后，程应鼎面临着职业选择。其实，对于支教的毕业生，学校是有倾斜优待政策的，可以读研究生，毕业后可以留校任教，但是程应鼎并没有按照学校和父母的设计规划往前走，他开始闯荡社会，在市场上摸爬滚打。他的想法是："我是个男的，学校不缺少一个像我这样按部就班的男教师，但是社会上缺少一个能够翻腾点东西的人。"

在家里被称为"小皇帝"的独生子女，从小常常有一种"君临天下"的感觉，然而当他们长大工作以后，凡事都要听领导的听老板的，心里自然就会感觉难以接受。由于没有亲兄弟亲姐妹，在父母的精心呵护下，独生子女的自我意识被越放越大，程应鼎在这样的人生漂泊中，为了不受约束，辞过几次职。由于没有固定的收入，一度还陷入了生活的困境。而立之年的程应鼎和几个伙伴一起创办了一个叫"第一舞台"的网站，然而说起创办网站的初衷，竟然是因为一个为生活所迫而跳楼自杀的师兄。为了和他、和他的师兄一样的演艺专业的毕业生能够学有所用而且生活安稳，程应鼎决心为演员的生计搭建一个互动的交易网络平台，有着浓浓的80年代情结的程应鼎有一个榜样，也有一个梦想，就是把自己的"第一舞台"网站做成演艺界的"阿里巴巴"。他说："未来的路肯定有很多荆棘，因为我在改变一个行业的游戏规则，其实就跟当年马云要做阿里巴巴是一个概念，他是改变一个商品，我是改变一个人的交易环境。"不过如今的程应鼎离自己的梦想还很遥远，因为刚刚上线的"第一舞台"网站还没有赚钱赢利。为了网站的正常运营，他还要靠做节能灯具赚的钱来为他的网站创业积攒第一桶金，要靠这束灯光来照亮自己事业的前程。

程应鼎用节能灯生意来养活"第一舞台"网站，这在程应鼎的父辈那里是不敢想象的，他们职业观念就是干一行爱一行，行行都会出状元。而对于80后的独生子女来说，他们更希望自己是爱一行才干一行，在工作中实现自己的价值。所以职业上移情别恋，工作上频繁跳槽，也就成了80后独生子女的一个非常普遍的现象。

独生子女的婚恋路

成家立业是年轻人要完成的两件大事，很多年过去了，在父母心中，那个永远长不大的孩子，突然有一天也到了恋爱结婚成家立业的年龄。从小到大，除了学习之外，其他事情能包就包的父母们，在茫茫人海中帮助孩子寻找能够托付终生的那个人，自然也就成了他们最放心不下的天大的事情，歌曲《传奇》中唱道："只是因为在人群中多看了你一眼，再也没能忘掉你容颜，梦想着偶然能有一天再相见……"对于独生子女的父母来说，这首歌里的爱情传奇在他们那个年代会发生在很多人的身上，物质的匮乏并没有削弱他们对爱情的理解。寒冷的冬夜里，外滩情人墙边那互相握着的双手足以温暖他们一生。80年代，上海市中心的人民公园出现的恋爱角就是那个年代的青年人寻觅心仪伴侣、书写爱情传奇的地方。如今，人民公园的恋爱角已经不见了，取而代之的是老年人聚集的相亲角。

相亲角聚集着一群无论寒暑都执意前往的人，每当家里的孩子出门上班，他们就会来到这里，在这一排排的小广告牌前一遍遍地看，一张张地记，只是为了要找一个可以将自己唯一的孩子托付一生的人。这些头发花白的老人，就是中国第一代独生子女的父亲和母亲。当年操心子女学业的父母开始操心他们的婚事，他们在"人民公园"相亲角和到张江科技园区主动出击，但依然没有减少"宅男""剩女"的数量，对爱情，对婚姻，独生子女有他们自己的立场。

在过去多子女的家庭里，传统的教育观念是重男轻女，实行独生子女政策以后，生男生女都一样了，于是很多父母亲就精心培育出了高学历、高智商、高收入的所谓"三高"女性，她们要找到比自己还要高出一等、让她们抬头仰视的优秀男性，的确不是一件容易的事。但是即便这样，对方的经济条件也会是父母着重考虑的指标，因为父母亲不希望过惯了好日子的儿女在婚后物质生活方面得不到满足。不过有些80后却不这么看，程应鼎就对这种把重情重爱变成有房有车的现象很反感。单海冬的妻子、1980年出生的独生子女张羽洁也认为，现在不少青年男女把婚姻看作一条捷径，可以使自己很快就能够享受到别人可能50岁以后才能享受到的东西。归结其原因，她认为："不是这代孩子这种思想方式的错误，而是我们这个社会的风气造成的。拜金主义，最重要的一点是缺乏信仰、没有灵魂，他的信仰就是我有多少钱，我有没有车，我有没有房，有这些东西我就很快乐，但是真正的什么是快乐，他们不明白。"

程应鼎和女朋友是在云南支教的时候相识相爱的，他是上海人，而女朋友是内蒙古人。支教回来两年后，两人才结束上海、北京的双城生活走到了一起，然而，当他们真正在一起的时候，才发现生活的磨合才刚刚开始。他记得有一次，网站出了点问题，他本来心里就窝火，正好女朋友可能心情也不好，于是两人就吵起来了，甚至砸了东西，两人都不肯认错，都觉得为什么对方是这个样子。当独生子女长大成人，他们成双成对在婚礼进行曲中走入婚姻的殿堂时，还有一些已婚的独生子女又走出了婚姻的围城，重返单身的行列。据民政部统计数据显示，自2002年以来，中国离婚率持续上升，而结婚率持续降低。程应鼎对此有着自己的感受："我有不少同学、朋友，跟我同龄的，结婚后又离婚了，甚至结了又离了，两回三回的都有。我觉得问题都一样，都是太站在自我的角度去看别人了，因为都是独生子女,小时候都是家里的老大对吧?这可能是通病。"

"四二一"家庭的育儿经

随着第一代独生子女结婚成家,为人父母,第二代的独生子女又降临人世了,中国迎来了"独带独"的时代。繁忙的工作,紧张的生活,第二代独生子女同样面临着特殊的家庭教育,"四二一"的家庭结构又给"双独"男女带来了新的挑战。

单海冬的家庭就是"四二一"三代人组成的,他上有老父亲、老母亲和老丈人、丈母娘,下有唯一的孩子,虽然如今他们无论是从财力还是精力上都可以给自己的孩子更多的呵护和宠爱,但是单海冬夫妇的育儿观已经开始有了改变。

单海冬认为,让孩子快乐、教他规则、养成良好习惯以及学会与他人打交道、培养阳光的性格是最重要的,而对孩子的学习成绩不会特别在意。他的妻子张羽洁也觉得,父亲、母亲、外公、外婆、爷爷、奶奶六双眼睛都盯着孩子,孩子没有了自己的空间,所以还是宽松一点为好。

单海冬在如何教育孩子上有自己的一套中西结合的方式:国外教育的理念完全是快乐教育,孩子在幼儿园、小学甚至到中学都没有太多的负担,这种快乐教育很好,对于孩子的性格、习惯都非常好,他们进了大学一样都很优秀,所以把国外的东西拿过来,再和父母的教育方式、他的童年的一些回忆结合起来,然后慢慢地形成自己对孩子的一套教育方式。

骆欣如是70后的独生子女,小时候她生活在石库门旧式弄堂里,父母亲是双职工,对她也没有娇生惯养,什么家务活都让她做,现在她觉得童年的经历就是人生的财富。如今骆欣如自己也做了妈妈,她也开始有意识地从小培养儿子独立生活的能力。在儿子刚刚三岁的时候,她就狠狠心把孩子送入了寄宿制的幼儿园,每当周末,儿子回家了,虽然儿子可怜兮兮地提出要外婆喂饭,但骆欣如从不让步。她说:"我跟我妈妈说,你不要喂他,我妈说,不喂他不吃啊,我说不吃就不吃,我们吃完后就收走。"

在20世纪80年代,也就是第一代独生子女的童年时代,据统计上海有10万名琴童,父母亲会拿了一把尺在一旁做"虎妈虎爸",小孩子一边弹琴,一边流泪,骆欣如至今也还记得自己小时候父母亲逼着她学琴的往事。她回忆说:"我妈当时让我选手风琴和钢琴,当时我想,钢琴这么大,手指按下去觉得挺重的,所以我就选了手风琴,没想到其实练手风琴比练钢琴更累,因为这么大的琴,你要背着嘛。我是读中班开始学的,那个时候很痛苦的,每次练琴我都会掉眼泪,真心不想学,到后来还是和妈妈提出来,所以后来就放弃了。"如今流泪的琴童长大了,有了自己少年时代的体验和感悟,骆欣如再也不会让自己的孩子和她一样再流泪了。

张咏晴也是第一代的独生子女,如今她已经是第二代独生子女的妈妈了,如何养育儿子成了她的一个课题,甚至有时会感觉到比她在工作时遇到的问题难度还要大。她说:"别人说我在外面脾气蛮好的,对待儿子有时候就不自觉地成了泼妇一枚。我记得很清楚,有时候帮他复习数学,我觉得挺简单的一道题目,给他讲了两遍都不会,这时候我就会喉咙很响,然后我妈就帮我把窗户关起来,怕邻居听到,我先生也会从隔壁房间发一个短信过来说,请你态度好一点。"如今这些年轻的父母亲由于工作繁忙,承受的社会压力也大,所以家中老人领孙子、带外孙的隔代养育已成为社会一个较普遍的现象。张咏晴的儿子在读小学,每天放学以后,照例是外婆等候在学校门口接送外孙回家,张咏晴发现小时候对自己要求严格的父母完全放弃了以前的原则,对外孙多有溺爱。

很多年轻的家长也像张咏晴一样,希望他们的独生子女能够有更多的历练和摔打,但是爱子心切和教子有方总是一对难解的矛盾。这个矛盾存在于独生子女政策实施的20世纪70年代末,也存在于资源更加丰富、社会分工更细的今天,存在于从今往后老百姓柴米油盐的每一天里,等待着每一个崭新的家庭,等待着每一个年轻的父母,也等待着每一个纯如白纸的孩子。

记忆中的年味

春节是中华民族的传统节日。说到过春节,吃是节日里的重头戏,在以往物资匮乏的年代,平日里难得吃一回的鱼和肉只有在春节才能"奢侈"一把。在上海郊区的七宝和枫泾,有不少特色年味和年俗,不但成为人们的美好记忆,有的至今还保留在人们的餐桌上,出现在人们过年的喜庆活动中,温暖而朴实的年味在记忆深处飘荡。

七宝:羊肉、烧酒与酒酿糟肉

在上海闵行区七宝的老街上,一路都是吃食店。到这里游览的人,吃了海棠糕,吃了鹌鹑蛋,还会留着肚子吃上一碗这里远近闻名的红烧羊肉。红烧羊肉在以前称得上是"春节大菜",说它是"大菜",主要是因为生羊肉价格很贵,再加上烧好的羊肉分量会轻很多,不要说是在物质匮乏的20世纪六七十年代,就是在生活水平有了很大提高的80年代,也不是一般人家平日里能够吃得起的。当年要想吃上鲜美香嫩的红烧羊肉,那就只盼望有人结婚和过年的时节了。七宝的民间艺术家朱墨钧老先生出生于20世纪40年代,家中兄妹四人,到了他长身体的五六十年代,正是物资极其匮乏的时候。朱墨钧的祖父母对朱墨钧兄妹四个非常疼爱,每年过年,他们家靠平日里省吃俭用买来的一点羊肉,总是会让朱墨钧兄妹两眼放光。祖父母和父母借口牙齿咬不动,好让孩子们多吃一些。当年吃得欢快的朱墨钧兄妹直到长大了才明白大人们的一番苦心。他回忆道:"祖

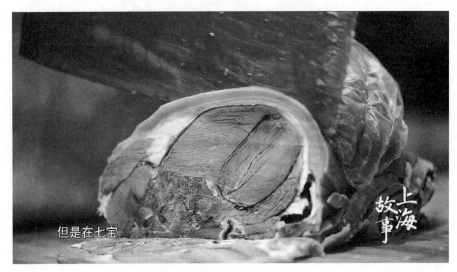

七宝的白切羊肉比红烧羊肉更出名

父、祖母、父亲、母亲他们都上座,我们是兄妹四个坐下面的一排,羊肉就放在我们的前面。大人说羊肉很有营养的,但是羊肉太瘦,有纤维的,上了年纪的人牙缝大了,吃羊肉要塞牙缝的,你们牙齿好,你们吃吧,我们就吃得很开心。现在我们再想起来,不对啊,什么叫牙齿要塞缝的,他们就是舍不得吃呀,把所有的好的东西留给我们,想到这里就感到心酸、温馨。"

喜欢吃羊肉的人都知道,羊肉最难处理的就是它的膻味。七宝宝丰饭店的师傅会把脆脆的白萝卜和甜甜的红枣放进羊肉锅里一起煮,经过几个小时的小火慢炖后,汤料里的味道慢慢地炖到羊肉里去,同时羊肉的膻味也渐渐散去,一股特殊的香味便会在整个店堂里弥漫开来,这样烧出来的羊肉味道特别鲜美,特别好吃。在七宝,比红烧羊肉更出名的是白切羊肉,因为做白切羊肉最关键的是要把握好烧煮的时间,时间短了肉不烂,时间长了肉会散。为了让客人在早上就能吃上新鲜的白切羊肉,宝丰饭店的大王师傅在头天的下午三四点钟就要把洗净的羊肉放进已经配好料的大锅里开始煮了。经过几个小时的细火,羊肉特有的香味就会扑鼻而来,这时要趁热把羊肉里面的骨头剔除掉,再浇上汤汁,让它慢慢冷却,这样才能切出薄薄的肉片来。

记忆中的年味

62岁的胡国华师傅

酿造"七宝大曲"

　　一些上了点年纪的七宝人都有"吃羊肉喝烧酒"的习惯,这里说的"羊肉"就是白切羊肉,"烧酒"就是七宝的土酒"七宝大曲"。"七宝大曲"类似于北京人喜欢喝的"二锅头",它诞生于20世纪50年代末的上海七宝酒厂,是上海人心中的品牌。"七宝大曲"除了给艰苦岁月中的七宝本地人带来绵长悠远的温暖之外,也给整个上海地区的饭桌上增加了一股浓烈的醇香。在离宝丰饭店几步之遥的七宝老酒坊里,62岁的胡国华师傅在这里已经酿了十多年的酒,他有早上起来喝二两酒和吃点羊肉的习惯。他回忆起自己小时候,"七宝大曲"很受欢迎:"小的时候,凡是婚丧喜事,老一辈都喝这个酒,就是这个'七宝大曲',不要说七宝地区,上海地区人家都喝。我们小的时候,看见父亲喝酒的时候也好奇,也要喝点酒,有时候筷子蘸一蘸,辣得很。"

　　随着时代的发展,当年的"七宝大曲"已经退出了历史的舞台,它曾经陪伴着人们走过了几十年的岁月,婚丧嫁娶少不了它,逢年过节就更少不了它了。

　　自从七宝老街开出了七宝老酒坊,胡国华就把七宝大曲的制酒工艺重新恢复了起来,让老酒坊成了一个对游客现场展示和销售的窗口。当七宝大曲的醇香在热闹的老街上又飘起来的时候,胡师傅喝着自己酿出来的

39

酒，感觉自然和别人不一样。朱墨钧如今也会常去七宝老街上的宝丰饭店称点白切羊肉，去老酒坊买点七宝大曲，回到自己的皮影工作室，斟上"七宝大曲"，带上鲜美的羊肉，美美地小酌一杯。

除了红烧和白切羊肉，酒酿糟肉也是七宝镇春节大餐中的另一样传统美味。在那个物资匮乏的年代，人们吃上一块猪肉都不容易，而那时也没有冰箱，为了让过春节时难得吃到的猪肉能够多吃些日子，聪明的七宝人想出了一种不同于传统浸糟卤的保存方法。酒酿糟肉的制作方法是：将肥瘦适宜的猪肉用炒过的花椒、细盐反复揉搓后，挂在窗沿下风干，再将风干后的猪肉切成小块和酒酿搅拌均匀，然后放入缸中密封。在酒酿的醇香中浸泡了多日的猪肉，拿出来经过20分钟的蒸煮，飘出的味道是不一样的鲜美。闵行区七宝老街居民徐军华记得自己小时候，每逢过年，家里就会杀猪、腌咸肉、做酒酿，此时妈妈就会把酒酿和咸肉封存在一起，腌上个两三个月。在他记忆中，这段时间里，"咸咸的，甜甜的，很好吃，很香的糟肉，天天可以拿出来吃一点。"

枫泾："老八样"的美味故事

在那个年代，虽然物资不丰富，但每年春节在枫泾人家的餐桌上一定不会少了一些压轴菜，那就是枫泾的特产"丁蹄"和脚爪、鱼、蛋饺、鸡、鸭、笋干红烧肉、油豆腐嵌肉，并称为枫泾的"老八样"。这八样重要的年货，枫泾人从腊月头上就要开始准备起来。上海金山区枫泾镇友好村居民金磊阿姨记得，提前一个月，家人甚至晚上不睡觉去排队买肉，因为要烧八样菜，食材的准备工作十分繁重。在八道菜肴中，最让金阿姨兄妹们无比期待的就是"丁蹄"，和别处的蹄髈不同的是，"丁蹄"选用的蹄髈来自枫泾猪。枫泾猪是著名的太湖良种，细皮白肉，肥瘦适中，骨细肉嫩，一煮就熟，这些无与伦比的特点，先天就赋予了枫泾"丁蹄"上等的品质。

有了上等的原料，还要配合精湛的工艺，才能得到无可挑剔的味道。清洗干净的蹄髈经过整修、焯水、拔毛后，加入嘉善姚福顺的酱油、苏

记忆中的年味

枫泾"老八样"

州桂圆斋的冰糖和枫泾本地的黄酒,经过三文三旺火候的焖煮,一只只外形完整,色泽暗红光亮的蹄髈才会冒着热气出锅。热吃酥而不烂,冷吃喷香可口,肉质细嫩,肥而不腻,由此,"丁蹄"成为一道老百姓百吃不厌的传统美食。"丁蹄"不仅是枫泾"老八样"之首,也是著名的"枫泾四宝"——"丁蹄"、状元糕、豆腐干和金枫黄酒中最为出名的美食。"丁蹄"是枫泾人的骄傲,而同样为枫泾人所津津乐道的是一段有关"丁蹄"名称由来的传奇故事。在清代咸丰年间,枫泾镇的南镇有一家扎肉店,老板叫丁义兴,他家的生意非常红火,旁边的店家便开始仿效,由于店家相互竞争,丁家扎肉店的生意日趋惨淡。丁义兴非常着急,茶饭不思,老板娘看到他形色憔悴,于是到中草药店里开了一帖开胃的药,回来时,又顺手在菜场里面买了一只蹄髈。回到家里,丁义兴的妻子就用一只罐子烧蹄髈,另一只罐子煎中药,因为之前她拿过蹄髈的手上沾了很多油,当她端中药罐子的时候,手上一滑,中药就翻进了正在烧蹄髈的锅子里。老板娘非常着急,这个蹄髈岂不是就白白地糟蹋了?那么她就想,用什么来去除中草药的苦味呢,她想到了冰糖,冰糖加进去,猛火一烧,一股奇异的香味扑鼻而来。房间里老板闻到这一股奇香以后,立马起床跑到厨房里,问妻子在烧什么,为什么这么香。老板娘就把这个事情一五一十地说了。丁

41

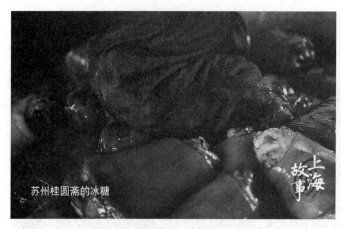
苏州桂圆斋的冰糖

枫泾丁蹄

义兴急忙打开这个烧蹄髈的罐子，不由吃了一惊，他看到，罐子里的蹄髈色泽非常光亮，于是，就先尝了一口，觉得味道也确实不错，就一口气把这个蹄髈吃光了。吃完后他把嘴一抹，对妻子说："哎呀，我们这家店有救了，咱们以后就不卖扎肉了，就卖蹄髈。"因为这个老板名字叫丁义兴，"丁蹄"的名声就这么传了出来。丁义兴的"丁蹄"到了今天已经有160多年的历史，曾经获得过巴拿马国际博览会金质奖章和中华人民共和国国内贸易部"中华老字号"称号。

鸡鸭鱼肉常常是过年餐桌上的"四大金刚"，肉虽排在"老四"，却是台面上最主要的荤菜。在古镇枫泾的新年食谱中，笋干红烧肉是必不可少的。在上海方言中，笋干谐音"升官"，在金磊阿姨的记忆里，那可是春节饭桌上最受欢迎的一道下饭菜。笋干红烧肉如今是江南一带的寻常美食，说它寻常，是因为即便在经济困难的时期，它所选用的红烧肉也是老百姓平日里见得到的，过年的时候也不是招待客人的主菜，总会多下来一些，这样，节后这道菜孩子们还能吃上一段时间。虽说笋干可以给红烧肉带来一股特殊的清香，但是如果笋干泡发不好的话，就会适得其反。金磊介绍了笋干的泡发方法："发笋干，先要淘点米泔水来浸泡，前后要泡六七天，而且每天要换水，这样泡出来的笋干烧出来味道好，可以去掉酸味，去掉异味。"要把笋干红烧肉烧得好吃，也没有什么特别的诀窍，关键就是倒入酱油后要细火慢煮。金磊说："烧得好呢，要烧很久，要烧两个钟头，第二天还要烧两个钟头。"时间慢慢地过去，笋干的清香和酱油的鲜美就渗透到了肉中,空气里便会飘荡起鲜香的气味来。笋干红烧肉是本帮菜典型的浓油赤酱的烧法,咸鲜中带着清甜的口感。

匮乏时代的吉祥年味

在那个物资匮乏的年代,上海市区的平常人家过个年也不可能"鸡鸭鱼肉"样样都有,更何况经济条件更不好的农村家庭了。但是在那个年代,家庭经济状况再不济的七宝人,过年的餐桌上可以没有白切羊肉,也可以没有酒酿糟肉,但是一定不能少了一些富含吉祥寓意的菜肴和点心,比如鱼、蒸糕、汤圆。鱼在注重口彩的上海人心里就意味着"年年有余""吉庆富裕"。七宝镇居民朱明龙记得,早些年村里都有鱼塘,每到年末岁尾,生产队的年轻人会去鱼塘里抓鱼,然后分到各家各户,五口之家一般能分到15斤鱼。

过年之前,家家户户还都要蒸糕,蒸糕在当时的乡下那可是过年的一件大事。朱墨钧说,那时哪怕再穷,哪怕是去借米也一定要做蒸糕,因为糕对于寻常百姓来说,意味着"蒸蒸日上"和"一年更比一年高",所以有的人家从春节前十来天就开始准备了。蒸糕,现在看起来很容易,其实做起来也是一件烦琐的事情。就做蒸糕的原料而言,需要糯米和粳米,比例是六比四,四分是糯米,六分是粳米,淘好以后,用一个晚上把水沥干,沥干以后,下一步就是用石臼把米舂成粉。磨粉,是做糕的重要环节,现在磨粉只要一按电钮很快就磨好了,但是在以前,那可是个大工程。那时不要说没有电动工具,甚至连做糕舂米用的石臼也不是每家每户都有的,大家只能排队,轮流使用。舂好的米粉和成面之后就可以上蒸笼了。对于孩子们来说,这是一个焦急等待的过程,也是一个慢慢感受年味的过程。朱墨钧觉得等待蒸糕蒸熟的过程是那么难熬,他时不时用一根稻草秆戳一戳,能戳下去了就表明糕熟了,这时就迫不及待地让祖母赶紧把糕拿出来,等不得凉了就开始切。因为常年吃不饱,那时的父母就经常用稀饭来给孩子充饥,一块斤把重的糕一口气吃下去,已经

做蒸糕

被稀饭撑大了的肚子竟然也没有问题。朱墨钧回忆："我拿中间的最长的一条，中间那个直径是最大的嘛，我拿着就啃，这条糕有一斤多，我一口气把它吃了下去，停都不停的。当时感觉这个味道真是太好了，过年了，吃到糕了，总算盼到了，总算吃到了。"等朱墨钧兄妹四个放开肚皮吃饱了以后，朱墨钧的祖母才会把剩下的糕切开来，分给他们，在孩子们眼里，这是既想吃又不舍得吃的美味。朱墨钧讲述了自己当时那种矛盾的心理："到最后的一条糕，我的祖母把它切成薄薄的二十块，我们兄妹是四个，那么每人五块。分好以后，那就得包包好，放在自己枕头边，每天晚上啃一点。最惨的就是啃到最后一块，你会想到这块吃了以后，要到明年才能再吃到，要等三百多天。所以最后一块是越来越舍不得吃，这一块我要熬好几个晚上，每天晚上稍微舔一下。"朱墨钧说的小时候过年吃的糕，在如今的七宝已经见不到了，取而代之的是一种方方正正的糕，叫"方糕"。糕的形状虽然改变了，但是它传统的制作流程却保留了下来。

在名目繁多的方糕中，有一种绿色的麦青方糕尤其被人们喜爱。做这种糕先要把还没有抽穗的小麦嫩苗磨成浆液，再把浆液同糯米粉混合揉成面团，然后把豆沙馅包进去，当它蒸熟出笼时会散发出一股淡淡的清香。

大年初一，是全国人民一年中最重要的喜庆日子。这天早晨，七宝人可以不吃鸡鸭、不吃鱼肉，但是有一样东西是不能不吃的，那就是"汤圆"，因为他们认为，吃了汤圆才能"团团圆圆"。七宝镇的老居民至今仍在用传统的方式和糯米面，那就是不加水，而是把黏黏稠稠的稀饭放进糯米粉里，这样包出来的汤圆不容易被煮烂，而且口感会特别香糯。早些年，七宝地处上海郊区，农民多以种菜为业，所以汤圆里面包的馅料也很特别。朱墨钧回忆说，那时的汤圆有各种各样的馅儿，有青菜的，有菜肉的，还有纯肉的，这是一般人家不敢想的，还有芝麻的、土豆的、南瓜的。

对于小孩子来说，"年"是一个富有魔力的字眼，平时再寡淡的日子，到了过年，总会被父母想方设法变得温暖、富足而且有滋有味。那时候，逢年过节才能吃到的八宝饭是曹秀文童年时代最甜蜜的回忆。虽然全国各地都有八宝饭，但只有在上海，八宝饭才做得格外精致。做八宝饭有一样重要的东西是一定不能少的，那就是猪油，猪油的加入，使得八宝饭又香又甜。在曹秀文的记忆中，只要闻到空气中熬猪油的味道，她就知道妈妈要开始做八宝饭了。做八宝饭的糯米也是很有讲究的，要把长形和圆形的糯米各掺一半，这样做出来的八宝饭才会软糯弹牙，将自家做的豆沙馅填入糯米中，再用糯米饭封底，蒸熟后把碗倒过来一扣，又好看又好吃的八宝饭就做成了。

"搬进搬出"的大菜

在家长们煞费苦心的准备下，一桌年夜饭终于摆好了。在除夕晚上的饭桌上，父母们总会让自己的孩子敞开肚皮大吃一顿，因为过了年三十，有些荤菜就万万不能再动筷子了，因为从年初二开始亲戚之间就要走动了，这些菜是要留着招待客人的。七宝镇沪星村二队村民徐素琴回忆说："油豆腐、铺干（百叶包）、鱼、红烧肉、咸肉、笋干，爸妈藏了是不许吃的，要做什么呢？因为年初二开始，亲眷来串门，以前没有电话的，今天来谁，明天来谁都不知道的，走亲眷要走到正月半，那么这些小菜就要吃到正月半。那么没有冰箱怎么办呢？那么就要把菜放到一个篮子里面，挂

也给整个上海地区的饭桌上

年夜饭的饭桌上有四道大菜是不能吃的

在通风的地方,其他一些像圆子、摊饼等吃剩下来的东西都挂在上面。这样一个呢是通风,不容易坏掉,还有一个呢就是防止小孩偷吃,万一偷吃掉以后,亲眷来就没有啥吃了。"这几道只有过年才能吃到的荤菜,就这样从早晨热到晚上,从年三十热到正月十五。等到孩子们再次吃到这些菜的时候,已经是正月十六了,而到了那时,"红烧肉都看不出了,烂掉了,烂糟糟的",徐素琴说。

枫泾镇的金磊阿姨出生于20世纪的40年代末,对此也有着同样的记忆。她家中兄妹四人,平日里缺少油水的他们,特别巴望着能在过年的时候吃上一个油亮喷香的大蹄髈。然而,从年前一个月就开始盼着的这顿大餐,到了春节期间,竟然有四个菜只能眼巴巴地看着,却不能动一下筷子。她记得,笋干红烧肉、油豆腐烧肉是可以吃的,而蹄髈、猪爪、蛋饺、鱼这四道大菜则是不能吃的,每天只有来了客人时,把这四个菜搬进搬出。然而,亲戚之间也会用特有的方式来表达相互理解和尊重。金磊说:"如果我到你家来,我不会碰你的四个菜,你到我家来做客,你也不会碰我这四个菜,为什么呢?大家都很穷的,条件有限,不能今天吃掉,明天再来,没有这么多钱。"

艰苦环境中的孩子们也特别懂事,虽然每天都可以闻到这些菜加热时的香味,但没有一个人破坏这个规矩。在一天又一天的期盼中,大快朵颐的时刻终于来到了,那就是年初十之后,人们逐渐开始去劳动、上班,没有人再来做客了,这时父母就会端出这四道菜,让期盼了一年的孩子们享用。

美食外的年俗

春节期间，热闹的鞭炮声密集地在枫泾古镇的各个角落响起，除了迎接喜庆的农历新年之外，枫泾人知道，还有一些是办喜事的人家在迎娶新人。选择在春节结婚可谓"双喜临门"，在最热闹的日子里办最喜庆的事是枫泾人春节期间的一个传统。枫泾，位于上海市西南方的金山区，这个淳朴的江南古镇至今还保留着传统的水乡婚典。在春节结婚，虽说图的是"喜上加喜"，当然还有一个原因，就是可以少花钱多办事。尤其是在计划经济年代，老百姓吃饭穿衣等都是凭票供应，如果把春节招待客人和结婚分成两场宴席来操办，对普通人家来说显然是件力不从心的事情。所以，春节结婚，就成为众多新人的选择。

除了水乡婚典，金山的农民画也是远近闻名。快过年了，在距离金山区枫泾古镇5公里外的中洪村里，陈惠芳正在给自家灶台上的壁画重新着色，陈惠芳所在的这个乡村已成为闻名中外的中国农民画村了。出生于上个世纪70年代的陈惠芳如今也是上海金山农民画画家。陈惠芳喜欢画过

金山农民画

年，因为过年对她来说，就意味着热闹和团圆。她介绍自己的画作："像这一幅画里表现的是我们当地春节的时候，都要准备很多的菜，像鱼啊、蹄髈啊、烧卖啊、鸡啊。这是蹄髈，蹄髈是我们这里过年时候吃的大菜，上面贴一张红纸，是喜庆吉祥的意思。"1975年，上海市区的画家到金山来办绘画培训班，当年19岁的曹秀文在那里学会了画画。她认为，金山农民画的很多题材就是来源于他们的生活。

20世纪六七十年代，皮影和社戏也是郊区农村人们过年时重要的娱乐活动。七宝皮影有着非常悠久的历史，最早出现在1880年春的光绪年间。在漫长的岁月里，七宝皮影给七宝和上海地区的婚嫁喜事增添了浓浓的喜气。到了六七十年代，由于娱乐活动很少，所以看皮影就成为春节期间的一项重大活动了。社戏也是春节期间农村最主要的助兴，劳碌了一年的人们，终于可以在这个时候好好地乐呵乐呵了。

闻着阿六烧卖的香味，品着枫泾"丁蹄"的肉香，虽然年味在渐渐地淡化，但过年时，一些传统的习俗在古镇里还是随处可见，居民把自己剪的窗花贴在了古镇的每一扇门上，水乡处处弥漫着节日的气息。

皮影戏

浓油赤酱本帮菜

上海本帮菜最早起源于川沙的农家菜，在一百多年的发展中，又吸收了江浙菜系的特色，逐渐形成了"浓油赤酱、原汁原味"的独特菜系。在那个物资匮乏的年代，家乡的红烧肉味道是无数上海知青和支内职工魂牵梦绕的记忆。妈妈烧的上海菜的香味飘散在弄堂里，也留在了每一个上海人的童年回忆里。

本帮菜：起源农家，博采众长

每天早上七点钟，59岁的陈文耀就会准时出现在老正和饭店的厨房里，开始做营业前的准备，尽管他现在已经是老正和的经理，但有些菜，他还是要亲自操刀，比如扣三丝。扣三丝虽然看上去是一道非常简单的本帮菜，但是要想做出地道的上海味道来，每一道工序都来不得半点马虎。陈文耀做的扣三丝是从自己的外公那里学来的。陈文耀介绍说，外公做扣三丝，选料丰富又讲究时鲜，刀工也非常细巧。冬天会选用冬笋丝，加上火腿丝、鸡丝、肉丝，为了收口的美观，扣三丝芯子上面还会放一块香菇。陈文耀的外公是上海川沙人，在20世纪初，他除了种地以外，还会经常去帮乡亲们操办婚宴，遇到村里有喜庆的事，他自然也会露一露自家的手艺。在当时上海的川沙、三林、高桥地区，像陈文耀外公这样的师傅有很多，他们会用猪肉、河鲜、时令蔬菜为主要原料来制作炒三鲜、咸肉百叶、炒圈子、扣三丝、清炒鳝糊、烂糊肉丝这样的下饭菜，慢慢地，川

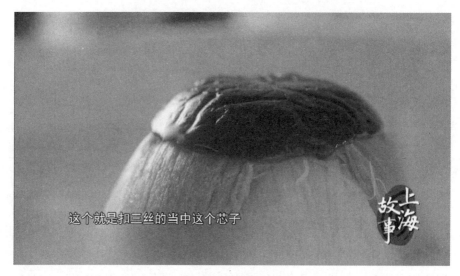

陈文耀做的扣三丝

沙、三林和高桥地区的农家菜就成为十几道传世本帮菜最早的菜品底本。曾在纪录片《舌尖上的中国·心传》中出镜的年逾八旬的国家级烹饪大师李伯荣就是上海浦东三林塘人。当年，李伯荣的师父和上海郊区川沙、高桥的一些大厨来到热闹繁华的老城厢，在各大餐馆里担任厨师，本帮菜"浓油赤酱、咸淡适中、原汁原味、醇厚鲜美"的独特风味就是从那个时候在老城厢开始慢慢酝酿出来的。

其实，早在20世纪二三十年代，因为外来人口的不断涌入，上海的饮食就已经美馔杂陈，帮派林立，在徽菜、粤菜、闽菜、川菜这些外来菜系中，对本帮菜影响最大的还是苏锡菜和宁波菜。上海市民殷自力评论道："苏锡帮小菜口味比较甜，另外酱油放得比较多，这两点对上海小菜影响特别深。还有一个就是宁波小菜，因为上海有很多宁波人，烧河鲜也基本上有一点模仿宁波菜，就是在这个不断交融、融合的过程中逐渐形成了浓油赤酱、下饭菜的本帮菜。"吸纳了江浙菜肴特色的本帮菜逐渐在种类繁多的菜系中崭露头角，以经营上海本地风味菜为特色的荣顺馆、德兴馆、老人和的生意在老城厢里开始兴隆起来。

经过大厨们多年的经验积累，本帮菜的"浓油赤酱"在调味料的比例、分量上有了较为统一的标准，为了保证味道上的稳定和统一，很多老

浓油赤酱本帮菜

老正兴菜馆获得了米其林一星餐厅的牌子

字号都开始用"大兑汁"的方法。所谓"大兑汁"就是事先把烧菜所需要的调味料统一进行勾兑,这样,不同的厨师烧出来的菜就会有相同的味道。上海老正兴菜馆总经理高云介绍,由于厨师的流动性比较大,每个厨师的操作手法、手势轻重都不一样,为了不让客人每次来吃到的味道都不一样,大厨们开始尝试每道菜调料的配比和分量,并确定一个最佳方案,这也是本帮菜在餐饮标准化方面的一种尝试。餐饮出品的标准化和规范化以及菜式的稳定,也是当代餐饮业发展的一种趋势和要求,老正兴菜馆在这方面的努力,使他们有了意想不到的收获。2016年9月的一天,老正兴菜馆总经理高云接到了一个来自米其林公司的活动邀请函,因为当时没有在意这次活动,高云错过了米其林的星级餐厅发布会,没有当场拿到米其林发的星级餐厅的牌子,直到她收到了朋友们在微信上向她祝贺,她才惊讶地得知老正兴被米其林评为一星餐厅。她回忆道:"就在那天发布会的时候,微信里朋友都来祝贺我了,这一下我觉得有点惊讶。米其林每个月有两到三次的暗访,它应该是比较认可我们菜式上的稳定性吧,因为米其林是注重规范化的,最主要的要求是出品稳定,口味统一。"

如今那块放在老正兴菜馆前台的米其林一星餐厅的牌子是高云在发布会当晚的酒会上重新拿到的。高云知道,这块牌子既是对老正兴现在的肯定,也是对老正兴今后的挑战,因为她意识到,被评上了米其林一星餐厅后,饭店的消费群体、年龄层次就会有所改变,将会有更多的年轻顾客光临。年轻人的口味与中老年人不同,喜欢辣,喜欢小龙虾等时尚食材。高云觉得,在做好本帮菜的基础上,老正兴将会再去开发一些时尚的菜式,老正兴的菜单上将出现更多的符合现在年轻人口味的上海菜。

功夫:浓油赤酱,原汁原味

包容并蓄、海纳百川是上海城市的特质。当年,上海川沙、高桥等本地的农家菜进入老城厢后得到了不断的改进和创新,渐渐形成了八宝辣酱、响油鳝丝、草头圈子、红烧鮰鱼、油爆虾等十几道传世的上海本帮名菜,并确立了本帮菜"浓油赤酱、原汁原味"的风格特征。厨师对基本功的重视、对食材的熟悉和把握、烹饪时感觉的追求,是本帮菜名菜诞生的奥秘。红烧鮰鱼是德兴馆的一道本帮名菜,20世纪30年代,当时的德兴馆就开在十六铺码头附近,不远处的外咸瓜街的鱼鲜市场就成了德兴馆老板的近水楼台。这里卖的鮰鱼因为肉质细嫩鲜美、营养丰富而成为德兴馆的首选食材。也是从那个时候起,红烧鮰鱼就被上海的一代代大厨们做成了一道名菜。德兴馆的红烧鮰鱼不加任何别的辅料,讲究的是鲜嫩软糯、原汁原味。绿波廊酒楼的蒜子红烧鮰鱼,则是用较多的蒜吸取鮰鱼中的腥味、泥土味,不管是德兴馆还是绿波廊,做红烧鮰鱼都有一道不能省掉的工序,因为鮰鱼身体表面有一层滑滑的黏液,厨师们要先用沸水将这层黏液洗干净,再经过煸炒、加料、大火烧、小火焖,烧上25分钟左右,红烧鮰鱼才能起锅、装盆。在上海绿波廊酒楼主厨司炯眼里,鮰鱼的烹制难度很高。"鮰鱼刚熟的时候,肉是很硬的。慢慢慢慢地收,使它的味道慢慢地进去,时间就25分钟,过长了它会碎掉,过短了,口感比较不适合。因为我们要求是体态完整,就是鱼的形状完整,酥而不烂。肉质比较酥的,入口即化的,老人、小孩都可以吃。"

因为鮰鱼的肉质非常细嫩,在烹饪的过程中稍有不慎,鱼肉就会从鱼骨上脱落下来,这就要求厨师在烹制过程中既不能随便翻动鱼块,又不能

浓油赤酱本帮菜

德兴馆的红烧鮰鱼

让鱼块粘锅,所以出锅前的红烧鮰鱼都要经过两次整体的大翻。德兴馆的红烧鮰鱼不光鲜嫩软糯,入口即化,而且色泽鲜亮,成了德兴馆最受欢迎的一道菜。除了红烧鮰鱼,虾籽大乌参也是德兴馆的招牌菜。尽管发好的乌参已经不再那么硬,但是很难把味道烧进去,为了让这道营养价值极高的海货变成一道好吃的菜肴,德兴馆的老板也是动足了脑筋。后来,这道由德兴馆老板研发出来的虾籽大乌参就成了很多本帮菜馆的头道大菜,在老正兴的厨房里,总厨胡斌烧这道菜也已经很多年了,他总结出了一套"有味使之出,无味使之入"的本帮菜烹饪经验。他介绍说:"海参本身营养价值很高,但是它没有味道,那么我们要做的就是有味使之出,无味使之入。所以我们烧大乌参的时候,要将五花肉烧成肉卤,再把大乌参放到这个肉卤里去入味,入味以后,再用这个肉卤勾芡,浇到大乌参上面。吃的时候,用调羹蘸着这个卤汁一起吃。这样,你既吃到了海参的营养,又吃到了它的味道。"胡斌的师傅陈纪官是国家级烹饪大师,虽说现在已经不再亲自掌勺了,但是他一直担任老正兴菜馆的技术顾问,从1971年到现在,他在老正兴的厨房里忙碌了近半个世纪。自打入行后,陈纪官通过不断的学习和操练,慢慢领会了本帮菜汲取众家之长,然后确立鲜明个性的烹饪精髓。于是,他开动脑筋拓展食材,推陈出新,夯实了诸多菜品在

绿波廊的八宝鸭

本帮菜中的地位，如红烧划水、青鱼秃肺等。在做厨师的这些年里，陈纪官领悟到，要做好一道菜，除了靠食材的完美搭配之外，炒菜时的感觉也非常重要，于是他就把自己的经验毫无保留地传授给了他的徒弟胡斌。

胡斌觉得，烧菜的感觉，大多体现在需要热锅快炒的菜上，这其中以油爆虾这道菜最为突出。他介绍说，从油温起来虾下锅，到起锅装盆，必须在18秒之内完成，这样才能让虾外脆里嫩，同时使得卤汁全部被虾肉所吸收。因此，这样做出来的油爆虾，在吃完之后，菜盘上是不会留下汁水的。

八宝鸭也是一道功夫菜，它是从苏州的八宝鸡演变而来的。上海城隍庙绿波廊酒楼的前辈师傅去苏州学习后，觉得八宝鸡不错，但是鸡的体积太小不易填料，加之南方人还是更喜欢吃鸭子，所以就选择了鸭子来制作八宝鸭。上海绿波廊酒楼主厨司炯说："鸭子时间蒸长了以后，鸭子里面有水分会渗到糯米里面去，所以使糯米的水分更加足一点，吃口更加香糯一点。鸭子经过全拆骨，它就会慢慢地比原来的体积稍微小一点点，但是加上肚子里的填料，还是有近四斤左右的分量，足够一家人吃的。"像八宝鸭一样，很多的本帮菜都要经过很多道的工序才能做出吃过难忘的美味来，在老正兴的厨房里，胡斌做的酱方也是一道功夫菜。酱方制作时，先要把生肉蒸好后定型，然后改刀，改刀以后再加入南乳汁上笼蒸四个小时，吃的时候令人感到肥而不腻。

"浓油赤酱，原汁原味"在每一道本帮菜中都会有所体现。上海人喜欢吃草头，草头炒出来虽然鲜嫩爽口，但是缺少油水，精明的上海人就把肥美的大肠和草头巧妙地结合在了一起，这就是有名的"草头圈子"。上海市民殷自力对本帮菜的"味道"颇有心得："好吃的东西不一定要贵，好吃的东西要有滋味。所谓滋就是要让舌头感到不同的味道，而且是不同味道的组合，用现在的话来讲叫复合味，那才有滋，滋了才有味。味道里面有两种味，一个叫复合味，还有一个就叫本味。你要尝出在这个味道后面，食材本身是什么味道，这才是最重要的。所以不要看上海菜是浓油赤酱，吃到后来都有本味的。"

上海老正兴菜馆主厨胡斌则从专业的角度道出了本帮菜的这一特点："浓油赤酱，是说上海菜喜欢放酱油，原汁原味呢，就是说上海菜注重它的原材料的精细度，基本上都是吃当令的食材，所以为保证它的原汁原味，不会去添加过多的调味料。"

匮乏年代的家乡味道

很多现在普普通通、一般人非常熟悉的上海本帮菜在上世纪中国物资匮乏的年代是不容易吃到的，也让那时远离上海去上山下乡或支内建设的上海人在异乡牵念不已，家乡的味道让游子们难以忘怀。

八宝辣酱是一道传统的本帮菜，从炒辣酱演变而来，原料主要有猪肉、鸡丁、肚子、鸡胗、开洋、笋丁、白果、栗子、虾仁和青椒。虽然每家八宝辣酱里面的八宝都有所不同，可是，早在那个物资匮乏的年代，上海人嘴里的八宝辣酱甚至连所谓的八样东西都是没有的。在市民姜浩峰的记忆里，即便是这样的八宝辣酱，味道也是非常难忘的。那时老百姓家烧的八宝辣酱里，会放点土豆丁、豆腐干丁、"油汆果玉"（即油炸花生米），即便是这样只有"三宝"的八宝辣酱，放在嘴巴里就是各种味道组合在一起，已经让人非常满足了。

上海老饭店的八宝辣酱

1970年，17岁的孙爱翠报名"上山下乡"。知道女儿要去云南生产建设兵团工作，孙爱翠的母亲非常不舍，临走前的那几天，母亲烧了好多霉干菜烧肉，因为她觉得女儿在云南，是吃不到这样的家乡菜的。和孙爱翠一样，当年的姜浩峰的父母响应国家号召支援内地建设，也举家西迁到了西宁的青海矿山机械厂，因为厂里的绝大部分工人都来自上海，厂门口一家上海人开的饭店就特别受欢迎。店里的糖醋小排让幼年的姜浩峰印象深刻，因为西宁本地是没有这道菜的。同样与上海远隔千里的孙爱翠就没有姜浩峰一家人这样的口福了。因为在偏远的云南农村，生活条件是非常艰苦的，缺乏蔬菜，杀猪也仅一年一两次，这对刚刚离开父母的她来说的确是一个非常严峻的考验。在远离家乡远离亲人的日子里，孙爱翠和很多知青一样都盼着两年一次的探亲，两年里对家乡饭菜的渴望，从踏上回家之路的那一刻起就汹涌而来，一迈进家门的孙爱翠就向爸爸提了一个想了两年的要求——吃红烧肉。第二天，孙爱翠的爸爸用了大概三四个人份的肉票买了两斤多肉，满足了女儿的心愿。

探亲时间转瞬即逝，临走之时父母自然是想尽一切办法把上海的食物装进孩子们的大包小包里，孙爱翠记得，咸肉、香肠都被带回了云南。知青们互相串门的时候，才会舍得拿一点出来吃，毕竟每两年才能带回这些家乡的美味。1979年，孙爱翠从云南西双版纳回到了上海，改革开放让她成了中国的第一批个体户，于是，当年一直眷恋家乡味道的她开了一家小饭店，店里卖的都是她在云南日思夜想的本帮菜。

在本帮菜中，但凡荤菜几乎都是可以拿来红烧的，这其中以红烧大排为代表。让市民殷自力终生难忘的是他1973年吃的红烧大排。当时他的父母因为被调去外地工作，留下了他姐弟两人在上海读书，照顾弟弟的任务就落在了长他三岁的姐姐身上。有一天，他们的干妈来到了他们家，干妈的到来让殷自力姐弟俩兴奋不已，因为他们知道干妈做的红烧大排特别好吃，其奥妙在于先把大排放在调料里面浸一晚上，然后再把它捞起来，放在笸箩里面晾干，晾干以后再油炸，炸出来的滋味就特别好。殷自力至今都还记得那天干妈来给他们姐弟两人送排骨的情景："我干妈是小脚，那天从浦东拿了一个篮子，篮子里面放了十几个白馒头，有一只碗，碗里面装了五六块大排，上面盖一块纱布。我干妈就拿了这个篮子到我们家，然后她就跟我讲，干妈给你送点东西来，你和姐姐一起吃，馒头一人一个，大排一人一块，不要抢，妈妈很快就会回来的。"干妈的话和那碗大排给了殷自力姐弟俩莫大的安慰，让没有父母照顾的他们支撑着走过了艰苦的岁月，一直记到了今天。因此至今他都对干妈当年走了那么远的路来为自己送大排和馒头十分感激，对干爸干妈和自己父母亲的友情感慨不已。

那些年，虽说上海人的生活水平并不是很高，但是遇到喜事庆贺或者过节团圆，还是会去一些比较高档的本帮菜馆吃上一顿的。除了德兴馆的酱炖肉和焖蹄、老正兴的红烧划水和青鱼秃肺，城隍庙绿波廊的节庆大菜八宝鸭更可以让全家人共享口福。在那些年的上海，像八宝鸭这样的大菜只有在过年的饭桌上或是结婚的喜宴上才能吃得到。在孙爱翠的记忆里，小时候的她为了能够吃到八宝鸭，邻居家里办婚宴的时候，她就情愿跟在大师傅的后面做帮工。如今，想吃八宝鸭的孙爱翠再也不用等到有婚宴的时候了，在上海的本帮菜馆里，几乎每一家都可以吃到八宝鸭，每到春节前夕，绿波廊的八宝鸭总是供不应求。

妈妈的红烧肉

几乎在每一个上海人的记忆里，妈妈或外婆烧的红烧肉是走到哪里都忘不掉的家的味道。在家里排行老小的市民陆华也是从五六岁的时候就开始趴在灶台边看妈妈烧红烧肉了。像陆华的母亲一样，在上海的每一个家庭里几乎都有一个会烧红烧肉的妈妈，但是因为具体的做法和把握的火候存在差异，妈妈们做出来的红烧肉味道也不尽相同，八角、茴香这样的香料可以不放，但是酱油和冰糖一定是不能少的。陆华记得，她妈妈烧红烧肉是不焯水的，而是把肉直接放在油里煸，煸好以后，把酱油放进去，然后焖得软酥了，再把冰糖放进去，焖得时间差不多了，接下来就收汁，收汁时要不断地翻炒，不能让肉烧焦，亮度、颜色都可以了，便可出锅。

在早些年的上海，住在石库门里的孩子们经常会闻到从弄堂里飘出来的红烧肉的香味，尽管那个时候做一次红烧肉也要消耗掉家里不少肉票，但是陆华的妈妈还是会把自己做的美味拿去和邻居们分享。那个时候的上海家庭很少只有一个孩子的，大部分都是兄妹几个，再加上经济匮乏，物资紧缺，几乎每次烧红烧肉，父母们都舍不得吃，都是省下来留给家里正在长身体的孩子们。陆华记得小时候，只要有红烧肉，她和哥哥、姐姐兄妹三个，吃饭时筷子如雨点，好像在比赛谁吃肉吃得快，因为她最小，所以妈妈总是会让哥哥、姐姐把最后两块肉留给她吃。

和陆华的妈妈一样，尤金德的妈妈也会因为这样的原因，特别偏心年幼或者瘦弱的孩子。为了不让别的孩子产生不公平的想法，每到这个时候，妈妈们也是想尽了办法，比如先在孩子的饭里藏进一块肉。因此那时兄弟姐妹之间，吃饭时大家的眼睛都瞪出来了，生怕你多吃一块，我少吃一块。红烧肉的香味陪伴着孩子们慢慢长大，上了小学的陆华每当放学刚进弄堂，闻到妈妈烧的红烧肉味道的时候，就会迫不及待地冲进厨房。她记得有一次放学回家，手也没洗，她一口气吃了十几块红烧肉，直到摸着肚皮觉得吃撑了，这也是她吃肉吃得最舒服的一次。

如今，陆华的妈妈也已经70多岁了，吃着红烧肉长大的女儿也开始做红烧肉给妈妈吃了。一开始她觉得有差距，火候、色、香、味跟妈妈都有区别。"人家有一种妈妈的味道，我烧出来只是女儿的味道，永远是亏欠一份的。但是，我妈妈经常在边上看，告诉我今天糖多了，今天酱油多了，今天焖得不透，今天烧得时间太短了，我就一点一点改进，烧到最后，连我哥哥、姐姐都跷起大拇指说，这个红烧肉好吃，有时候还会问，今天这碗肉是你烧的还是妈妈烧的？"得到了哥哥、姐姐的肯定之后，从小就喜欢吃的陆华决定开一家地道的本帮菜馆。在她的菜单上，红烧肉同样是最受大家欢迎的，她用的是妈妈的配方，红烧肉烧得肥而不腻，甜而不腻，酥而不烂，适应了大部分上海食客的味蕾。

本帮饭店里的美食情怀

几十年来，上海本帮菜不断地从其他菜系里汲取精华，使本帮菜的菜品得到了很大的提高，像虾籽大乌参、八宝鸭、南乳肉、红油酱方等这些大饭店里做的本帮菜也成了上海人餐桌上的美味佳肴。老饭店、德兴馆、

经常有国外的客人组团到德兴馆来品尝本帮菜

绿波廊、老正兴等一批上海老字号餐馆不仅获得了上海本土食客的赞美，同时也赢得了海内外游客们的赞誉。20世纪50年代出生在上海的陈芷君，自1985年去了美国之后就定居了下来，但是只要一回到上海，她都会到德兴馆来吃上一桌久违的本帮菜。有时她会带朋友一起来，即便人少时，对于每一个她认为好的菜仍然都要点，人再少也是一桌子菜，因为她觉得漏点那些味道正宗的上海菜就会觉得很可惜。

在德兴馆每日熙熙攘攘的客流中有土生土长的上海人，也有旅游观光的外地人。有位姓温的台湾商人甚至还把房子买到了德兴馆附近，只为了遍尝本帮美味。市民殷自力介绍说，2000年，那位台湾商人在广东路湖北路花了200万元买了一套老公寓房子，那时候上海的房价新房每平方米才三四千元。他每天早上五点钟，脸也不洗、牙也不刷，头发也不梳，一副睡相，就跑到德兴馆里一坐。从早上的头汤鳝糊面开始了一天的美食享受。殷自力说，德兴馆的东西，那位台湾商人每样都觉得好吃，虾籽大乌参、油爆虾、扣三丝、冰糖鳗鲡，每个菜他都喜欢，尤其喜欢油爆虾，虾酥、鲜、香，而且是蜜甜口味。最后他把整个德兴馆的菜吃了个遍。德兴馆也作为本帮菜的典型代表受到越来越多人们的喜爱，甚至经常还会有国外的客人组团到德兴馆来品尝地道的本帮菜。在上海，像上述那位温姓台湾商人这样喜欢吃本帮菜的外地人有很多，当然更有像姜浩峰这样的本地人，到老正和这样的本帮菜餐馆，点上一份烂糊肉丝，就像回到了家里一样。

浓油赤酱，原汁原味，本帮菜的香味飘荡在每一个上海人的记忆里。"有味使之出，无味使之入"，本帮菜的精髓渗透在这座城市每一天的生活中。记住传统是为了记住这座城市以及父母对我们的养育之恩，开拓创新是为了弘扬这座城市的文化精髓和城市精神。随着时代的发展，在本帮菜的菜谱上，还将会出现更多更新的美味。

上海点心

说起上海美食,除了浓油赤酱的本帮菜,上海的点心也是花样繁多。大壶春的生煎馒头、南翔的小笼包、王家沙的鲜肉月饼和沈大成的双酿团、条头糕等等,都是陪着一代代上海人长大的美味点心。从解放初期到改革开放后的上世纪八九十年代,"四大金刚"则一直是上海老百姓早餐桌上的主角,上海点心里有着大家许多难忘的故事和记忆。

"外来"的上海点心

一些今天的上海市民耳熟能详的上海美味点心其实都带有外来的基因,都可以说是上海这座城市海纳百川的见证,蟹壳黄就是其中之一。20世纪20年代,随着大量的外地人纷纷来到上海,很多各地极具特色的食品也被他们带了过来,慢慢地这些食品就被上海人接受了下来,其中就有蟹壳黄。当时有不少苏北人在上海做螃蟹生意,"蟹壳黄"是苏北人的叫法,上海人也渐渐接受了这个名称。蟹壳黄的大小和蟹壳近似,加了油的面粉做成油酥的外皮,上面撒上了很多白芝麻,以椭圆形和圆形区分为甜、咸两种口味,外面烤得酥脆后,颜色也变得和蟹壳差不多,吃到嘴巴里酥嗒嗒、香喷喷。

其实,蟹壳黄在早些年并不是上海人的早点,而是上午10点到下午5点的这一段时间里,上海人会客喝茶的茶点。上海市民殷自力回忆道:"这种蟹壳黄,一杯茶吃两只正正好,第一口茶吃好,咬一口蟹壳黄,再吃一

蟹壳黄

口,然后,一口一口下去,直到一杯茶吃掉,正好两只蟹壳黄吃掉。两只蟹壳黄半两,就是二十五克,实际上就是一点点,刚刚叫点点心,不是满满胃。吃下去以后,满齿留香,所以这个蟹壳黄在当时,一般是无事有闲的人喝茶专用品,这个在上海当时也非常流行。"

殷自力对蟹壳黄的喜爱源于儿时的一段记忆,当时,只有四五岁的殷自力被外公带着去威海路的吴苑饼家吃蟹壳黄时,他连这个小饼的名字都不知道。他记得,排队买蟹壳黄的队伍长得不得了,好不容易买到了,喷香的味道让他忍不住张嘴就咬,结果嘴巴里还烫出了泡。外公当时笑他:"小弟啊,你这样吃根本就尝不到味道,是猪八戒吃人参果。"殷自力说:"外公啊,不是我猪八戒吃人参果,这个东西实在太香了,你叫我这样一口一口吃,我怎么来得及呢。"这时外公告诉他:"记住,这不是小饼,这叫蟹壳黄。"在殷自力的心中,蟹壳黄和大闸蟹一样好吃。

如今,上海的传统点心也会由于外来者的创新和改良,焕发新的生机,比如粢饭团。殷自力每天早上都会起得很早,几次上班路上走到西康路、南阳路的时候,他就会发现有一位推着三轮车的阿姨早已经来到了这里,这位阿姨就是"真圆"粢饭团品牌的创立者沈晓秀。

其实,沈阿姨粢饭团摊头在南阳路已经开了很多年头。1991年,来自

上海点心

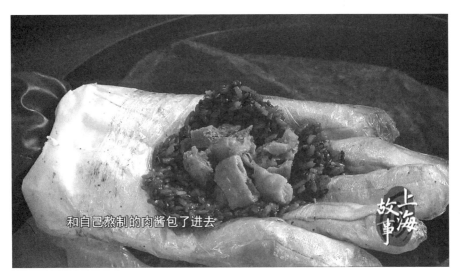

改良过的粢饭团

安徽的沈晓秀刚到上海的时候,她并不知道自己要做什么,因为听说粢饭团是上海人早餐的"四大金刚"之一,而她自己也像上海人一样很喜欢吃粢饭团,于是沈阿姨就决定做粢饭团来卖。老上海"四大金刚"里的粢饭团当时还是一直延续着好多年以来的传统做法。殷自力回忆说:"我记得我小的时候,六十年代中后期的时候,外滩六号旁边有个元芳弄,弄口就有一个饮食店,一只木桶里面放的糯米饭,弄半根油条,加点糖,一捏就是粢饭团了,味道比较单调,但是当时热的时候吃吃也蛮好。"

为了早点学会做粢饭团,沈晓秀就到附近的小菜场边上看人家如何包粢饭团。她认为,当时他们包的一般性都是油条,放点糖,要么放点榨菜,这是老的吃法,没有什么花头的。于是沈阿姨对粢饭团进行了改良,除了把油条切成小块之外,还把之前粢饭团里没有的卤蛋、虎皮蛋、咸蛋和自己熬制的肉酱包进去,逐渐变成了一种新口味的粢饭团。由于沈阿姨的粢饭团里面要包进去很多东西,对于她包粢饭团的技术就提出了更高的要求。

由于沈阿姨做的粢饭团的味道好,刚开始的时候,即使包得不好看甚至包破了,顾客也会买。为了粢饭卖相好,沈晓秀就开始琢磨包粢饭团的技巧,"我就自己找窍门,包饭的时候,要饭打薄一点,然后放油条,然后再放肉糜，肉糜放好了，放肉松、放蛋，然后把油条再翻过来，再把它卷小，这是有技巧的，没有技巧一般性包不进去的"。

除了从最初单一在粢饭团里放白糖和油条到现在的各种馅料，沈阿姨增加了红白相间的血糯米粢饭团新品种，经过20多年的摸索，沈阿姨的粢饭团已经成为上海点心的一个新品牌。当年那个南阳路粢饭团也从最初的一个路边摊发展成为全国连锁的"真圆"粢饭团点心店。

"四大金刚"的记忆

在一日三餐的早餐中，最为上海人所津津乐道的还是每天马路边弄堂口大饼油条摊上的"四大金刚"——大饼、油条、粢饭、豆浆。在很多上海人的记忆里，大饼油条是吃了这么多年从来都没有吃厌过的早点绝配。尽管大饼油条并不是很贵，但是在那个物资匮乏的年代，对于当时买东西都要凭票的每一个上海家庭来说也不是每天的早餐都能吃上"四大金刚"的。由于当时的生活条件比较艰苦，父母买大饼油条的时候也要合计一番，而在孩子眼里，去早点摊买大饼油条也就成了一桩美差。上海市民朱

上海传统早点

上海点心

上海人买油条的独门秘技——用筷子插

国平回忆:"真的都是自告奋勇的,妈妈,我去,我来买,马上拿一根筷子,奔到那边。实际上那个时候也是有几个人排队的,看的时候香味道闻的时间长了,肚皮确实是也有点饿,迫不及待叫人家帮你插好弄好。"

如今的上海市民对于那时大饼油条如何搭配着吃,油条如何买回家都有着真切的细节记忆。朱国平回忆:"一根油条,两个大饼,这样一搭,把这个油条多出来的地方先咬掉,这个是过好瘾头了,大饼油条这样,一点一点这样吃,一脆一软。"而买油条时,当时上海人也不像现在这样用塑料袋装,而有着自己的独门秘技——用筷子插。刚出锅的热油条总被早点摊的师傅们先放在网架上晾一晾,稍微滤滤油就穿到各人带来的筷子上,在当年还是小学生的朱国平眼里,早点摊师傅们穿油条都是很有一套的:"扎扎实实帮你插好了,我们去插可能就是从当中插进去了,他们倒是很有这种窍门的,他从旁边插进去,比较结实比较牢。"

尽管师傅们插油条插得很结实,尽管回家的路不是很远,但是顽皮的孩子一路上蹦蹦跳跳,还是会把油条从筷子上弄掉下来,要是在今天,人们很可能就不要了,而在那个油条卖4分钱一根,一家四口人可能只舍得买两根油条的年代,人们对掉在地上的油条是舍不得扔掉的。朱国平回忆道:"拿起来拍拍掸掸,就这样走了,一边走,一边吃,到屋里了,实际上就是没有两根了,可能就一根半,一根再多一点了什么的。"

点心中的"贵族":生煎、小笼

当年大饼油条摊在上海的街头巷尾随处可见,相比较"四大金刚"这种比较平民化的早点来说,要想吃到生煎、小笼、锅贴之类的早点心就要到有一定规模的点心店了。

上世纪五六十年代乃至八十年代的上海,由于经济条件所限,一般家庭平日里也不会经常去点心店买有肉馅的生煎馒头或者是小笼馒头来吃,很多时候都是因为来了亲戚才会买来招待客人,每当这时,家里的孩子就有了解馋的机会,跑起腿来也是格外地卖力。

家住顺昌路的姚斌儿对于当年买生煎馒头的经历记忆犹新:"拿了一个钢精锅子就到太平桥,最好的就是生煎馒头,小时候叫生煎馒头,不叫生煎包。那么这个生煎馒头是什么价钱呢?一角钱四个,一两粮票,我们一般买起来就买五角钱,五角钱就是半斤,一锅子端回来。"

当时由于客人吃得多,买了一锅生煎馒头回来的姚斌儿馋涎欲滴,而

生煎馒头

最终只吃到一个,"跑到这个生煎馒头摊位这个地方要等,要等它刚出锅,这个时候的味道已经很香的,所以一路走回来的时候,我脑子里就在想,我可以吃几个,我可以吃几个。这个味道实在太香了,因为小时候没有什么东西吃的,吃生煎馒头已经觉得很奢侈了。然后,谁知道那天客人吃了二十个,我们那位亲戚他大概一个人吃了十几个,结果我妈妈也吃了,谁也吃了,结果轮到我就吃到一个。我想我多可惜啊,我好不容易去买了一锅子"。

上海人对生煎馒头的喜爱由来已久,早在20世纪30年代就有萝春阁和大壶春两家生煎馒头店,并且形成了"汤汁帮"和"肉芯帮"两大派别,每天很多人排队来买生煎,生意非常红火,这种现象一直延续到了解放后。萝春阁在虹口,以汤汁见长,所以它是汤汁帮的代表。大壶春以前在四川路、汉口路的路口,在26路电车终点站附近,早先只有很小一个门面,它是以肉芯见长,味道甜滋滋的。上海市民殷自力回忆:"大壶春这个生煎馒头我比较喜欢,我喜欢吃里面肉芯子比较多的,比较实惠。那个时候生煎馒头便宜啊,精白粉,就是白面粉做的一角四分一两,标准粉,就是比较黑一点的面粉做的,一角二分一两。"

有的上海老食客还发明了一种最实惠的生煎馒头的吃法,那就是在大壶春的店堂里面先蘸了醋,把生煎馒头的皮吃掉,然后把肉馅收好,放进一个饭盒子里带回去,夜里咪老酒的时候再把这些肉馅吃掉,所以一客生煎可以吃两次。

在上海的各种点心里,生煎和小笼因为有了那个年代不太容易经常吃得到的肉馅而成为上海点心里的奢侈品。当年的小朋友只有在表现好的情况下才会被爸爸妈妈带着到点心店里吃上一次作为奖励,因为美味和平时不容易吃到的缘故,心急的小朋友在吃小笼时也闹出了不少笑话。上海市民聂敏回忆:"这个已经是最最大的奖励了,我们住在建国中路,边上有一家店叫乐添心,这家店当时相当有名的,所以每次去吃的时候,真的是迫不及待。这个汤包,人家刚刚出笼的上来,快点一人吃一个,当时都是很狼狈的,因为是烫到舌头了,真的烫得眼泪水也会出来的,有时一口咬上去,衣服都会溅上油迹,或者溅到边上的人身上。"尽管吃相很狼狈,但当年美味的小笼和那碗旁边的蛋丝汤就这样一直留在了聂敏的记忆里。

小笼馒头

  由于小笼馒头刚从蒸笼里拿出来的时候温度很高,而里面的汤汁又要趁热吃才好吃,为了避免烫伤舌头,有经验的老食客就总结出了一个吃小笼的顺口溜:"轻轻提,慢慢移,开小窗,稳稳吸。""因为以前的蒸笼里面是用芦苇编的这样一个东西放在底下垫着,所以首先你要轻轻提,把它提起来,下面这个底不好脱掉,底掉了汤就都流掉了,不灵了,所以叫轻轻提。你要夹着它两边,因为只有这个地方它是可以着力的,慢慢移,如果掉下来,就前功尽弃,叫轻轻提、慢慢移。到了嘴巴以后呢,叫开小窗,你不要一口就进去,里面烫死了,舌头都一个泡,所以要轻轻提、慢慢移、开小窗、稳稳吸。"

  现在在一所大学任教的李枫峰从小也喜欢吃小笼馒头,只是那个时候家里经济条件不是很好,能吃上小笼对他来说也是一件非常激动的大事情。有一次学校组织去嘉定南翔古漪园秋游,久闻南翔小笼大名的他就异常兴奋地向父母要了买小笼的钱,而买好小笼之后却发生了小小的意外。刚刚买好的小笼包由于太烫,刚装进食品袋里底就穿掉了,小笼就掉在地上,李枫峰当时眼泪就掉了下来。回家后父母知道了安慰他说,"不要紧、不要紧、还好吃",于是就把外皮剥掉吃肉馅儿了。过了不久,父母又带他去了城隍庙,总算使李枫峰如愿以偿地吃到了完整的小笼包。

上海点心

老字号的镇店之宝

在上海,很多老字号的点心店里都有上海老百姓喜欢的美味点心,如生煎馒头、小笼包、锅贴、鲜肉月饼等。位于南京东路上的沈大成在上海点心老字号中以生产各种干点心而闻名,其中又以双酿团和条头糕最为出名,而久负盛名的绿波廊因为很多点心背后有精彩故事而被世界各国的朋友们所记住。

沈大成的创始人沈阿金本是无锡人,为集点心与风味小吃之大成而取店名为沈大成。由于沈大成注重选料,制作精细,口味独特,因而很快就受到了喜欢吃糯米食品的上海人的青睐。

沈大成既有堂吃的点心,也有外卖的糕点,每天顾客盈门,点心师傅们从早忙到晚根本停不下来。上海沈大成第四代传人沈兴国介绍:"当时一楼是吃点心的,馄饨、小笼、两面黄、春卷,还有各式各样的花式面点,生产部门是在二楼。一楼有一个门市部专门卖糕团,有八宝饭、松糕、糖年糕、赤豆糕、双酿团、条头糕、金团,还有蜜糕、桂花年糕、枣泥糕、

条头糕

双酿团

粢毛团、青团、重阳糕。"

  在糕点中最受欢迎的品种之一就是条头糕,原本叫作"调头糕",是指因为糕点的美味,顾客买了后觉得好吃,又调头回来再买,后来时间久了,就逐渐演变为"条头糕"。据说吃条头糕能带来好运,假使没有结婚的还可以交上桃花运。所谓"双酿团"就是先把豆沙馅料包进蒸熟的糯米团里,压成厚厚的皮子,再把芝麻糖粉包进去,这样包出来的团子,皮子里有豆沙的软糯,馅子里又有芝麻的香甜,层层叠叠,回味无穷。

  位于上海城隍庙的绿波廊餐厅因为1998年美国总统克林顿访华期间的上海之行而名声大噪,绿波廊的一绝就是"粘盘子粘筷子不粘牙齿"的桂花拉糕。80后的冯玉麒因为喜欢美食而选择了职校里的面点专业,由于成绩突出被绿波廊录用为面点师,以前只是听说过的著名的绿波廊桂花拉糕,如今已经被冯玉麒掌握得非常娴熟。对于制作桂花拉糕的诀窍,冯玉麒说:"外面买的糯米粉,你做好了,隔了第二天,它冷却以后切下来就硬掉了,但是我们拉糕冷却下来,再切下来,还是很糯很糯的,因为它的吃水量是比较大的,所以它吃了口感就是滑、糯。"除此之外,天冷的时候要做得稍微薄一点,因为天冷它会冻得硬一点,根据浆从手指头上面流下来的速度来判断这个拉糕的厚薄。

绿波廊的桂花拉糕

就是这个"粘盘子粘筷子不粘牙齿"的桂花拉糕让从未吃过上海糕点的克林顿夫妇大为折服。当时克林顿来中国前是自己在家里练过筷子功的,绿波廊餐厅一上拉糕,克林顿就自己上去夹了,没想到筷子一上去就粘住了,随便怎么也拔不下来,然后就换了第二双筷子再夹,还是粘住,怎么也拔不下来,换了第三双筷子的时候,最后是服务员帮他夹的。所以当时克林顿有可能觉得这个拉糕这么黏,吃进嘴里可能会粘牙齿的。但是当他吃完后,却跷了大拇指,说这个点心做得非常好,桂花拉糕的口感和他心目中原先的预计是完全不一样的。

从吃点心到做点心:记忆与情怀

上海人不但深深地喜爱各种上海点心,也乐于和善于亲自动手制作。有的人在家里做,让家里人尝到了自己的手艺,有的人则为了这份情怀,为了让传承了多年的上海点心能够被更多的人细细体味,而创立了自己的手工点心店。

对于点心的温暖记忆是一代代上海市民的集体精神财富,而做点心的

油墩子

动力,也往往来自于此。冒着热气的油墩子几乎是那个年代所有的孩子对冬天最温暖的记忆。油墩子其实就是萝卜丝饼,是当年江、浙、沪地区随处可见的街头小吃,上海人称之为油墩子。香脆有味的油墩子是放学后的孩子们在回家路上最喜欢的美味之一。"翅品品"港式餐厅老板潘东回忆:"学校门口有位老太,她弄个小的煤球炉,上面放个铁锅子,实际上她是做萝卜丝饼,我们称之为油墩子。天冷的时候,我们最喜欢吃的就是油墩子,一放学,一帮男同学就涌过去了,涌过去大家就抢着买。那么老太来不及做,谁先买了,大家就抢着吃,你咬一口,我咬一口,等别的同学的做好了,大家再分着吃,一人吃一口。"

因为学生时代味蕾上难忘的记忆点燃了潘东对美食高涨的热情,长大后的潘东开了一家港式餐厅,虽然店里卖的不是上海点心,却还是为客人和自己保留下了萝卜丝酥饼。潘东说:"这个萝卜丝饼就是根据我们小时候吃的印象开发出来的,用的油比以前的好,以前做油墩子的时候,那个油是反复使用的,不健康,现在用的油是一次性的。"

在那个年味还比较浓郁的年代,因为可以吃到比平时多很多的糕点,所以过年是孩子们最开心的事情,除了从街上的糕团店里买来一部分之外,上海的很多家庭都是自己做糕点来吃的。在大学教师李枫峰的记忆里，父亲做的米糕就特别好吃。米糕是用大米轧的米粉做的，里面放一点豆沙，放一点赤豆，加一点枣子，蒸熟后有一种大米的清香，松软但咬上去很有韧性。李枫峰还记得，"那个时候，我一口气可以吃三到四只，这么大的一个米糕，三到四只，吃撑了"。

还有一些人，因为对儿时点心的深刻记忆，为了地道的上海点心能够传承下去开起了自己的点心店。"蒲石小点"，这家看上去更像咖啡馆的点心店，里面卖的却是上海人喜欢的传统点心，而它的老板杜俊曾是一位白领。小时候父母在外地工作，他就被寄养在伯父家里。在他的心里锅贴是一种很好吃的东西，长大以后的杜俊先后在几家世界500强公司任职，然而三年前的一天下午，当杜俊有些疲倦地走在淮海路上的时候，饥饿感一下子强烈地勾起了他对儿时美味锅贴的记忆。对于自己那时的感受，杜俊回忆道："我肯定不想吃麦当劳、肯德基，我想吃一个中式的，就是我自己习惯的那种点心。想到一个我以前去过的某一个国营字号的，又感觉那个环境不是特别吸引我，毕竟下午三四点钟的时候，还是有点累，有时候想坐下来稍微休闲一点，然后顺带着吃一点东西。"

带着这样的想法，杜俊和他的合伙人决定做一家可以吃到上海地道点心又能休闲交流的上海现代手工点心店。为了让客人吃到上海点心的精髓，杜俊还专门请来了曾经在华亭宾馆做面点师的邓修青，杜俊对自家点心提出的要求对于有四十年制作面点经验的邓师傅来说并不是一件很难的事情。1977年，19岁的邓修青被分配工作到了上海梧州路179号的梧州饮食店做了一名点心师，1985年，上海第一家五星级酒店华亭喜来登宾馆向社会公开招聘烹饪技术人员，大集体编制的邓修青因为技术过硬、水平高超被破格录取了。

为了点心的健康和美味兼备，杜俊肯下功夫，不断摸索，这也源于他对上海点心的一种期待和情怀："我觉得至少在我们自己的国家里面，中式的点心应该是主流，我们希望把中式点心内在的价值再提高。它不是一个只是吃饱的东西，它是整个的体验，是你生活当中增加生活色彩、生活情趣的这样一个场景或者是一个产品。"

有了这样的美好愿望，杜俊就开始奔赴很多国家与地区实地考察，还和师傅关在屋子里研究无添加点心的制作方法，把以前点心的重油重糖改为少油少糖。为了不放明矾也能炸出松脆健康的油条,他们就琢磨试制了整整两个月。杜俊说:"我们的主厨,我们小张师傅,刚开始他说不加明矾,做出来确实就不蓬松了,一直被我否定了。然后他又说台湾地区有一种做法,就是油炸之后再进烤箱,但是我觉得还是不够,因为烤箱烤出来的会比较硬,虽然比较脆了,但是它是一种硬梆梆的脆。最后我们想到一点,就是加比较多的蛋清,因为蛋清本身有一点蓬松的作用,当然也有其他配方相配比,这样的话,既能够蓬松,又没有其他的添加剂在里面,但是相对来讲,这个成本就会高出去很多。"

虽然如此用心,不惜成本,然而当长乐路上第一家"蒲石小点"开张了一段时间后,店里几乎没有人来,这时的杜俊也开始怀疑起自己的初衷来。直到有一天他做的点心得到一位客人的认可,这一下坚定了杜俊继续做下去的决心。杜俊记得当时那位客人点了一碗小馄饨,还有其他一两样点心,一个人坐在角落里面慢慢地吃,吃完,起身对杜俊说了一句话,他说:"谢谢你,把上海点心做得如此令人难以忘怀。"杜俊突然就被这句话给打动了,他觉得只要用心把东西做好,终究会赢得顾客的喜爱和认可。除了对上海的传统点心油条、锅贴、粢饭糕进行了改良之外,杜俊还决定把一些由于工艺复杂而如今已经很少能见到的点心比如枣泥酥、海棠酥重新做起来。

以前,要想吃到某一种有名的上海点心,上海人甚至要跑上很远的路。现在,上海杏花楼(集团)有限公司在一些繁华的商业中心把旗下的大壶春、沈大成、香满楼、燕云楼、老正兴、功德林、老半斋等二十几家商户聚集起来,这样,人们就可以在这里一下子吃到很多种好吃的上海点心了。

西餐那些事

上海是一个海纳百川的城市，它有着与生俱来的时尚和优雅。上海开埠后，在众多外国侨民和洋行白领的影响下，西餐在上海盛行起来。西式菜品在上海争奇斗艳，最广为人知的便是罗宋汤，罗宋汤对上海人的影响似乎成了西餐时代的见证。当然，上海人对于西餐的了解不仅于此，在当时的西餐馆里，品一杯香醇的咖啡，听听爵士乐，许多故事悄然发生……

当西餐遇上摩登上海

上海，人们心中的魅力之都，中西合璧的多元文化、浪漫与怀旧的情调、霓虹灯下的绚丽都让上海变得迷离而活色生香。上海人儒雅精致，追求情趣，对吃有着格外的讲究，老上海人迷恋于西餐，它的出现让上海人格外关注起了生活品质。

据史料记载，1608年（明万历三十六年），意大利传教士郭居静到上海传教，以西方食品饷献信徒，看来，明代已经有上海人尝到西餐了。开埠后，上海人的生活和饮食开始受到西方文化的浸染，西餐就随着外侨传了进来，最早的西餐馆叫"番菜馆"。1868年（清同治七年）由外国人开设的亨白花，在今徐家汇的华山路、虹桥路口开业，这是上海最早的西菜馆。20世纪二三十年代，上海的西餐馆越来越多，而到了三四十年代，吃西餐几乎成为一种时尚。在老上海西餐品种里，英式、美式、法式、德式、意式、俄式交相辉映，上海简直成了美食的大都会。当时比较著名的

一品香番菜馆

西餐馆有红房子、德大、凯司令、蕾茜饭店、复兴和天鹅阁等。那时的西餐馆,相对来说集中在两个地方:一是外滩,那里有大批的洋行和银行,员工经常光顾西餐馆,比如德大;二是淮海路,以前叫霞飞路,那里的外侨比较多,比较有名的是红房子。后来几乎所有高档宾馆都开设了西餐馆,比如外滩的华懋饭店,也就是现在的和平饭店。虽然当时昂贵的西餐消费并不是一般大众能够承受的,但是西餐对本土文化产生了深远的影响。资深媒体人胡展奋认为:"西餐的引入使上海人受到了文化上的洗礼,首先,西餐的用餐环境很卫生也很安静。其次,西餐用餐时讲究礼仪。比如用餐中途上洗手间需要说明一下,主人不离开餐桌,客人是不能先走的,用餐时遵循女士优先的原则,这些对上海饮食文化的影响是相当大的。"由于吃西餐的规矩特别多,店面又集中在大饭店,难免会让人产生疑问,西餐只是富人的消遣吗?

十月革命,给上海带来了俄式西餐,一大批白俄移民的到来,使高大上的西餐走入了寻常百姓家。这些白俄移民来到上海,为了生计,在霞飞路(今淮海中路)一带开设了许多价格比较"亲民"的俄式西餐馆,使得手头并不宽裕市民也能品尝到"洋味"。这期间,罗宋汤的产生就是上海交融世界美食的典型案例。海派罗宋汤源于俄式红菜肉汤,真正的罗宋汤用的是红菜头，红菜肉汤辣中带酸、酸胜于甜，但是上海人并不习惯这样的口味，于是，偏爱甜口的上海人用梅林牌番茄酱代替了红菜头，并把本土食材如卷心菜、土豆等放在一起烧，这就形成了具有海派特色的酸中带甜的罗宋汤，这道菜色香味俱全，让人回味无穷。

曾任上海新发展JW万豪酒店驻店经理的季方浩认为："上海是一个海纳百川的城市，对外来文化接受得比较快，西餐最早引入中国是因为人口流动，开埠后很多外来人来到上海，会把家乡的一些饮食习惯带过来，美食的流传是随着人口迁徙产生的，这带动并发展了最早的一批西餐。"当漂洋过海来到上海的各国美食遇到乐于接受新鲜事物的摩登上海，上海的包容性、理解性不仅让西餐在这片热土上扎下了根，而且经过改良的西餐更加具有了长久的生命力，上海人对西餐的接受不仅仅是味蕾上的认可，更体现了对外来文化的学习与适应能力。

声名远播的红房子西菜馆

说到西餐馆，红房子西菜馆在老一辈上海人的记忆里，留下了非常深刻的印象，在上海，人们一说起西菜，就会想到红房子西菜馆。"吃西菜到红房子"已成了老上海人的一句顺口语，这句话不但在上海人中流行，而且当年周恩来总理在接待外宾时也频频向外宾介绍红房子西菜馆。

80年代著名作家叶辛的名作《家教》改拍电视剧时，外景地选取的就是红房子西菜馆。在90年代初轰动上海的电视剧《上海一家人》里，就出现了"吃西菜到红房子"的台词。红房子西菜馆经理全权介绍说，法国菜的鼻祖是意大利菜系，但是意大利菜系并没有发展起来，法国人于是把意大利菜系加以变化和升华，变成了法国菜，因此，经典西餐是以法国菜为主的，后来西餐的潮流就是这样的走向。法国菜的特点是原料新鲜、菜品精细，很容易获得市民的喜欢。新中国成立初期，红房子就是做法国菜的，那时的红房子早已声名鹊起，关于红房子的西餐，还发生过很多有趣的故事。那时的红房子西菜馆只不过是陕西南路上一间两开间门面的小店，曾在法国留学的上海市市长陈毅对法国菜情有独钟，他经常去红房子

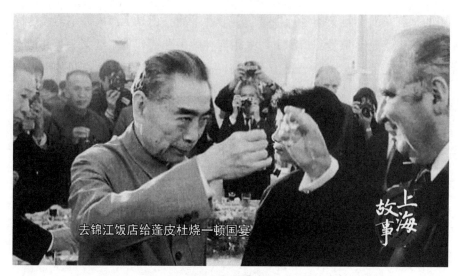

周恩来宴请蓬皮杜

品西餐，工作之余，也会去那里喝上一杯咖啡。有一次，陈毅市长在品尝了红房子的芥末牛排后对红房子大师傅的厨艺大加赞赏："菜的法国风味很浓，很好，我下次还要来！"

时任国家主席的刘少奇对红房子西菜馆的洋葱汤情有独钟。1959年12月，党中央在上海锦江饭店召开重要会议，刘少奇主席在陈毅副总理的推荐下，在会议期间到红房子吃了一次西餐，刘少奇主席吃了一份洋葱汤后，还兴致勃勃地再吃了一份，用餐结束离开红房子时，他还与在红房子店门口送客的服务员亲切握手，高兴地说了一句"店小名气大"的赞语。由于红房子西菜吃得首长满意，当时的市委、市政府陈丕显、曹荻秋等领导还特地到红房子厨房间进行了慰问。

还有一个非常重要的事件更是让红房子声名远播。"文革"期间，上海基本上已经没有西餐厨师了，当时正值周恩来总理陪同法国总统蓬皮杜来上海访问，周总理直接点名要红房子的厨师去锦江饭店给蓬皮杜总统做一顿国宴。红房子西菜馆经理全权还讲述了这样两件事：五六十年代的朝鲜没有好的西餐厨师，国宾去朝鲜访问，他们没有办法用西餐款待，于是就求助中国。外交部把情况汇报给周总理后，总理当即说："上海不是有家红房子西菜馆吗？可以叫他们的厨师去做西餐呀！"那个时候，红房子西菜馆已经改名为红旗饭店,改做中餐,因为周总理的这句话,红房子派了王宝水大厨去支援朝鲜,这一去便是三年,回来时,朝鲜的金日成主席还给他颁发了勋章。另一件事发生在60年代初,那时国家正在搞原子弹研究,红房子西菜馆还专门派厨师去大西北给专家做西餐,为国家重大建设项目提供后勤保障。

如果说20世纪五六十年代的西餐进入了较为低迷的时期,那么进入了七八十年代,上海人对于西餐的需求又逐步回升,人们分外想念那种具有情调的生活。红房子西菜馆也恢复了西餐经营,它的回归,甚至带来了更多的惊喜。

红房子西菜馆经理全权说:"1972年,红房子得以恢复西餐经营,这是当时上海乃至中国第一家恢复西餐经营的饭店,到了1979年,红房子西菜馆成为当时中国第一家恢复供应圣诞大餐的西菜馆。"与此同时,当时的红房子还聚集了一批很有才华的大厨,比如俞永利、徐祖莲、王宝水等,其中以俞永利大厨的菜品为主打菜系。红房子还推出了"红房子钥匙",当时叫"荣誉居民",这相当于现在所说的"贵宾",红房子希望这些"荣誉居民"能经常到红房子来,对服务和菜式提出意见,以利于红房子的改善和进步。1981年丹麦首相安高·约翰逊到上海时就慕名到红房子

红房子西菜馆旧址

西菜馆用餐,餐后他赞不绝口地说:"我对红房子西菜馆的法式西菜和服务工作十分满意,回国后,我要向我的朋友介绍来上海务必到红房子西菜馆用餐。"

改革开放后,红房子西菜馆在领导的支持下组织考察团去法国学习,并通过外事办与法国专业的餐饮学校取得联系,将优秀的西餐文化引入国内,正是对"精细"始终不渝的追求才成就了红房子的良好口碑,如今,"吃西菜到红房子"依旧是很多上海市民乃至国内外游客的选择。

西餐让中西方文化交融

改革开放之后,西餐的重新引入,法国菜、意大利菜、德国菜等无不让人垂涎欲滴,在杯碟碰撞、刀叉相叠之际,人们感受西方文化,也在体验西餐带来的快乐。西餐文化成了上海人记忆中美好而值得怀念的部分,吃西餐,最重要的就是餐桌礼仪,这更被视为一种文化。大理石的壁炉、熠熠闪光的水晶灯、银色的烛台、缤纷的美酒,再加上人们优雅迷人的衣着与举止,这本身就是一幅动人的油画。

中西方的餐桌文化存在着很大的区别,中式餐饮喜欢热闹,西式餐饮则追求优雅,讲究规矩。去西餐厅吃饭时穿着得体是首要条件,男士要穿着整洁,女士则要穿套装和有跟的鞋子。吃西餐时,男士要体现绅士风度,和女士一起用餐时,男士要为女士先拉一下椅子,等女士入座后再入座,上菜也要遵从女士优先的原则。在这个过程中,上海人的人际交往表现出了优雅和大方。不论食客的年纪大小,无论时代如何变化,穿着整洁得体永远是西餐厅的"金标准"。与穿着得体搭配的是优雅的举止,食客的一颦一笑、举手投足都要与餐厅的气氛相融洽,小声说话,动作轻柔,不仅是对用餐环境的尊重,更是对西餐文化、人际交往的尊重。在用餐时,杯碟、刀叉如何摆放可是一门大学问,刀子、叉子怎么拿,一开始难倒了不少勇于尝鲜的上海人,但他们更勇于接受新鲜事物。资深媒体人张景岳说:"改革开放以后,我发现社会风气明显好转,文明程度也提高了。大家去吃西餐时很注重自身修养的,首先是有吃相,怎么用刀用叉,食客们学得很认真。其次是讲话轻声细语,人的文明程度提高了不少。"食客们从不懂规矩到逐步适应,这当中经历了几十年的时间,但上海人始终紧紧跟住了时代发展的步伐。一般而言,西餐桌上摆放的刀叉有一定的顺序,以三套刀叉居多,使用原则为左叉右刀,用餐时由外向内、由上至下取用。

除了餐桌礼仪,对于食物口味的理解,中西方文化中也存在着许多差异。中国饮食文化把美味奉为首要追求,"民以食为天"的后半句俗语则是"食以味为先"。中国人极其重视菜肴的味道,而西方人的饮食则注重科学,讲究营养搭配。当时很多食客不知道怎么点西餐,让多年担任红房子西菜馆总经理的徐勤德印象最深的是有位宁波食客说西餐很难吃,不合口味,结果他发现这位食客点了四种色拉,宁波人喜欢吃咸的,他可能一下子适应不了色拉的口味。为此,徐勤德深以为憾,他说:"发生这样的事情,一来是食客口味适不适应的问题,二来就是我们的服务工作没有做好。"口味,是中西方饮食文化中的重要差异,就好像中国人喜欢吃臭豆腐,有些人甚至非常迷恋这种味道,但是到了外国人那里就完全行不通。西餐里也有相同的情形,比如外国人很喜欢蓝波奶酪,但中国人不习惯,觉得这味道臭烘烘的,难以下咽。除此之外,中西方文化的差异往往在细节之处也有体现,中国人吃饭讲求热闹,满满一桌菜,有说有聊,甚是开心,外国人则喜欢分食制,每人一份,根据个人胃口,不浪费,西餐更多的是让两个朋友之间的关系更深入一些。

也许到西餐厅的人们不会过多地专注于食物本身,更多的是体会西方文化,中西方文化各有特色,从餐桌文化、饮食文化到社交文化,好学的上海人始终在用自己的方式感受着文化的氛围。资深媒体人项先尧介绍说:"七八十年代的西餐价格比较贵,当时有一批上海老克勒经常去德大西菜社,他们西装笔挺,戴着金丝边眼镜,头发梳得一丝不乱,派头十足。对于餐巾、刀叉的摆法稔熟于心,老克勒们点起菜来驾轻就熟,吃起来也很是讲究,就是一杯咖啡,在上海老克勒这里,也能喝出名堂,喝出花样。他们喝咖啡要趁热喝,热的带来香味,喝剩三分之二时,放块糖,喝剩三分之一时再放点奶,就这样,一杯咖啡也能喝出三种味道。"

时至今日,在生活节奏越来越快的上海,去咖啡馆、西餐厅喝一杯咖啡、听一曲爵士乐是很多都市白领的选择,上海老克勒的雅致生活虽然已难觅踪影,但西餐厅的文化魅力依旧让人流连。

上海人的"海派西餐"情缘

上海人口中的海派老三样指的是罗宋汤、炸猪排和土豆色拉,即便是到了现在,这三样菜品仍然受到了很多人的喜爱,风靡程度丝毫不减当年。其实,上海人餐桌上的西餐更像是"混血儿",聪明的上海人懂得如何与世界拉近距离,俄式红菜肉汤、法式烙蜗牛、德国菲力牛排在上海人的手中融入了本土的味道,通过"西餐中做",罗宋汤、烙蛤蜊、炸猪排就成了上海人餐桌上的美味。

西餐在引入上海这么多年之后,为了与本土文化相融合,对口味也逐步进行了改良,希望在保留西方传统文化的同时融入一些本土元素,于是经过彼此学习,取长补短,更适合上海人口味的西餐应运而生。资深媒体人胡展奋就觉得真正的法国大菜吃起来流程太长,主菜、辅菜、甜品、酒等等,对于上海人来说稍显烦琐,经上海人改良过的西餐反而好吃。比如

20世纪80年代红房子西菜馆内部

"烙蛤蜊"这道菜是根据法国菜"烙蜗牛"改良的,就很好吃,还有当年刘少奇在红房子吃的洋葱汤也是经过本土厨师改良的。

西餐给了上海人无限的想象和创意空间,上海家庭开始自己琢磨"海派西餐",就是要将西式餐饮与中国文化融合,并尽可能适合上海人的口味,"海派西餐"也就成了一种经典和时尚,它甚至是很多80后年轻人对于西餐的第一印象,也是这一代人的美好回忆。对于80年代出生的年轻人来说,炸猪排配上泰康黄牌辣酱油,这种组合简直是绝配。炸猪排就是"海派西餐"的经典产物,它在上海人心中占据了非常重要的地位,如同烙蛤蜊、罗宋汤一样,它们成就了上海人与"海派西餐"的美味情缘。上海青年冯思思记得,小时候餐桌上的炸猪排、罗宋汤和土豆沙拉似乎就是上海人的经典西餐,并且她执着地以为这应该就是全世界最经典的西餐了,但是等她长大出国留学后才发现,并非如此。冯思思记忆中的上海西餐是上海厨师的独创发明,他们用对于西餐的理解加上自己的独创,自成一派创造出来的上海西餐,特别适合上海人的口味。

上海人在西式菜品上不断进行改良,之后创造出的"海派西餐"甚是美味。其实,人们的口味是在不断变化的,真正的西餐也许并不一定符合上海本地人的口味,但现在的上海,对西餐抱着一种淡定、宽容和理解的看法,使得各种西餐流派反而在上海各得其所。

正统西餐还是西式快餐?

自七八十年代起,大众对西餐的热情又高涨起来,这使得做西餐的行业工作者也深刻地认识到自己的责任重大,重传统、重文化、求变通、增加自身对于西餐的了解都成为西餐厅追求的目标。红房子西菜馆总经理徐勤德是业界的一名高手,1986年,他作为中国代表团成员之一去捷克布拉格参加国际比赛,到目前为止,他也是唯一一个和外国人面对面进行西餐服务比赛的人。当时,他参加了四场比赛,包括抽签铺台、主题铺台(金色秋天)、高级西餐服务和甜品造型制作,那是他第一次参加国际性的大赛,所以特别紧张。外出参加国际性大赛代表的是一个国家的形象,徐勤德最终顺利地完成了任务，回国后，代表团参加了在人民大会堂召开的庆祝大会，习仲勋、陈丕显、陈慕华等国家领导人出席了大会。说起那一次的参赛经历，徐勤德仍记忆犹新，他说："在捷克的那次比赛，有20多个国家派代表团参加了，规格很高，去了之后确实增长了很多见识，也了解了各国风俗、饮食习惯、特色菜品等，自己对西餐有了不少感性的认识。"

徐勤德是正统西餐方面的服务高手，由他手把手带出来的学生很多都已经走上了重要岗位。一方面，正统西餐在菜品、服务上不断推陈出新、精益求精；另一方面，随着社会文明的不断发展，流行文化的涌入使西餐也发生了巨大的变化。西式快餐进入上海后，以连锁经营的方式不断扩大影响力，肯德基、麦当劳等快餐广告时时刺激着年轻人的视觉感受，西式快餐以其蓬勃的发展势头成了西餐的主流趋势。和传统西餐用餐时正襟危坐、一本正经地用刀用叉完全不同的是年轻人更倾向于西式快餐，西式快餐食用起来方便，口味也更适合他们。不过年长的一辈似乎仍怀有一份传统西餐的情结，现在他们在吃西餐的同时，仍然会回忆当年，寻找过往的美好。胡展奋说："西餐几经起伏，现在基本已经很平民了，而且西菜中国化的过程不可逆转。我们现在去吃西餐，其实也是一种怀旧，大家会回忆小时候，父母是怎么带着我们去吃西餐的，也可以回忆自己年轻的时候，西餐变成了我们生活的一部分，是一种温馨、一种回忆，也是一种怀旧。"

上海人对于吃有着更多的追求，引入更多的正统西餐，增加选择的余地是最好的方式。曾任上海新发展JW万豪酒店驻店经理的季方浩认为，西餐文化正在趋向于个性化，趋于对人的主体性的尊崇，未来西餐的走向和发展将越来越强调对客人的服务、对菜品的设计和对餐厅的整体装潢，强调的是一种体验，让客人在品味西餐的过程中得到身心的愉悦。

西餐要发展，融入当地特色是上乘之举，将西餐与地域文化结合，将食材进行不同的搭配，从而激发灵感，创造出新的美味，这是很多新型餐厅正在追求的目标。在开发新式菜品的同时，更多地考虑食材的新鲜程度，用中西合璧的形式去体现西餐的精致、优雅，在这样一个融合的过程中，亚洲文化的特性对西餐产生了越来越多有利的影响。餐饮是讲究文化的，这种文化已经逐步植入于生活，它甚至是时代变迁的印证。

西餐在上海这座优雅的城市生根、发展、流传，它融入了上海人的生活，有保持着自己惯有的魅力。可以说，上海人痴迷于杯碟碰撞、刀叉相叠的场景，也乐于享受餐桌上精致的食物所带来的快乐。今天，德大、红房子、凯司令等老上海西菜馆仍然食客如云，高朋满座，一些喜欢怀旧的上海老食客喜欢去那里坐一坐，领略一下过去的海派场景。衡山路上曾经开过的星期五餐厅和沙华多利意大利餐厅，其风格也是很多老克勒所喜欢的，而肯德基、麦当劳、汉堡王、必胜客等西式快餐的出现让上海人改变了原有的传统饮食方式，不管是正统西餐还是西式快餐，它能在一座城市扎下根来，都因为它与这座城市的文化已经相融了。

少年宫的记忆

宋庆龄创办的中福会少年宫承载着许多人美好的童年记忆，这里的荣耀与精神，经历一个甲子的轮回依然薪火相传，这座艺术与美的金色摇篮，成为孩子们梦开始的地方。

梦想从金色摇篮起航

提起中福会少年宫这座坐落闹市区的西洋建筑，上海人都不会太陌生。它建于1924年，因为里里外外几乎全部采用意大利进口大理石装修，所以被誉为上海滩的"大理石大厦"。20世纪50年代，国内向苏联学习要创建少年宫，当时的中央人民政府副主席宋庆龄提议，把"大理石大厦"用作上海市少年儿童的活动阵地。当年，很多人觉得这么好的建筑应该留给市政府及政要使用，但宋庆龄说："儿童是我们的未来，是我们的希望，我们要把最宝贵的东西给予儿童。"正是在这一思想的指导下，中福会少年宫成了那个时代少年儿童的"幸福专列"。

1953年5月31日，中国福利会少年宫正式开幕了。少年宫在成立之初，曾组织儿童画到苏联、罗马尼亚等国展览、参赛。旅美油画家、60年代上海市少年宫绘画组组员徐纯中从小就喜欢画画，儿时的他因为特别喜欢《合作社里养了一群小鸭子》这首歌，所以创作了一幅名为《鸭司令》的画。这幅画被送到少年宫后，又幸运地被选送去国外参展，画中是一个小孩吹着口哨，手里拿着一根柳条，领着一大群鸭子在行进。让徐纯中没

少年宫的记忆

中福会少年宫

宋庆龄与孩子们

有想到的是，这幅童趣十足的画在送往苏联参展时获了奖，更让他没想到的是，图画还引起了宋庆龄的注意。

有一天正好是宋庆龄到少年宫来看望小朋友，徐纯中准备了不少的画带给宋庆龄看，宋庆龄看了他的画后，在一张画纸上题了字："小画家徐纯中"，并亲切地询问他《鸭司令》的创作体会。宋庆龄还饶有兴味地说，《鸭司令》可以放在少年宫的走廊上展览，于是，徐纯中人生中的第一次作品展就举办了。

少年宫开办之初，日常的最大容纳量为1 500人左右，远远满足不了上海数十万名少年儿童的向往。由学校或者少先队队部推荐选派优秀少年儿童进市少年宫参加各种活动就成为全市儿童的一种激励机制，在宋庆龄的关心下，徐纯中进入中福会少年宫学习，成为当时绘画组最小的学员。从那以后，慈爱的宋庆龄在这个小画家的心里，留下了难以忘怀的印象。

上海民族乐团指挥姚申申也曾是少年宫民乐团的组员，20多年后，当他再次回到曾经上课、排练的地方，儿时的一幕幕场景仍历历在目。他感慨万千地说："我进入民乐团时还没读小学，我们在听音时，里面有大三度、小三度等，我能听出来，但表达不出来，交上去的卷子都是零分。老师说，那你以后听到大三度，画一个三角形，听到纯四度，画一个方框，很多符号是形象地代表了一些音乐的名称，这让我一下子找到了自信。"姚申申三岁开始学习二胡，四岁学习钢琴，进入少年宫民乐团后，音乐学习的劲头更大了。他说："我小时候是学二胡的，觉得学二胡非常枯燥、单调，但是每个礼拜最盼望的就是来这里参加民乐团，因为这里有很多小朋友用不同的乐器，在指挥傅老师的带领下享受音乐、创造音乐；也因为傅老师带领着我们，我才真正地爱上了民乐，爱上了音乐。"今天的姚申申不仅在业界获得佳绩，而且还投身于民乐教育工作，在他看来，正是少年宫的学习训练给自己打下了扎实的音乐基础，提到排练，让他印象最深的是那么多小朋友要同时发声，而且要在规定的时间、规定的音高上发出准确的声音，这完全要依靠指挥。小朋友刚进民乐团时，都不懂得看老师的指挥，是老师不断的训练才使民乐团的整体水平一点点地得以提高，是热爱小朋友、热爱民乐的老师在孩子的心头播下了音乐的种子，也是他们的辛勤浇灌才让这颗种子渐渐萌芽并茁壮成长。

画家陈逸飞、歌唱家黄英、作家陆星儿、影视明星孙俪等都曾是少年宫的小组员,这座艺术与美的殿堂让他们受到了最好的审美教育,使金色的梦想熠熠生辉。

难忘的"儿童外交"

让姚申申难以忘怀的是少年宫民乐团经常代表国家,用民族乐器演奏交响乐,把富有民族特有的音色带向世界,艺术是相通的,通过这群小小"外交家",我们国家形象顿时生动、鲜活起来了。

其实自中福会少年宫成立后,来这里学习的孩子们就承担起"儿童外交"的使命,儿童外交的作用有时是成人无法替代的。在徐纯中的记忆里,几乎每个星期都有党和国家的领导人陪着最尊贵的外宾,到少年宫来参观。国画家、山水画家、汪大文是1955年进入中福会少年宫美术组学习的老组员,他曾代表上海市少年儿童献画给多国元首。他记得1956年的一天,在陈毅市长的陪同下,印尼总统苏加诺参观了少年宫,等苏加诺总统参观绘画班时,汪大文把他画的四幅山水画送给了他。

50年代的少年宫,遵循实验性、示范性、加强对外交往与合作的办宫方针,使那些来少年宫参观的外国朋友,常常为中国儿童天真的笑容和娴熟的技艺所感染,有的还与中国的孩子做了好朋友。汪大文回忆,当年有位捷克物理学家,也是诺贝尔物理学奖的获得者,到绘画班来参观时,汪大文当场画了一幅荷花图给他。那位物理学家很高兴,拉起汪人义的手就到草地上去走了一圈,还要了汪大文的通信地址,后来,这位物理学家给汪大文寄来了一张他的个人照片,两人还持续通信好多年。

随着时代的发展,从前中福会少年宫肩负的"儿童外交"功能,开始向意义更为广泛的国际交流领域扩展。1996年6月1日,中国福利会少年宫和上海东方电视台联袂组建了中国福利会少年宫东方小伙伴艺术团,设立了舞蹈、合唱、戏剧影视木偶、键盘乐、书画工艺、管弦乐、民乐等7个分团,先后参加了庆祝香港和澳门回归文艺晚会、APEC首脑非正式会

苏维埃主席团参观少年宫

议、上海世博会会标揭晓大型文艺晚会、上海国际艺术节、上海国际少儿文化艺术节等国内外重大演出活动。多年来，小伙伴艺术团先后出访美、英、德、法等23个国家和地区，频频活跃于外事活动中，被誉为"中国的小大使""上海的城市名片"。

小伙伴艺术团副团长姜羽飞是目前少年宫最年轻的高级教师，说起带队出国参演，在别人眼中可能觉得很棒，但其实跟自己起初设想的很不一样。姜羽飞说："2003年是我第一次带队出访，我以为跟大学时差不多，就是管好自己，管好演出，其实不是。每位老师要料理好七八位小朋友的日常生活，他们的日常饮食、行为规范、穿衣冷暖等都要关心到。"

在旁人看来，孩子入选小伙伴艺术团是一件十分荣耀的事，可以在国内外重大活动中展示风采，但负责训练和带队的老师都知道，活动往往都是任务紧迫，排练时间又短，每一次演出成功的背后都有着不寻常的辛劳付出。让姜羽飞印象最深的是2010年上海举办世博会时，小伙伴艺术团承接了开幕式、闭幕式儿童表演的主要部分。为了在开幕式时将最精彩的表演献给全世界的观众，带队老师带领着孩子们提前两三个月就进入文化中心进行实地彩排，几乎每晚都要彩排到十点、十一点才结束。那时门外很多地方还在紧张施工，地面上有很多窨井盖、石块，当时所有的老师就筑成一道人墙，扶着孩子们一个个有序地走到大巴停车点。

紧张排练的背后，是师生们深知"儿童外交"的重要性。在一次次精彩表演落幕后，他们中有的收获了来自大洋彼岸的友谊，有的与外国小朋友彼此交换了礼物，有的对艺术有了更加深刻的认识。是艺术打开了国际交融的大门，这群儿童用他们的天真、笑容和娴熟的技艺，赢得了掌声与友谊。

素质养成的地方

曾几何时，未经雕琢的孩童们在少年宫收获了人生的第一份果实，这份果实不仅仅是对某种知识技能的掌握，更是一种全方位的素质塑造。

提起"勇敢者道路"，去过少年宫的儿童几乎人人都有过体验，那项设施在当时少见又新奇，吸引着活泼好动的孩子们。对于雕塑艺术家、70年代上海市少年宫绘画组组员周小平来说，少年宫除了教她喜欢的绘画技艺外，"勇敢者道路"也深深吸引着她。周小平记得，那时候"勇敢者道路"也称为"小红军道路"，她总会提前去少年宫，由于到得早，"小红军道路"还没开放，她就会把栅栏扒开一个口子爬进去，然后一个人在里边一直玩到开放。对孩子们来说，"勇敢者道路"既是游戏，又是竞技，实际上是一种历练。通过这个简单的体育设施，他们养成了勇于挑战、不断攀登的品格。

上海市少年宫指导老师、70年代上海市少年宫航模组组员蒋敏也曾在少年宫中学习。说起少年宫对他的素质养成，他十分感慨："那个时候我们做模型都是从一片木片、一根木条开始做的，整个工程比较浩大。"虽然那时制作航模，原材料简单，耗时长，但蒋敏认为，自己正是在这样的学习过程中提高了动手能力，培养出了严谨的做事风格，"我印象最深的是暑假里做一架航模飞机整整用了24天，最兴奋的还是去试飞，像我做的那种飞机叫牵引模型飞机，在少年宫里还没法飞，所以老师就带我们到龙华机场去试飞"。

尽管从金色摇篮走出去的孩子们奔向了不同的人生方向，有些也并没有选择从事相关的行业，但在少年宫的体验和感悟始终陪伴着他们的成

少年宫航模组组员试飞模型飞机

长。在中国科学院院士、50年代上海市少年宫绘画组组员金亚秋看来，小时候学习绘画的中福会少年宫是他少年时代最美丽的地方，高中以后，金亚秋就不再去少年宫了，他走上了科学研究的道路，但是他觉得在少年宫学习绘画的经历对自己的帮助很大。金亚秋说："后来到广西山区的工厂时，我还利用自己画画的本事，给工厂做了不少技术革新。我到其他工厂去参观，用速写的本事，把我们要搞的技术革新的机器画下来，再认真思考里面的结构，这也算是绘画给我带来的一种成果。"金亚秋院士认为，少年宫的教育不仅是绘画艺术和技巧的训练，更是一个综合素质的培养。

给予学生素质养成的可以是一项活动、一种体验，更可以是一位好老师。在五六十年代，少年宫的老师们有一种特别的称谓，叫"指导员"。在孩子们眼里，他们不仅是师长、朋友、家人，而且是指引航向、照亮人生的灯塔。现年87岁的虞子骏老师每次回国都会有络绎不绝的拜访者，即便他居住在国外期间，也时常有学生打来电话嘘寒问暖。他曾经是中国福利会少年宫高级美术指导，从50年代起言传身教了一代又一代的少年儿童，成为那个时期指导老师中的楷模。徐纯中始终记得虞指导说过这样一句话："做人、画画要结合在一起，画有画品，人有人品。"在徐纯中的记忆中，虞指导总是谦恭和气、轻言细语又充满爱心。他说："记得有一次我们到求新造船厂去，我狼吞虎咽地把一个面包吃完了，然后看着其他人还在吃，我还没吃饱。虞指导员带了一个饭盒，里边有两片面包，当中夹了火腿和鸡蛋，他看我想吃的样子，马上就把这个面包撕一半给我。我家和虞指导家住得很近，我父亲跟我说，听虞老师的话，跟他做人没有错。"虞指导用自己的人格魅力，感染并影响了他的学生们。

少年儿童的第一台计算机

中福会少年宫伴随着新中国的发展一路走来，成为青少年儿童课外教育的一个重要活动中心，进入改革开放的新时期，各种兴趣小组和群众文化活动百花齐放，健康向上、活泼欢快的精神气息，在新一代上海人身上流淌、延伸。21世纪的今天，电脑已经进入千家万户，然而在改革开放之初，大家对于计算机还十分陌生。少年宫儿童计算机活动中心主任王颂赞是我国较早从事儿童计算机校外教育研究的教师，提起第一次见到计算机的情景，他仍然激动地形容说，自己跟学生一样兴奋。

1978年全国科技大会召开后，少年宫要成立计算机小组，那时王颂赞就成了计算机小组的指导员，然而，当时王颂赞只在图片上看过微型计算机，却没有真正触摸过。1980年，一位美国少年大卫从美国带来了一台Apple2计算机给少年宫的师生们现场演示了操作过程，师生们围上去摸摸键盘，摸摸驱动器和显示屏，显得非常兴奋。有了这台计算机以后，很多学生一放学就赶紧跑到少年宫来，为的就是学习使用计算机。

由于当时只有这么一台珍贵的计算机，每个学生又只有半小时宝贵的上机时间，所以王颂赞也努力想办法提高学生们的上机效率。他用卡片纸照着键盘画了一个纸质键盘，让等待上机的学生在纸质键盘上先进行操练，学生的学习热情十分高涨，在上机之前都能够熟练地打字了。那个年代，一台计算机在少年儿童中引起的轰动效应，是现在的孩子所想象不到的，后来，这台计算机就留在了中福会少年宫，成为有史以来中国少年儿童的第一台计算机。

邓小平观看孩子们演示操作计算机

就是从这台计算机开始，少年宫开始进一步推动少儿学习计算机知识的工作。1983年6月1日，中福会儿童计算机活动中心成立，这是我国第一个面向少年儿童普及计算机知识的教育活动场所。中心成立不久，王颂赞接到了一项特别的任务。那是1984年2月初，王颂赞接到市里的电话，要他带两名学生去做计算机的操作表演，2月16号清晨，王颂赞和他的学生一早就被接到上海展览中心的友谊电影院。

当他们一走进展览中心，里面已经搭好了计算机演示的展台，展台上放置的正是大卫留下的那一台意义非凡的计算机。将近10点钟的时候，外面传来了欢呼声："小平来了，小平来了。"王颂赞清楚地记得，那一天是农历正月十五，当邓小平走到他们面前时，13岁的李劲和11岁的丛霖给邓爷爷敬队礼、拜晚年，邓小平高兴地抚摸着孩子们的头，让他们坐下来演示计算机。操作开始了，屏幕上首先出现了高耸入云的火箭，火箭上刻着"中国制造"，随后又出现了活泼可爱的机器人，忽闪忽闪着大眼睛，背景是《我爱北京天安门》的歌舞表演，最后，李劲还为邓小平演示了计算机的下棋程序，计算机执黑棋，李劲执白棋，当走到第11步时，邓小平点点头，他已经看懂了，计算机再走一步就要赢了。这一步走完后，邓小平跟孩子们亲切握手，关切地询问了他们的学习情况，随即转过身来,对在场的领导干部和老师们讲了那一句:"计算机的普及要从娃娃做起。"

"从娃娃做起"这句简单又意义深远的话为后来中国计算机教育发展指明了方向,"从娃娃做起"也是中福会少年宫在各个园地指导少儿成长的方法理念。伴随着改革开放浪潮,少年宫也进入了转型发展的新时期,从初创时"千里挑一"的"资优生教育"转变为面向全体学生的"兴趣普及教育",从十几个培训项目发展为一百多个科技、艺术兴趣小组,从少儿阵地活动发展为众多系列化的群文活动项目。

把爱留在少年宫

对少年宫的组员和周边的小朋友来说,少年宫的小剧场有着很大的吸引力。从事小剧场管理工作的王佳明介绍说,当年上海美术电影制片厂经常把每年新拍摄的动画片放在小剧场里首映,那时候,在小剧场里提前观看这些动画片成了孩子们最幸福的事。

后因少年宫的发展需要,在建造新楼时,昔日的小剧场与周边建筑场所被拆除了,然而少年宫并不想就此抹去孩子们昔日快乐的欢笑声,希望在新大楼里重建小剧场,延续演出的传统,不过这一方案并没有获得批准。王佳明说:"当时有关部门考虑到成本问题,提出造剧场不如租剧场,但少年宫的老师们都认为少年宫不可以没有剧场,学生的汇报演出、儿童剧演出、国际上的交流活动都要在剧场里进行。于是他们把四楼的多功能厅改造成报告厅,并最终改建成剧场。"新的"小伙伴剧场"很快成为上海市家喻户晓的儿童剧场,广受少年儿童的欢迎。曾经在老剧场里看电影的小伙伴们,如今也带着他们的孩子来新的剧场里看儿童剧,虽然场地变了,功能变了,但往日剧场的影子还依稀可寻,那些父母们儿时看过的如《小蝌蚪找妈妈》《神笔马良》《半夜鸡叫》等动画片现在以儿童剧的形式依旧吸引着孩子们的目光。

热爱少年宫的形式有很多,有的人将儿时少年宫的美好记忆珍藏于心,有的人成为父母后带着自己的孩子再次走进少年宫,寻找往日的快乐，还有的人他们从小进入少年宫学习，因难以割舍少儿时代的情结，最终选择返回少年宫执教，再续前缘。

舞蹈组的青年老师张烨就是其中之一，说起当年考入少年宫的情景，她连连说"没想到""真意外"。张烨记得有一天她经过少年宫时，看见外面围着很多人在看门口张贴的招生启事，当时她还很小，没有多想，但她妈妈看到启事后有点犹豫，随后问张烨喜不喜欢跳舞。不过，张烨妈妈似乎对自己的女儿并不自信，正准备带她离开，这时一位男老师突然走了过来，鼓励张烨可以报名试试，就是这样一次不期而遇的碰面，促成了张烨在少年宫学舞蹈的一段经历。对张烨来说，最让自己感到自豪的事是参与了舞蹈组经典作品《中国风》的演出，而且前后扮演了好几个角色。她记得小时候出访演出，《中国风》是必跳的经典之作，每次指导老师一说要排练《中国风》，学员们就特别兴奋，一是因为这舞蹈很棒，二是因为排练强度很大。每次跳完《中国风》，学员们从头到脚都会湿透，但丝毫不会削减她们对这个舞蹈的热爱之情。出于对舞蹈的热爱，考大学时张烨在多所院校的录取意向中毅然选择了上海戏剧学院的舞蹈编导专业。然而刚进大学，张烨就发现有一个重大挑战摆在眼前，当时舞蹈编导班招收的学生除了她以外，其余的都来自专业的舞蹈学校。张烨说："我自己跟其他同学不一样，她们一个腿可以抬180度，所有的基本功一点问题都没有，但对我来说，我毕竟不是科班出身，所以很多基础都没有她们扎实。对我来说，个人身上有一种品质是少年宫培养的品质，那就是：如果我做不好，我一定不会放过我自己。四年中，我花费了很大的努力和力气，追上我的同班同学。"在张烨看来，自己与少年宫早已结下不解之缘，因此毕业后，她没有丝毫犹豫就回到这片"纯净的土壤"执教。

合唱组的青年老师俞利佳早年也是少年宫的组员，在俞利佳的记忆里，那时收到少年宫通知排练的电话是一件非常开心的事。她说："那时家里还没有电话，每当排练前少年宫都会打传呼电话，然后接听电话的阿姨就会走到楼下大声喊，整个弄堂的人都知道我在少年宫学习，特别骄傲。"对俞利佳来说，从小时候起她就希望自己能成为像指导老师那样的人，她记得小时候指导老师说过，学习艺术的过程中包含了很多做人的道理。每次出去参加活动时，指导老师总会告诉她们，对于别人的帮助要说

"谢谢",教会她们要互相倾听,在独立完成自己歌唱部分的同时,要倾听同伴的声音,教会他们和别人合作,建立团队意识、集体意识……指导老师是那样的慈爱,在艺术上的追求又是那样的执着,所以能成为像指导老师那样的人成了俞利佳儿时的梦想。如今,她的梦想照进了现实。

今天,社会上各种培训班兴盛,少年儿童有更多的途径来拓展成才之路,然而每一年少年宫报名时节,家长们总是带着孩子纷沓而至,虽然每一位家长送孩子来学习的初衷不同,但他们都有一个共同的心愿:为孩子人生的第一步找到更好的老师。

中福会少年宫已经走过60多个春秋,满载着金色的成果,也沉淀了永恒的眷恋。据统计,中福会少年宫迄今共为全市2700余万人次少年儿童举办了五彩斑斓的活动。这里是幸福的怀抱,这里是成才的摇篮,这里是无数梦想开花的地方,更是一代代人难以消磨的印记。不同的时代释放出不同的生机和活力,在新的历史时期,中福会少年宫将继续书写少年儿童教育的金色事业。

弄堂里的童年游戏

上海的弄堂曾密密麻麻布满全城,它所孕育出的特殊的弄堂游戏也成了所有上海人美好的回忆。当年,住在弄堂里的孩子们经常聚集到空地上,玩一些道具简单、规则简单的游戏。在那个物资贫乏的年代里,这些伴随着一代又一代人度过了质朴而快乐的童年,那些简单却来之不易的玩具至今让人们津津乐道。

亲手做玩具的童年辰光

2008年,上海举办了一场别开生面的"九子游戏"比赛,吸引了近千名市民参加。所谓"九子游戏",就是从在上海弄堂里流行很多年的"踢毽子""打弹子""滚圈子""掼结子""顶核子""扯铃子""造房子""抽陀子""刮片子"等游戏中挑选出来的简单易行的小游戏。在网络游戏、电子游戏流行的今天,这些弄堂游戏几乎被遗忘了,然而这些弄堂游戏曾经陪伴着当年的孩子度过了童年的时光,也给如今的中老年人留下了难忘的记忆。

踢毽子是那时候最流行最普及的弄堂游戏之一,毽子要踢得好,脚法很关键,然而毽子本身的制作也很重要。那个年代毽子都是孩子们自己动手制作的,做一个漂亮的毽子首先需要找到漂亮的鸡毛。上海退休市民袁文英、张美芬等人回忆,那时候逢年过节家里杀鸡,她们就会去找公鸡尾巴上的羽毛,既漂亮又挺括。袁文英说:"鸡杀下来的毛我也是会弄弄清爽，有时候碰了水了，脏了嘛，我就把它洗洗清爽，吹吹干，吹干了以后我就夹在书里面，下次做起毽子来，鸡毛就很漂亮的。"有的孩子家里不养鸡，小孩子们就会到弄堂里去侦察，看谁家有漂亮的公鸡，便偷偷地去拔它尾巴上的毛。也有的孩子比较文明，跑到小菜场去讨，还有的小孩子十分机灵，想到了家里那种掸灰尘用的鸡毛掸子。退休职工程华记得自己小时候，趁着爸爸、妈妈去上班的机会偷偷地去拔家里鸡毛掸子上的鸡毛，还很"聪明"地上面拔一根，中间拔一根，以免露馅，直到最后由于窟窿越来越大才被妈妈发现。做毽子不仅需要鸡毛，要做好毽子，底座也是蛮讲究的，需要找老的铜钱或者有一定厚度的圆形铁皮，包括插鸡毛的羽毛管子。退休职工孙扣宝回忆，那时他们小朋友会去隔壁的力胜机器厂捡拾厂里扔出来的小铁皮，用它制作毽子的底座。

当年弄堂里一项男孩子们最喜欢玩的游戏——滚铁环，铁环同样是孩子们就地取材的。当时的铁环主要有三种：一种是马桶箍，也就是从当年上海人家里普遍使用的木质马桶上拆下来的；一种是水桶、脚桶箍；第三种是自行车的钢圈，直径最大，滚起来的力量也最大。

抽贱骨头也是男孩子们喜欢的游戏之一，"贱骨头"同样不是从商店里买来的，而是小朋友们自己动手做的。原上海市第五中学校长丁润康回忆，当时他们是用比较粗的拖把柄来做"贱骨头"的，用刀一点点削，有时候一不小心，还会把手割破。

年过七旬的张美芬老人小时候住在巨鹿路的一个弄堂里，童年时代，

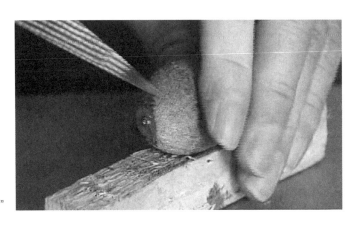

制作"贱骨头"

掼结子用的小沙包

她经常和一群女孩子在弄堂玩掼结子的游戏。掼结子就是把一个小沙包扔向空中，在等小沙包落下之前，要快速地把桌面上的骨牌翻成各种形态，然后再把小沙包接在手心里。做这些小沙包虽然用不了多少布，不过在那个买布凭布票的年代，在那个精打细算的年代，妈妈们会想到这块小小的布还能用来打个补丁呢。于是小朋友就会去裁缝店门口捡拾裁缝丢下不用的三角形小碎布，把两块这样的碎布拼成一个方形，因此做成一个结子需要好几块碎布，五颜六色，没有一块是完整的布。布的问题解决了，还需要有填充物，于是孩子们盯上了家里的米缸。退休职工程华回忆说："里面要装点米的，我就装点米，然后被妈妈发现了。那个时候计划经济，米也是很宝贵的，那么多小孩都要吃的，我妈妈是共产党员，她说浪费可耻，毛主席说的。……还叫我们把结子拆开，把米再倒回去。"用米不行，小朋友们就用细的黄沙和小石子填入结子里。

那时候，弄堂里还有一种比较高档的游戏，那就是玩溜冰车。对于当年的很多生性好动的男孩子来说，亲手制造一辆溜冰车，两脚生风地在弄堂里呼啸而过，在别人羡慕的眼神里留下一个潇洒的背影，这是他们梦寐以求的情景。市民张争荣回忆："现在小孩子玩踏板车，我们以前做溜冰车，前面有三个弹子盘，弄一根木头插在弹子盘中间，两个人前面一个握方向盘，后面一个人推，现在叫踏板车了。也有时候站在上面，棒子插在地上当方向盘，我蛮喜欢玩这个东西。"鲍文安老人有一只工具箱，当年

弄堂里的童年游戏

溜冰车

他就用了这里面的工具为自己制造了一辆溜冰车。他回忆说当年做溜冰车没有花一分钱,在家里找了一些废旧的木料做车身,然后从工厂的废料堆里找来几个弹子盘做车轮,这辆土制的溜冰车至今还是他觉得风光的童年记忆。

快乐有时候往往是很简单的,快乐也是在孩子们制造玩具的同时给制造出来的。每一代人都有自己的童年记忆,也许从物质条件、从生活水平来说,如今的这些中年人、老年人的童年远远比不上他们的儿孙,不过在他们的记忆里,他们曾经也有幸福童年,也是阳光少年。他们当年几乎不花钱或少花钱,自己动手制造玩具,创造快乐,回味无穷,而且这还培养了孩子的想象力、创造力和动手能力,利用身边可以利用的物品来为自己制造玩具。当年流传的一首歌唱道,"我有一双万能的手,样样事情都会做",表达了那个年代少年儿童的心声。

跳皮筋与踢毽子

上个世纪五六十年代出生的上海少年儿童,可谓生在红旗下、长在红旗下的一代。那时候他们的父母对儿女的管教一般都采取"放羊"的方式,于是弄堂成为了孩子们活动的场所、游戏的天地。跳橡皮筋是女孩子的游戏项目，既可以多人玩，也可以一人玩，人多的时候还会分成两个队比赛。"小皮球，小小来，落地开花二十一。二五六，二五七，二八二九三十一，三五六，三五七，三八三九四十一，四五六、四五七，四八四九五十一。"女孩子们欢快的声音飘荡在上海的一条条弄堂里。

那些年到文具店或烟杂店里买橡皮筋，大约是一分钱两根或两分钱三根。那时上海的小姑娘一般都是扎两条小辫，前额有一些刘海，而扎小辫用的橡皮筋往往可以积攒下来，串起来做玩具。当然父母亲给的零用钱用处就更大，省下来的零用钱就会被小姑娘们拿去买橡皮筋，后来条件好了，则用的是牛皮筋和彩色牛皮筋。对于经济条件困难的家庭来说，父母亲不给小孩子零用钱，而孩子们也会自己想出办法来。教师张秋月回忆："那个时候没有钱，就去动脑筋，问人家修轮胎的人要了这种内胎，它不管怎么样总归是橡胶的，有一点点松紧的……一段段剪下来，那个时候想剪得细一点，好看一点，秀气一点，结果一下子断掉了，因为它不像牛皮筋这么牢啊。后来就动脑筋，剪得宽一点，用的时间能长一点。"那个年代跳橡皮筋是一种很廉价、甚至几乎是零成本的游戏，但是长长的橡皮筋牵动着姑娘们快乐的神经。退休工程师张美芬记得橡皮筋越拉越高——从脚面到膝盖再到胯，最后举过头顶。在爱跳橡皮筋的女性市民的回忆里，童年里她们跳起皮筋来浑身是劲，运动量很大。相比大多数女孩的埋头苦练，有些小女孩还会耍些小聪明。退休教师曾慧珍揭示了自己的"独门秘籍"：跳皮筋时，第一节要用脚勾起来才能继续跳，当时大部分人都穿布鞋，要勾起来并不容易，于是她用夹子放在布鞋的后跟里，便可以很顺利地把橡皮筋勾起来，曾慧珍在游戏中小心翼翼地保护着自己的秘密，提心吊胆却又得意洋洋地度过了自己童年的游戏时光。她回忆那时，"人家看不懂了，这个曾惠珍怎么都勾得起来，我们怎么勾不起来？我说，你们鞋底太厚了，薄一点就可以了，他们就拼命在地上搓啊搓，结果还是勾不起来，这个秘密我到现在也没有告诉他们"。那个年代，包括跳橡皮筋在内的很多儿童游戏其实本身就是体育运动，对孩子们的身心健康是很有好处的。程华为此还跳出了名堂，由于她常在操场上跳皮筋而被体育老师相中去练田径，并在1972年的上海市中学生运动会上破了五项全能的全国纪录。

弄堂里的童年游戏

程华会很多踢毽子
的脚法

踢毽子是过去年代孩子们最流行最普及的游戏之一，如今已经退休的程华有时候还会和一些好朋友玩玩踢毽子的游戏，重新回到童年的时光。她还记得小时候，无论是男孩还是女孩对于踢毽子的热情，上学之前，她每天早上六七点就会起来和小伙伴们一起踢毽子，她一口气可以踢100个。踢毽子也有十八般武艺，程华阿姨会很多种脚法，用膝盖踢，用脚尖踢，花样百出。就是这个孩子们自己动手制作的小小毽子，成为了那个年代上海弄堂的孩子们最热门的玩具，男孩子玩，女孩子也玩，一个孩子在玩，一群孩子在围观并大声地报出数字来，谁踢的次数多，谁的毽子最后落地，谁就是最后赢家。

香烟牌子

香烟牌子是以前香烟包装里的附送物，正面常画有一些历史人物或名著中的人物，如"水浒一百零八将""杨门女将""西游记"等，背面则多为一些商家广告，不少烟厂还经常利用香烟牌子搞促销，比如凑满一套一百零八将便可以获得奖励，如此使得更多的人参与收藏。男孩子们会把它一张张积累收集起来，如同女孩子收藏糖纸头，收藏香烟牌子和同龄人比试无疑是一种极大的满足，跟糖纸头一样，越是高级的香烟牌子越能显示出拥有者的身价。到了上世纪七八十年代，香烟牌子逐渐变成了一种独

香烟牌子

立的游戏道具，成版印刷，八开大小一张，印成六十幅画面，正面彩色，背面单色，小朋友买回来剪开，叠一叠，就可以玩游戏了。香烟牌子玩法和花样很多，让当时的孩子乐此不疲，最常见的是飞片，攒一摞香烟牌子，叫上三五好友，挑一面墙，在墙上画一根长线，这飞香烟牌子的擂台就算摆好了。小伙伴们轮番上阵，手里捏一张香烟牌子紧挨着线，看准了位置，手一松，卡片就轻巧地向下飞去，谁的香烟牌子飞得最远，就能赢得地上所有落在它后面的牌子。想要赢，技巧很重要，如何根据风向选择站立的位置，手放的高低、松手的时机都是非常有讲究的。

滚铁环·扯响铃·抽贱骨头

这是三种极为讲究技巧的游戏。那些年上海的弄堂里还有一项男孩子喜欢玩的游戏，那就是滚铁环，也叫作滚圈子。那些年男孩们滚动着一个个小小的铁环，一路追逐狂奔，滚铁环成为当年弄堂里最常见的儿童游戏，有的小孩还一发而不可收，把铁环从弄堂里滚到了马路上。退休职工华万财回忆，放暑假时，他常和小伙伴们到马路上滚铁环，互相比赛谁的失误少。要把不起眼的铁环滚好，掌握其中的技巧必不可少。原上海市第五中学校长丁润康说:"就像骑自行车一样,你光靠言传是不行的,一定要靠自己动手,然后在实践的过程中掌握,怎么样来把握它的平稳,通过自己的推力,来控制它运动的快和慢,甚至还可以拐弯,在小的圈子里边,不断地来回打弯。如果你不掌握一定技巧的话,你转都转不起来。"

当年弄堂里的男孩子玩的游戏除了滚铁环以外,大约就是"抽贱骨头"了,也就是北方人所称的"打陀螺"。也许是因为抽得越狠转得越快,上海的小孩就称之为"抽贱骨头",这也许是一种最能宣泄情绪的弄堂游戏了。小孩子手持一根短棍,棍子上扎上一段绳子,不停地去抽打旋转着的贱骨头,比赛的赢和输就是看贱骨头旋转时间的长与短。在"抽贱骨头"的过程中,实际上也能得到物理学方面的知识。一个高速旋转的物体,它的重力被水平方向的力所分解了,它就能处于旋转的状态,所以游戏中也有学问。

在当年的弄堂里,还有一种游戏是先闻其声、再见其物,这在北方称为抖空竹,南方则叫扯响铃。扯铃这种玩意儿在当年上海的城隍庙和其他的玩具店里也有得卖,但由于价钱比较贵,对当年的很多人家来说是一笔不小的开销,于是孩子们要想玩扯铃,就得找来扯铃的替代品。市民张争荣回忆,小时候买个扯铃要一元多,买不起,就利用家里的锅盖,在筷子上系一根绳子就扯起来,结果有一次把锅盖摔得都变形了,因此还挨了父母的骂。

挑绷绷·造房子及其他

弄堂游戏中还有一些似乎可称之为模拟类、益智类游戏,如挑绷绷、造房子。那个年代弄堂里长大的孩子随处可以获得一份童真童趣,生活中的一切都可以当成玩具,比如用自己的两只手、十根手指,再加上一根线绳,也能玩出花样,其乐无穷,这就是过去上海小朋友常玩的"挑绷绷"的游戏。挑绷绷也有游戏规则,先是由一人用线绳穿于手指上,然后另一人再从他的手上将线绳"挑"过来,同时改变线绳构成的花样,以此往复,一直到其中一人无法再"挑"或挑散了为止,现在看来,挑绷绷也是

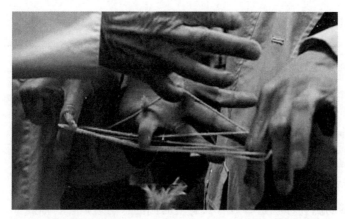
挑绷绷

一种益智类的游戏。

那个年代,弄堂里的女孩子还喜欢玩一种叫"造房子"的游戏,也有说成是"跳房子"。造房子的游戏可以说是一种最廉价的游戏,只要一支粉笔和一块小石头就可以玩起来了。孩子们可以在弄堂的水泥地上画出一个个方格子作为楼房里的一层层房间,然后金鸡独立地把一粒小石块踢到正确的格子里,人也跟着在各个格子里跳来跳去。退休职工哈纪淑记得自己小时候几乎天天要"造房子":"以前弄堂里的小姐妹造房子,我们以前的弄堂地面自己有现成的格子的,(格子)也可以不要画的,只要写好12345678就可以造房子了,基本上天天要造的。"

在弄堂游戏的陪伴下,几代人度过了自己的童真岁月,童年游戏带给他们简单、淳朴的快乐,也为他们的心灵涂上了一层明亮的底色,滋养了他们一生。如今几十年过去了,老百姓的生活发生了巨大的变化,当年的小孩子所玩过的很多游戏并没有传承下来,到了80后、90后独生子女这一代,很多弄堂游戏都失传了,只有曾经玩过的中老年人还会回忆起自己童年的快乐。

动物园里趣事多

上海动物园原来叫"西郊公园",建于1954年,是由原来的高尔夫球场改建而成的,园内饲养了400多种动物,1980年西郊公园正式改名为"上海动物园",但很多上海人还是一直习惯称其为"西郊公园"。在许多人的记忆里,西郊公园与外滩、城隍庙、大世界等曾是许多上海或外地游客喜欢游玩的胜地,特别是到了春游、秋游的季节,西郊公园就成了孩子们尽情玩耍的天堂,因为在这里孩子们可以近距离地观赏到大象、老虎、狮子、猎豹、黑熊、河马、长颈鹿等动物。20世纪五六十年代,去西郊公园玩耍是一件可以拿来在同学或邻居面前"扎台型"的事情,而到了今天,上海动物园不但依然受到游客的喜爱,还成了几代人共同的幸福记忆。

曾经没有动物的西郊公园

提起西郊公园(上海动物园),上海人都有满满的记忆,在资深媒体人张景岳的印象里,外滩和西郊公园,一东一西,是过去那个年代上海人招待远方来客的最自豪的、最值得炫耀的景点。

上海动物园原名西郊公园,建于1954年,原来是由英国商人开设的高尔夫球场,1953年,上海市人民政府将球场收为国有,把它改建成了供人民大众文化娱乐的公园。西郊公园刚刚开放,张景岳就成了公园最早的一批游客之一。当时他只有五岁,听家里人说上海有一个最大的公园开了,以前是外国人的高尔夫球场,一般中国人很少能够踏足其中,现在开

西郊公园原来是英国商人开设的高尔夫球场

放给广大劳动人民游玩,面向所有的中国人,于是大家很兴奋,有一种自豪感。那时正值1954年春节,恰巧张景岳家里有南京的亲戚来,于是祖父就带着他和南京的亲戚一起去西郊公园游玩。

然而有意思的是,高高兴兴去游园的张景岳却没有留下一丝一毫关于动物的印象。原来,刚开园的西郊公园的的确确只是个公园,不是动物园,因此并没有动物。上海动物园退休职工顾文养对此回忆道:"1954年,还没有动物呢,就一个公园,都是草坪、树啊,以及一个溜冰场。1956年,我参加工作以后听老人们讲,当时人真的很多很多,在溜冰场门口有一个木头的售票亭,被人群挤得差点跌到河里面。"

1955年,西郊公园开始有了大象,但当时的动物园面积仍然很小,只有一间象房及四周一圈的范围,其他地方都是公园。

西郊公园的第一头大象叫南娇,是云南西双版纳傣族人民献给毛主席的,1954年6月,国务院办公厅决定把南娇送给上海饲养展出。

在只有一头象的日子里,南娇或许是离开了象群感觉不习惯,曾经在一个打雷之夜从象房逃了出去,一直逃到了七宝,还踩坏了农田。不久,越南人民送来了大象"阿邦",刚好可以给南娇做个伴,这两头大象成了西郊公园里首批饲养的动物。当时照顾它们的顾文养依然记得与大象朝夕相处的往事:"阿邦呢,有一点耿脾气,比南娇容易发火,一个不高兴,就

动物园里趣事多

1958年的西郊公园门口

在里面兜圈子,穷叫八叫,一个鼻子敲地上。"

西郊公园在定位为动物园后,按照建设规划,不仅很快兴建了猴山、狮虎山、猛禽笼等馆舍,增加展出动物的种类,还把当时中山公园动物园和复兴公园动物园的部分动物转移到了西郊公园展出。

在西郊公园还没有建成动物园的年代里,上海市民要看动物就得去城隍庙或复兴公园、中山公园等,上海市民刘巽明还记得自己最早看动物就是在城隍庙里。那里有小贩卖乌龟、青蛙等,猴子被关在笼子里,马路上则有耍猴艺人演出猴子耍把戏,而复兴公园、中山公园里也有一些动物展览,但数量少,不成气候。

到了20世纪六七十年代,西郊公园规模继续扩大,兴建了长颈鹿馆、河马馆、大猩猩馆等,动物展区扩展到全园,西郊公园也成为上海最著名的景点之一。

那个年代的"迪斯尼"

西郊公园远离了城市的喧嚣,规模大,动物种类多,因此在很长一段时期里,它是上海市民招待外地亲戚朋友的著名景点,也是小朋友们向往

西郊公园是孩子们向往的春游、秋游目的地

的春游、秋游目的地,一直到改革开放初期,西郊公园都是上海市民郊游的首选。

　　无论从时间、花费、路途哪个角度而言,到西郊公园游玩都不是一件容易的事情。首先从时间而言,那时还没有实行双休日的制度,上班族们一周只有星期日一天的休息时间,忙各种家务都还来不及,哪有多余时间去逛公园。上海市民刘巽明回忆:"一个星期只有一个星期日是休息的,当然现在很难体会,那个时候叫'战斗的星期日',买、汰、烧家务都集中了,何况上有老,下有小,所以,去西郊公园是要下决心的。"可见逛西郊公园在当时市民的眼中是件大事,其实准备工作在前一天就已经开始了,这是因为那时逛公园需要准备一些物品尤其是吃的,不像现在可以去超市买现成的,而是都得自己准备。上海市民王菊芬说起那种期待和兴奋劲记忆犹新:"星期六晚上,全家动员,粮草先行,自己包馒头、煎饼、煮茶叶蛋,还有炒长生果、香瓜子,说实话,炒长生果、香瓜子,主要是去逗动物玩的。第二天呢,早上就睡不着了,很早就吵着要起来了。"

　　西郊公园,顾名思义就是城市西边郊区的公园,当时由于交通不便,人们的生活条件也有限,没有地铁、私家车,去一次西郊公园可谓路途遥远。在那时开往西郊公园的57路公交车司机记忆中,公交车开过中山西

动物园里趣事多

开往西郊公园的57路公交车

路后,两边就是一片绿油油的农田了。上海市民盛华平第一次去西郊公园是1964年,那时他只有8岁,他的小舅舅带着他骑了三个多小时的自行车才到达了西郊公园,真可谓路途漫漫。当他结婚成家有了自己的儿子后,他又带着自己的儿子去西郊公园,交通工具则从自行车变成了公交车,却仍然几经辗转,颇为不便:"隔天跟儿子说好,你乖一点,明天领你到西郊公园去玩。儿子很听话的,第二天,我记得五点钟不到就叫他,一叫他马上就起来了,平时怎么叫也不肯起来的。起来了,我们从宝山的友谊路出发,我记得换了四五部车,53路,101路,中间记不清转了几路车,最后是乘57路到上海动物园的。"

除了坐公交和骑自行车,有的人节约车费拼体力,步行前往西郊公园,还有的人还下足了血本乘出租车,只为满足孩子游园的迫切愿望。王菊芬就记得自己和家人步行去西郊公园的经历,一家人热热闹闹地走向西郊公园,走的时间长了,五岁的妹妹走不动了,家人两个人搀着她两只手,像荡秋千一样,一路小跑。路上,他们有时候还会唱唱歌,"向前、向前、向前,我们的队伍向太阳",就这样唱着欢快的歌,一路奔向西郊公园。

上海市民张渊也记得自己小时候有一次跟着姨父去西郊公园,却不巧碰上公交线路故障,一天都不运营了,这对满怀期待的他来说显然是难以接受的:"我心里伤心死了,好不容易憧憬等到这一天还是没有去,我哇哇大哭起来了,姨父看我很伤心,怎么办?他想来想去,下了决心,什么决心呢?他说,我们今天坐轿车去。"那次打出租车去西郊公园,车费要5元钱,当时对普通人来说是非常贵的,可见姨夫为了他豁出去了。

由于去一次西郊公园颇为不易,因此游人们的心情也就无比激动。在50后、60后们的春秋游记忆里,激动的心情从去往西郊公园的路上就开始表现出来,在动物园里还说了一些傻话,闹出了一些趣事。张景岳记得同学们第一次进西郊公园,看到这么多动物,有人发现狮子、老虎每顿都吃肉,有女同学就希望自己也能像狮子、老虎那样每顿有肉吃,她的想法受到了老师、同学的哄笑。在70后市民张渊的眼中,西郊公园就是那时的迪斯尼,当四面八方的人乘坐不同的交通工具汇聚到西郊公园后,立刻就融入了热闹的气氛中,尤其是节假日更是如此。王菊芬感觉自己就像刘姥姥进了大观园,"地方那么大,动物那么多,人气那么旺,原来是听同学说说,现在自己身临其境了,就觉得这确确实实是一个动物大世界"。

在这个动物大观园里,狮虎山是游客们最喜爱的地方之一,谁都想一睹百兽之王的风采,但游人们看到的老虎、狮子往往是懒洋洋的,很多人对此一直颇为不解。对这一现象,原上海动物园职工顾文养揭开了其中的奥妙:"老虎是夜行性动物,你夜里去看,它在外面活动,神气得不得了,你拿手电筒一照它眼睛,两只眼睛很亮,一到吃好饲料,上午九点半、十点钟,它就要睡觉了,睡着了就不大动的。"

可见动物各有自己的习性,早晚各不相同,因此在常规的白天开放时间外,上海动物园也尝试推出了"夜游"的新举措,夜游动物园对很多游客来说都是一段新奇难忘的经历。曾经做过上海动物园志愿者的崔晨轩介绍,这一活动名为"动物园奇妙夜",动物园的工作人员会带来一些小型动物,如蜥蜴、玉米蛇等,与游客们进行亲密接触,而晚上的动物园由于没有路灯,显得非常黑,参加夜游的游客们借助天光和手电筒,进入了一个从未体验过的神奇世界。在孟加拉虎展区,平时白天基本上远远地躲在角落睡觉的老虎,到了属于它们自己的活动时间,就会很自由地在场地里面走动。

由此可见，上海动物园不仅是动物的大世界，也是游客开阔眼界、增长知识的地方。上海市民王菊芬就是在游玩动物园回家后，查字典知道"鹈鹕"不念díhú，而念tíhú，而对于兰斯八色鸫身上为什么不止八种颜色，她也是通过查资料得知，八色是这种鸟身上的主色，除此之外还有几种相拼的颜色。

来自全国的动物明星们

西郊公园曾是上海最大的动物园，相信每位去过西郊公园的人都会对那里的各种动物如数家珍，像八色鸫、赤斑羚、狗熊拜拜、大象版纳、大猩猩博罗曼等都是上海动物园里的特色动物，去猴山看猴子，看孔雀开屏，看熊猫吃竹子……这里曾经发生的许多趣事都会让很多游客难以忘怀。自建园以来，从两头大象起家，上海动物园展出的动物品种得到不断地充实。据介绍，上海动物园的动物来源主要是三个途径：一是上海动物园自己养的动物繁殖的；二是与其他动物园互通有无交换而来的；三是从野外而来的。大象、长颈鹿、猴子、大猩猩、大熊猫、棕熊、猛禽都是上

大象"版纳"

海动物园吸引游客的动物明星。

走近上海动物园就可以看到拱形大门是一对亚洲象的造型，不仅大象南娇和阿邦是动物园的元老，而且"版纳"一家更是全国闻名。那是20世纪70年代的时候从云南西双版纳运来的，当时引起了上海市民极大的好奇，都想去看看中国的大象是什么样的。电影《捕象记》放映后，人们都到红旗电影院去看，看了电影以后再到西郊公园去看真的大象，兴致勃勃。看大象时，人们对这个庞然大物颇为敬畏。市民胡海鸣说："因为听大人说，象的鼻子很长的，一卷就把你卷到天上去了，所以只敢远距离看，不敢近距离接触的。"

版纳到动物园一年后，与来自北京动物园的"八莫"定下百年之好，从此，在脾气凶悍的八莫眼里，只有版纳了。据饲养员说，八莫的饲料别的大象都不能碰的，只有版纳可以吃，现在八莫和版纳的已经生养了8个儿女，子孙遍布全国。

上海动物园在1965年就着手开始筹建长颈鹿馆，第一头长颈鹿就是由顾文养于1966年从北京动物园千里迢迢运回上海的。在用船运回上海的途中还遇上了台风，人都晕船了，但长颈鹿没有晕船，饲料照吃不误。

长颈鹿还是一种很有爱心的动物。上海动物园志愿者崔晨轩记得在长颈鹿馆的一次讲解过程中，发现馆里多了一头小羚羊，原来这头小羊是因为出生后后腿有点跛，所以被单独养在这里，过了一会儿，展区前面的一头长颈鹿过来了，把脖子伸过铁栏杆，用舌头舔那头小羊，那幅画面让崔晨轩非常感动。

机灵的猴子同样是最受游客们欢迎的动物，在猴山，游客们可以看到奇怪的一幕，猴子妈妈拽着小猴子的尾巴不撒手，这是怎么回事呢？原来，这里曾有小猴子不慎掉到水里，于是母猴出于护犊之情，拉着小猴子的尾巴走到东走到西，小猴子要乱跑，母猴就一把把它拉回去。猴子也是游客们最愿意喂食的动物之一，由于喂的食物多而杂，猴子也因此生病、受伤，让动物园的工作人员很心疼。上海动物园职工朱玮莉回忆说："你看，走在路上人家也说，我们去喂猴子，没有人说我们去喂鸟，喂老虎，喂其他什么动物的，跑进来就说，我们去喂猴子。我们听了这个话，心里

动物园里趣事多

我们国内大陆一共就八头

大猩猩"博罗曼"

面其实不是特别愿意。"原任上海动物园园长的张词祖说:"大量的游客最喜欢猴子,逗猴子玩,给它吃的东西太多,猴子容易生好多疾病,如结核病等,猴子死亡率很高,而且传染也很快,所以把猴山分散了,就是让大家分开来看,猴子的分群也都大了,自然化更多一些。"

上海动物园是国内灵长类品种最多的动物园,目前一共有42种,四大类人猿——猩猩、黑猩猩、大猩猩和长臂猿,上海动物园全有。

上海市民孙琛清晨6点多钟到动物园时,猩猩馆那里一个人都没有的。大猩猩本来是喜欢睡懒觉的,但是大猩猩"博罗曼"从来不睡懒觉,孙琛回忆说:"早上五六点钟,我去的时候,它肯定是醒了,那个时候,你就可以静静地跟它在一起,它实际上也蛮鬼的,它会眼睛一直瞄你的,好像是在看远方,实际上它的眼珠,我看它一直在转,一直在瞄你。"

上海动物园里聪明的动物不只是灵长类,可爱的狗熊拜拜也给游客们留下了深刻的印象,它之所以得名"拜拜"。上海市民王菊芬说:"棕熊馆就在猴山隔壁,你不给它东西吃,它就不拜,你丢一块面包,它就拿好了就给你拜了,很坏的。"

熊猫是游客必定要看的明星动物,因此在上海动物园里,熊猫享受着优厚的待遇。给张景岳留下最深印象的就是熊猫的住处有空调,当时上海除了大光明电影院有空调，一般的公共场所和家庭几乎都没有空调，但熊猫居然可以享受冷气，让大家羡慕不已，有人开玩笑说，下辈子不如投胎去做熊猫。

延续动物种群的功臣

对于动物园里的饲养员来说，他们不仅是生活中的"饲养员"，更是动物们最信赖、最亲密的朋友。他们与可爱的动物们一起给游客们带来了无穷的欢乐和无限的精彩，而他们的工作不是逗逗动物喂喂食那么简单，既需要知识和技术，也充满了艰辛甚至是危险。

张词祖还记得自己在1965年时学习骑马和驯马的经历。当时西郊公园要从内蒙古海拉尔引进一批马，到动物园来开骑马场，领导把这项任务交给了张词祖。为了学骑马，他没有少挨摔，因为当马踩到地上老鼠洞的时候，马摔跤，人也会被摔下去。一次次被摔后，张词祖开始动脑筋，他往马鞍上捆上两百斤泥沙，马就会跳啊蹦的，想把背上的泥沙摔下去，时间一久，马没有力气了，张词祖再上马，就这样，张词祖才逐步完成了驯马的任务。

虽说张词祖学会了骑马，但他后来到青藏高原考察野生动物时，还是被马摔了下来。1979年，林业部要出版我国的第一本野生动物画册，当时还是西郊公园饲养技术科科长的张词祖便承担了这个任务。他冒着生命危险，走遍了祁连山、昆仑山、唐古拉山、喜马拉雅山，从一个摄影门外汉变成了中国第一位野生动物摄影师。在广阔的西部，他拍到了野牦牛、藏野驴、藏原羚、白唇鹿、岩羊、红斑羚等，这为以后西郊公园引进喜马拉雅山特有物种打下了基础。

1980年，张词祖打了一个报告，要求将青藏高原的国际国内一类珍稀动物引进到上海动物园来，让它传宗接代保护下来。当时大家热情都很高，然而，前后派去了两批人，历时一年半，却没有收到任何成效。正在大家几乎要放弃的时候，张词祖立下了军令状，他说："我完成是有把握的，如果我半年回不来，我就不回来了，不成功我就跳到雅鲁藏布江里

动物园里趣事多

张词祖的野生动物摄影作品

面去。"

那时,张词祖想要引进的动物名叫红斑羚,又叫赤斑羚,在1961年才被人们发现,现在是国家一级保护动物,数量极少。到高原半个月后,张词祖在当地牧民的帮助下,终于成功地捕获到了红斑羚,但如何把这些高原动物带回上海,也让张词祖费了很多脑筋。

开始,张词祖不知道红斑羚喜欢吃什么。于是,他注意观察红斑羚的生活习性。他发现红斑羚喜欢吃松茸、青杆树的叶子和麦草一类的东西。然后,张词祖开始驯养红斑羚,慢慢地他带去的精饲料红斑羚也能吃了,于是开始带着红斑羚逐步向东迁移,先在成都养了一周,再向上海迁移,花了几个月时间,最终将红斑羚带回了上海。

上海动物园不仅成功引进了高原动物红斑羚,还成功实现了这个物种的人工繁育,保存了它的基因,使得人们能够在动物园里看到野生种群已经非常稀少的红斑羚。

华南虎被列为中国十大濒危动物之一,上海动物园拥有的数量最多,有25只。被同行称为"虎王"的上海动物园职工顾文养,亲手照顾过100多只老虎。他在实践中积累了很多宝贵的经验,比如,到了高温天,就要想办法为老虎降温,否则,老虎身上的毛一点点会脱落,变成"赤膊老

"虎王"顾文养亲手照顾过100多只老虎

虎"。与老虎相处久了,顾文养对它们的习性也可说是了如指掌。他介绍说:"你跑过去,假如它跟你友好的话,会发出'突突突突'的声音,这是友好,它跑到笼子边上,你的手去摸摸它的鼻子什么,它会跟你非常亲,会隔着铁丝网,蹭过去,蹭过来。那么老虎假如发火了,你跑过去看好了,老虎就犟头倔脑,牙齿咬紧,发出'呼呼'的声音。"

由于有了这样的"虎王",现在全国各地动物园里的华南虎,大部分是上海动物园华南虎的后代,按顾文养的说法,"在20世纪八九十年代,除了西藏、台湾、海南,基本上每个省都有上海出去的老虎"。

回忆点滴:57路·盖浇饭·亲子游

除了令人难忘的各种各样的动物,还有不少事物也因为与动物园的联系而深深地留在了人们的记忆中。说起当年怎么去西郊公园,大家会不约而同地提到57路,它不是一辆普通的公交车,它是通往乐园的"幸福快车",在老上海的心目中,它已经与西郊公园有了密不可分的联系。57路设立于1958年,从南京西路华山路口的静安寺开往西郊公园,是当时唯一一条从市区开往西郊公园的公交线路,因此一到星期天,坐57路去西郊公园的人便把车厢塞得满满当当的。据说星期天的客流量可达三万到五万人次,当时坐车分坐队和立队,一辆公交车的座位只有33个,而站立的话可以容纳百余人。当时公交车的工作人员会鼓励乘客去立队,而乘客为了早点到达西郊公园,对有座位与否也并不在意。上海市民孙琛回忆说:"只要能挤得上去就已经不错了,所以根本就没有考虑到有什么座位不座位了,反正,谁上得早谁就坐,站着也就站着,反正到动物园还是挺开心的,可以不念书了嘛。"57路的公交司机和西郊公园的职工也因此互相非常熟悉,很多住在虹口、杨浦的西郊公园的职工坐57路上班不用出示月票,57路的公交司机进动物园也往往不需要门票。

到过上海动物园的游客绝不会忘记那里的特色午餐——盖浇饭,西郊公园的盖浇饭给那时的游客留下的美味印象,至今难以忘怀。1963年春天,当时已是中学生的张景岳再次来到西郊公园,当时的西郊公园已经有了餐厅,父母就给了他钱让他在公园里吃午饭,张景岳记得自己和同学吃的便是盖浇饭。而在市民张渊印象里,吃盖浇饭还是比较"奢侈"的:"那个时候条件比较好的,直接买盖浇饭了,好像几角钱,一角五分还是两角忘记了,一种是荤的,一种是素的。我姨父那个时候带我去西郊公园,他蛮大方的,每次领我去,都给我买盖浇饭,随便我吃荤的,还是吃素的。"

为了让游客吃好这顿午餐,动物园全体上下一起出动,在春游、秋游时节,或者周末,天气特别好的时候,也是动物园游客最多的时候,那时公园有一个应急机制,所有的部门在完成自己的工作以后,都会抽调人力支援服务单位。据张词祖介绍,从1980年到2012年,最高峰时一小时可以售出盖浇饭7 000客,而上海没有一个饭店能在一小时里供应7 000客盒饭的。

20世纪八九十年代,照相机开始进入普通家庭,很多家长带着孩子在上海动物园拍照,让这美好的时刻定格成永久的留念。孩子长大了,又会带着自己的下一代去动物园,延续着这美好的记忆。地铁10号线的开通,为游客去上海动物园带来很多便利,如今上海动物园更成了亲子游的好去处。

市民戴瑛说:"儿子三岁的时候,我说,我带你去看活的动物,他说,啊？还有活的动物啊？我说，有啊，就在动物园里。后来我带他去了，他很开心啊。"

同是游动物园，不同时期的孩子提出的问题也各不相同，市民张渊记得，自己小时候和姨父去动物园，他爱问的问题是："狮子、老虎怎么这么可爱，这么好玩，怎么眼睛一直盯住我，它们是不是会吃我啊，咬我啊？"而他的儿子如今爱问的问题是：灰太郎、喜羊羊在哪里？熊大、熊二怎么长得这么难看，不像动画片里的。

20世纪90年代后，上海好玩的地方越来越多，但上海动物园依然被很多人牵挂着。上海动物园就像是大家的一个老朋友，也许你经常去，也许你几年也不去一次，但只要知道它在那里，心中就会有莫名的感动和回忆。

孵茶馆

开门七件事,柴米油盐酱醋茶。说起茶馆,上海人自然地会说孵茶馆。茶馆是人们品茗清谈、信息聚散、曲艺演唱、生意洽商的好场所,老上海普通的茶馆遍布市井里弄,茶客多为社会的普通百姓,而高档茶楼大多开在繁华市面或风景幽静的地方,那是社会名流、文人学士、阔佬商贾聚会之所。茶楼曾经是上海精致的风情旧景,茶楼也是许多上海人心目中一道永远不会消失的风景。

茶楼·茶馆·老虎灶

不知从哪天起,饮茶成了中国人的一项传统习俗,于是后来便有了茶馆。很早以前,上海就是茶馆的聚集地,大街小巷,到处都能闻到一丝悠悠的茶香。据史料记载,上海滩最早的茶馆始于清代,1909年,上海共有茶楼64家,到了1919年,已经增加到164家,1949年,仅南市老城厢就有各式茶馆169家。

到上海游玩的人一定去过老城隍庙,这里除了豫园,九曲桥畔的湖心亭阁楼式茶馆也是一道亮丽的风景。湖心亭建造于明代嘉靖年间,1855年开设了茶楼,开始叫"也是轩",后改为"宛在轩",算来也有160多年的历史了,算得上是上海现存最古老的茶楼,也是老上海最具代表性的茶馆店。湖心亭里的茶桌基本上都是红木的,古色古香的风格,至今还基本保留了清代的布局。资深媒体人黄建民谈起在湖心亭邀三两好友喝茶的感

老城隍庙的湖心亭茶楼

觉:"繁华当中显出一块静地,有的时候我们两三个人要好的,过去喝喝茶,坐在二楼,下面就看到湖光山色,山没有嘛,湖色还是比较好的,九曲桥人来人往,看看,可以说是偷得浮生半日闲。"

据年逾八旬的评弹艺术家陈再文介绍,在湖心亭边上很小一块地方就曾有四家茶馆店,而且都不是小茶馆,分别是得意楼、群玉楼、红月楼和春风得意楼,四家茶馆连在一起,每家喝茶的人都坐得满满的。

如果说上海的万国建筑是一颗颗耀眼的明珠,那么茶馆则是老上海人市井生活的缩影。以前,老一辈的上海人都爱上茶馆,这也许是他们往日追崇的时尚,茶馆也被他们看作是寄托心情的地方。陈再文回忆:"我到过的城市,从来没有看见过有这么多茶馆店开着,比如讲广州,喝茶的地方也蛮多,但是它都带吃饭、吃点心,现在讲起来叫茶餐厅,而上海不是,喝茶就是喝茶。"

到茶馆喝茶,上海人称作"孵茶馆",一个"孵"字,极为传神,传达出的是一种轻松惬意的、充满世俗生活气息的慢生活氛围。

上海市民陈建兴描述了记忆中茶馆里的场景:"天不亮,老人们就来到茶馆,一只手拿着大饼油条吃,一只手拿着紫砂壶,一边喝茶,一边脚还搁在桌子上面。紫砂壶上还沾着大饼油条的油迹,养鸟的茶客也喜欢一

孵茶馆

老人们习惯于带着点心孵茶馆

早上带着鸟笼来到茶馆,坐在靠窗的座位上,听听鸟叫,聊聊各自的鸟。"

上海市民王荣兴在童年的记忆里,茶馆里永远是人山人海,那么热闹,人们喝茶、吃点心,日子过得是那么轻松,没有心事。当时虽然茶馆里不供应餐食,但只要茶客有需要,茶馆里的茶房可以为你叫外卖。附近的点心店种类繁多,精致美味的点心小食,随叫随到。无论是粢饭、豆浆,还是面条、生煎,只要给茶房几分或几角钱的小费就可以让茶房代买,茶房也乐得以此来赚些零花钱。

当然,茶馆的主业是茶,上门的茶客都有自己的偏爱,自然茶馆里就会备有不同种类的茶。浙江路江浙茶客较多的茶馆,就会多准备茉莉花茶、炒青之类,四川北路广东茶客上门多的茶馆,多数会准备茶砖、茶饼。普通的茶客常点炒青,要求高些的会喝龙井、毛峰,茶馆店里一般都会配好各种档次的茶叶,根据茶客不同的要求提供不同的茶叶。

老上海的高档茶楼,著名的有一乐天、乐园、长乐、同渔村、青莲阁,往往是做生意的老板们碰头聚会的地方,而一乐天的老板在十六铺开的一家叫"陆欧茶楼"的茶馆店则是上海茶馆当中最贵的一家,因为店里的八仙桌、长凳全部是红木的。

最具有上海特色、最接地气的平民茶馆则非"老虎灶茶馆"莫属,上海人把专门售卖熟水的店铺称为"老虎灶"。上海开埠以来,老虎灶就逐渐盘踞街市,20世纪50年代初,全市就有2 000多家,规模较大的"老虎灶"一般附带卖茶,几张四方桌,四周长条木凳,既供应热水又兼做茶馆生意,有茶客上门,马上泡上茶水,这些简易的茶馆店是上了年纪的老人爱去的地方。上海市民王荣兴对于当时老虎灶茶馆的盛况记忆犹新,他回忆,到老虎灶茶馆吃茶的几乎清一色都是老人,年轻人很少,早上四五点钟,早起的老人们已经纷纷往茶馆去了,到了上午九十点钟,又纷纷散去回家吃午饭。

茶馆历来就是各种信息的集散地,老虎灶茶馆更是如此。在这里,上自国家大事,下至鸡毛蒜皮,茶客都无所不谈。上海市民陈建兴记得自己小时候,弄堂里面的老伯伯都喜欢聚在老虎灶茶馆里,谈论着各自家里、弄堂里、厂里和国家的事情,既是老年人相互之间的一种心灵的沟通,也是一种情绪的宣泄。

遍布市井里弄的"老虎灶"是底层百姓找乐子的地方,拉上几个朋友,泡上一壶廉价的热茶,边喝边说笑逗趣,海阔天空,奇闻满天飞。茶馆店旁必有点心店或小摊贩,小摊贩们也会带着点心小食来到老虎灶茶馆里兜售,茶点虽不免有些因陋就简,但人们也照样乐在其中。评弹演员刘

到茶馆喝茶　上海人称做孵茶馆

老虎灶茶馆

敏回忆:"做小生意的都到茶馆里来,比如卖大饼油条的。大饼油条做好了,一个篮子上面用布盖好了,到茶馆里兜一圈就都卖光了。吃一碗阳春面都会给你送来的,你不用跑去买的,而且这碗面过马路,上面东西不盖的,烫得要死,过了马路,一碗面在台子上一放,一双筷子给你。"此外,荷叶包的猪头肉、报纸包的五香豆乃至臭豆腐干都是茶客们常吃的小零食。

之所以老虎灶旁也能开起茶馆,这与上海人"螺蛳壳里做道场"的传统和当时住房条件的紧张都有着不可分的联系。开老虎灶的人很会利用店内空间,他只需要一个炉子和一张装有水龙头的台子,用不着前门到后门那么多地方,因此才考虑在里面放上几张桌子兼做茶馆生意。

山海经和生意经

老上海茶楼不仅仅是喝茶的地方,多数茶客来茶楼的目的是为了交流信息,洽谈生意,正如上海市民朱纪生所说:"喝茶有几种讲究,有一种是为了做生意,在茶馆店碰头。有的呢是为了散散心,早上喝杯茶,大家老朋友碰碰头,喝茶。有的人喝惯了呢,天天要去,只要茶馆开着,总归每天来,风雨无阻。"

早起上茶馆谈天说地曾经是老上海人的生活习惯,评弹演员陈再文回忆自己童年时,祖父在早晨四五点钟就起床了,洗漱完毕之后第一件事就是直奔茶馆店喝茶,谈山海经,"东说阳山西说海,从国家大事讲到油、盐、酱、醋,无话不谈,四川人讲摆龙门阵"。

如今,人们可以在手机新闻、微信、微博中知晓天下大事和身边趣闻,而在信息闭塞的年代,发生在身边的新鲜事只能靠口耳相传。茶馆里的人川流不息,自然能够满足茶客的好奇心,一些旁人眼中的消息灵通人士,其信息来源,便是在茶馆里获得的。

各行各业的生意人,更是要通过茶馆这个场所交流行业信息,获悉市场行情,或是直接在茶馆里买卖交易。评弹艺术家陈再文介绍,旧时做生意的人按行业分为各种帮派,如棉纱帮、五金帮、钢铁帮,物以类聚,人以群分,各行各业、各阶层的人在上海都有他们固定的茶馆作为聚会的场所。

评弹演员刘敏回忆,上海青莲阁就有很多做五金和橡胶生意的,"有很多老板,跑街,跑街现在叫销售员,从前穿着长衫,叫跑街先生。上午一定要上茶会吃茶,大家就谈生意,今天的市面怎么样,昨天的市面怎么样,现在的行情怎么样,都在茶会上谈。"市民朱纪生也记得,茶会上谈生意的涉及各行各业,"都是做大生意的,里面有铜匠帮,有钢铁帮,有做铝丝金属生意的,有做不锈钢生意的,有做棉花纱布生意的"。

在人来人往、喧闹嘈杂的茶馆里谈生意,为了保护商业机密,不让周围人听到自己的出价,人们还发明了一种特殊的讨价还价的办法,就是在袖子里用手势谈价钱。旧时男子穿的长衫,袖管宽大,正好为此提供了便利。谈生意的双方,两人搀着手,放在袖子里面,手一动,一碰,通过不同的手势,双方就能互相明白对方的意思。

排难解忧的茶馆店

旧时的上海茶馆,除了喝茶聊天谈生意,还具有其他不少功能,茶馆也是人们调解纠纷、筹措资金、雇佣小工的场所。

当时,上海还有一种叫做"吃讲茶"的民俗,也就是现在说的调解纠纷,通常在茶馆里进行。那时邻居、朋友之间产生了一些纠纷,往往会选择去茶馆喝个茶协商解决,其原因或许在于那时人们信息也比较闭塞,茶馆里人多主意多,信息也比较丰富,问题、纠纷该如何解决,众人也会帮忙出主意。

以前的茶馆还是标会的场所,标会又称互助会,是民间筹措资金的一种方式,也是我国民间一种十分古老的信用互助形式。普通百姓如遇结婚、生病、盖房等急需用钱时,几个人相约以资金互助。具体形式是:当某人急需一笔资金时,他就可以作为标会的发起人(会头),联络若干人(会员或会脚)自发结成一个临时的松散型经济利益团体,叫做会,约定每隔若干日集会一次,每次缴纳一定数量的会费,以投标竞争方式,轮流交由一名会员使用，借以互助。会主负责全体会员会费的筹集、追缴、竞标等工作，作为回报，会主无须竞标，便可获得所有会员在第一次集会上缴纳的会费，想要用钱的会员则在以后的集会上通过公开比较投标金额高低的方式，由标金最高者获得这一次会费的支配权。

当时，一些中低档的茶馆还是约定俗成的劳务市场，好比今天的招聘市场。一乐天茶楼里聚集着铜匠帮，想要招铜匠的就会去那里。此外，要找佣人，办红白喜事需要帮工、厨师，招泥水匠、木匠，那时的人们都会选择去茶馆里找。

上茶馆听说书也是上海民众最喜爱的娱乐活动之一。听众在茶馆里不仅能寻求到精神上的愉悦，还能从说书艺人那里获得不少知识，在吴侬软语声中，笃悠悠地喝茶，似睡似醒地欣赏，一壶茶喝上半天，茶泡多了越喝越淡，茶客们的烦恼也随之一同淡忘了。

评弹艺术家陈再文回忆，20世纪50年代，上海的茶馆店中由于设有书场，因此人气非常兴旺，评弹演出不需要大投入，只需放几块板搭成一个书台就可以了，茶馆也可以借此增加收入。评弹演员刘敏记得："有一种茶馆，它带有书场的，有唱评弹，比方我们下午一点钟开场，他们（听众）十二点钟就来了。大家先坐下来一起讲讲，谈谈家常，接下来一点钟听书，听完书呢，基本上都散了。下午吃茶的人，一般是老年人。那个时候老年人不是很老，总归在四十几岁、五十岁这样的，上午一早就到茶馆里吃茶，一直要吃到下午书场散了以后。"

有的茶馆中设有书场

长大后成为评弹爱好者的薛路平也是因为小时候常在茶馆里玩,接触了苏州评弹,而慢慢喜欢上这门艺术的。薛路平认为,评弹和茶是分不开的,"喜欢评弹的人都喜欢吃茶的,因为没有一个剧种是能够像评弹一样可以把一个茶杯、一个茶壶带到台上的,说书先生台上除了椅子、桌子、醒木之外,他还要放个茶壶放个茶杯,所以说书先生跟茶实际上是离不开的。"

资深媒体人黄建民也认为喝茶、听戏、聊天是释放心理压力的好方法,"身在其中,你慢慢就像茶叶一样,泡的时候,它是浮着的,等到你泡熟了,就沉下去了,心情也是的,你进茶馆的时候,可能很不开心,但是你有一杯绿茶,听听戏,心情马上就释然了"。

茶馆的兴衰沉浮

孵茶馆是很多上海人的生活习惯,20世纪前半叶,上海的大街小巷随处可见充满着市井气的茶馆茶楼,然而自20世纪50年代开始,茶楼业却逐渐开始萎缩,这和当时社会环境和人们生活方式的变迁密不可分。茶楼业的兴旺,一来需要人们有闲暇时光、崇尚慢生活,二来则是信息闭塞环境下对于信息交流的需要,而这两方面在新中国建立后的50年代都发生了巨变。当时企业公私合营,私人老板这一群体消失了,人人都要上班工作,没有多余时间去泡茶馆谈山海经,而信息渠道也畅通了,有新闻,有广播,很多消息和新闻都可以在单位中传播,没必要非得去茶馆听小道消息了,于是,茶馆就慢慢地消失了。

伴随着整个社会的发展,茶馆也经历了很多的变化,到了70年代,上海仅存的几家比较有名的茶馆,如高档茶馆"湖心亭"也开始卖大众茶,一角几分或二角几分一杯。而此时,公园里的茶室开始热闹起来了,淮海公园和人民公园的茶室成了文艺界人士聚会的地方,后来,每个星期天的早晨,评弹界的艺人就会来到人民公园茶室,互相交流技艺。

改革开放后,一些老字号的茶楼逐渐恢复营业,传统的茶馆又进入了市民的生活,聊天叙旧和谈生意的传统功能依旧,而一些新的经营内容和经营方式也悄悄出现,上海人"孵茶馆"不仅能满足休闲的需求,而且还能得到艺术的熏陶,人们在茶室里品茗休闲,享受浪漫和温馨。

黄建民的一位朋友在江湾五角场开了一家烟雨轩茶楼,直接到产地采购茶叶,如太平猴魁、碧螺春等,价格不菲,茶楼里设有小包房,供应各种小吃,还可以欣赏书画和茶道。

书画收藏家张勇喜欢收藏字画,同时还开了一家茶馆,在他看来,开饭店很累,相比较经营茶馆会轻松一点,也能有机会结交一些艺术界的朋友。他说自己之所以开设茶馆,"我当时的想法就是开一个跟以前的茶社还有一点区别,带一点简餐、咖啡的茶座"。在张勇的茶馆里,画家们可以喝茶、聊天、开笔会,互相交流、欣赏各自的作品,茶馆可以提供足够的场地。

那时候新开的茶室、茶庄装潢考究,陈设豪华,虽然也以品茶为主,却增加了简餐、棋牌、麻将等服务项目,受到了很多年轻人的喜爱。20世纪90年代,晚上营业时间较长的娱乐场所并不多,张勇所经营的茶馆是24小时营业的,半夜也提供简餐,所以吸引了大量年轻顾客,生意十分火爆,要想有个位置还需要预约。随着茶文化在民间普及、传播,喝茶的人群也逐步扩大,于是,各地的茶馆也纷纷在上海开张,茶馆的档次也有上

新开的茶馆大多环境幽雅

升的趋势。20世纪90年代时,整个上海又有了1 000多家大大小小的茶馆,不少都开设在商业繁华地带,因此消费价格不菲,价格最高的包房,一小时要价200元。生意人在包房里面是一边谈生意,一边搓麻将,一个下午就要花去800元钱。

一般茶客还是喜欢在平民化的茶馆店随便坐坐,对于那些高消费的茶室,平头百姓通常不敢恭维。资深媒体人黄建民说:"经济开始走向繁荣的时候,进茶馆店的人为什么少了?因为价格越来越高,所以导致了流失了大部分的人,很多茶馆店开不下去了,开不下去怎么办?转行,就变茶餐厅,或者茶宴厅,你去看,茶馆纯粹做茶的没有几家了。一开价就是一百五、二百,甚至于更高一点,像这样的茶馆店,我是望而却步的,毕竟大家都是工薪阶层。"

市民徐惠得便把平民化的茶馆当成休息娱乐、消磨时间的理想去处,茶馆里有吃有喝有玩,消费又非常低廉,有点类似于今天的"销品茂"(大型购物中心)。徐惠得说:"只要付一定的费用,你可以跟一批好朋友在里面打打牌、谈谈话,可以泡一天,尤其是周末的时候,一家人或者是好朋友就在里面过一天,里面免费给你提供茶水,或者中午肚子饿了,里面有馄饨、水饺,还有简餐,一天过下来,一个人人均大概也只有六十五块左右,想想是蛮实惠的。"

尽管现代社会信息传播快捷便利,人们也能选择更多获得资讯的社交方式,但是"孵茶馆"得到的乐趣是上海人心目中永远不会消失的记忆。改革开放以来,上海各种茶馆的经营活动映射出鲜明的时代特征,可以说是传统与创新共举,经济与文化共荣。这时期的茶馆,对私密性也越来越重视,有了卡座、雅座、包房等,茶客们的聊天内容不会被旁人关注到,可以由茶艺师为客人泡茶,也可以由客人自己泡。如今,一些茶馆还开到现代化的办公楼里,成了公司风雅时尚的会议室。茶馆经理严斌介绍,他们的茶馆就开在商务楼里,楼上的公司发现在自己楼里就有茶社后,就把公司会议的地点从自家的会议室移到了茶社,茶社里有各种各样的茶品、摆设,企业觉得在这里开会的效果比较好,开会时的积极性也比较高。

到了2005年左右,不少茶馆店开始恢复了说书、评弹、昆剧的演出,因为茶馆的主要顾客是老年人，上海的老年人中来自江、浙两省的比较多，他们喜欢听听越剧、昆剧、折子戏。

茶馆慢生活：复古与流行

茶文化复兴，一些老字号茶楼恢复营业，各种新茶楼、茶艺馆如雨后春笋遍布街市，传统的茶文化进入城市的慢生活。茶馆的幽静与繁忙喧嚣的街道形成鲜明对比，在这里只需一杯清茶、一本书，就可以舒心地度过属于自己的时光。

上海市民陈建兴在复旦大学读书时，常会去大学路的茶馆找个角落写东西，来上一壶茶或者一杯咖啡，还有简餐，追求的是一种氛围、一种环境。

茶馆除了容纳喝茶人的心，还多了一些情怀，闲适的真谛似乎在茶客们身上最能体现出来。顾懿贝是个茶艺爱好者，她觉得茶道能让人的心慢慢静下来，刚开始喜欢喝茶时，只是喝茶而已，渐渐地她对中国古代博大精深的茶文化开始产生兴趣，想知道古人是如何饮茶的，茶艺的根源何在。

相对于口感恬淡的清茶，改革开放后，中国的年轻人似乎更加偏爱浓郁的咖啡，然而近年来这种现象正在悄然发生变化，越来越多的年轻人也加入到茶客的行列中来了。相比老一代饮茶爱好者，年轻人不仅乐意尝试各种口感的茶叶，更愿意学习每种茶叶的文化背景，于是很多茶馆定期开设茶知识培训课，吸引了年轻人前来学习，茶文化已经被越来越多的年轻人所热爱。正如资深媒体人黄建民的评论："茶本身是文化，是礼仪，茶的本身，不过是树的一片叶子，但是通过茶的制作，一道道工序，本身就是文化，所有的东西，走到它最高境界的时候，就是和一个'玩'字有关。"

顾懿贝有一个茶友圈子，茶友们都是在茶室里面认识的，她还会组织茶友到茶叶的原产地去了解学习茶叶的知识。她说："我也会稍微研究研究，为了让自己泡的茶跟外面的茶艺师有一拼，为了把茶的本质精神泡出来，因此我也会去学。"

随着人们生活水平的逐步提高和健康意识的逐步增强，赏茶、品茗、修艺、逛茶市成为一种新的生活方式，越来越多的人进入了学习茶艺的教室，社会上也出现了不少茶艺培训机构，很多白领都热衷于此，并且还会正式去参加茶艺师的初级、中级、高级的考试培训。

中国是茶叶的故乡，底蕴丰富的茶文化源远流长，这也是很多人热衷于此的缘故。一叶茶，取自山野，小而又小，但汇聚了山川之灵秀，日月之精华。喝茶先入口、再入心、后入神，其实是和自然融为一体，这就是品茶，就是在领悟自然借助茶给人的启示。

我在人民公园

人民公园位于上海的市中心，它曾经是上海最大的公园之一。人民公园的前身是上海开埠后租界跑马厅的一部分，1949年上海解放以后，跑马厅改天换地，变成了人民的乐园。1952年10月1日，人民公园免费对外开放。公园里充满了欢声笑语，特别是到了五一国际劳动节和十一国庆节，这里一定人山人海，热闹非凡。人民公园里的游园会、花卉展览总能吸引很多上海市民，相信许多上海人的相册里都会有一张人民公园的留念照，照片的标配背景是国际饭店。在很多上海人的记忆里，人民公园是儿时玩耍的天地，是学习外语的知识角，也是年轻人谈情说爱的好地方。

从跑马厅到人民公园

人民公园曾经是儿童的天地，划船、假山、跷跷板，要一样样玩过来。今天，在人民公园的相亲角里，一群群中年人常常聚在这里，希望能为子女的姻缘牵线搭桥，带好凳子，准备好午饭，他们一天的生活在这里开始。

上海的人民公园地处市中心繁华区域，交通便利，也是上海市中心的一颗绿色明珠，在人民公园里游玩的经历是几代上海人难以忘却的记忆。正如上海市民张云珍所说："小时候跟着哥哥、姐姐一起去玩，等我结婚了以后，自己有了儿子，一直带着小孩去玩，随后等我妈妈年纪大了，带妈妈去玩。"

人民公园的位置曾经是外国人所建的跑马厅

　　然而，一百多年以前，这里是什么地方呢？人民公园又是怎么建起来的呢？上海开埠以后，人民公园的位置曾经是外国人所建的跑马场。根据《黄浦区志》记载，1862年，英国商人把开在租界内的第二个跑马场卖出后，又在今天的人民广场和人民公园的位置开辟了上海第三跑马场，又称"跑马厅"。从一段拍摄于20世纪二三十年代的历史影像中可以看到跑马厅当时赛马的情景，所有马匹在骑师的驾驭下齐刷刷地冲出起点，一路向前狂奔。最初，跑马厅只供外国人游戏娱乐，到了20世纪初才开始向华人开放。92岁的上海市民王继振回忆说："马是围着这个范围跑的，几匹马比赛跑，看哪匹马跑得快。你看见这匹马今天跑得快，你就买这匹马的票了，大家都买这匹马的票，那么到第二次，这匹马就跑不快了。"

　　1949年5月，上海解放，跑马厅回到了人民的手里，跑马厅也不再跑马了。关于这个场地另做何用，在当时也有争议，最后是陈毅市长一锤定音，决定在这里建造人民的公园。原上海市公园管理处处长许恩珠回忆："刚解放的时候，也曾经有人说，特别是有一些英国人建议在附近建一些房子，然后搞一些经营出租。后来陈毅市长知道了，他很生气，他说，'这么好的一个地方，不能再搞什么建筑，我们也有城市规划，要按城市规划的内容，这里一定要建一个绿地，要把这个地方给我们上海的人民来享用。'"于是，上海市人民政府决定把跑马厅的南半部辟为人民广场，北半部改建为人民公园。

1952年人民公园建成，决定正式用陈毅市长的题字，命名这个公园为人民公园，同年10月1日，人民公园免费对外开放。这天，许多上海民众不约而同从四面八方涌来，在属于人民自己的公园里游玩。对于开园那天的情景，不少上了年纪的上海市民记忆犹新，84岁的上海人民公园退休员工汤新根回忆："开园随便什么人都可以进去的，这时候老百姓都有一种翻身感，开心，今天进来，感觉很开心。"75岁的退休教师梁慕贞则记得，人民公园刚开门没多久，人家讲人民公园，人民公园，有了公园了，一听到这个，大家"小巴辣子"跟着一起就进去了，在大光明电影院对面那扇门。

　　到1953年的时候，人民公园的游客人数仍然居高不下，从1955年1月1日起，人民公园从免费入园改为凭票入园，门票是5分钱一张。上海市民张云珍回忆，当时自己连零食也不吃了，以节省下零用钱去人民公园，毕竟对于小朋友来说，当时5分钱也算是很大一笔钱了。人民公园虽然地处闹市，却拥有非常和谐的自然生态和野趣，犹如一个大盆景。这样的美景归功于当时担任上海市工务局园场管理处处长的程世抚，是他带领同事们规划出的这个自然式风格的园林。

浸满历史记忆的乐园

　　与今天景色不同的是，当年的人民公园内有一条环形的小河，全长约1265米，小河上共有十座小桥。"让我们荡起双桨，小船儿推开波浪"的情景不单在北京北海公园可以见到，在上海的人民公园同样可以见到。今天，虽然小河已经不见了，但是尽情欢乐在水面上的记忆仍深深地印在很多人的心中。在这条小河里，一艘船，一把桨，大家玩得有滋有味。71岁的退休教师陈大虹回忆："最挤的时候两条船相差半只桨，有时你碰我，我碰你，你的水溅到我这里，我水溅到你这里，多么开心。"当时不少游客并不善于划船，小船往往在河中滴溜溜地转圈，左偏右歪，却不往前行，后来他们慢慢总结出了经验。上海市民葛明铭说："后来知道了，不可以单划一边的，单划一边，势必只朝一个方向跑，所以要两边划，两边不断

当年的人民公园内有一条环形的小河

地调方位。"

在今天看来,身处市中心的人民公园并不大,无论是1986年开放的共青森林公园,还是2000年建成的世纪公园,都要比它大得多,更不用说近年来陆续建成的位于市郊的城市郊野公园了。然而在当时的孩子眼中,人很小,天很蓝,要去玩的人民公园很大,那种期待和兴奋感是如今物质生活丰富、经常跟随父母出外旅游的城市儿童很难体会到的。

当时的人民公园之所以成为儿童的乐园,一是由于其游乐设施多,跷跷板、滑滑梯、游船,多种多样;二得益于其优美的自然生态环境,初建成的人民公园面积为260亩,路环水绕,假山、凉亭相映成趣,绿树、草坪高低掩映。在那个年代,人民公园是儿童玩乐的天地,公园里的游乐设施要一样样玩过来,要玩到过瘾、心情舒畅才行。资深媒体人倪祖敏回忆自己小时候进了儿童乐园样样东西都要坐一坐,滑滑梯,一定要滑一滑,滑一次不开心,要下来再上去,滑个两三趟,觉得心情舒畅了。葛明铭对公园的自然环境印象深刻,作为一个城市小孩,和大自然最密切接触的就是这些公园,只有走进公园,觉得真正融合到自然里面去了,人民公园的假山比较大,大家觉得有点像到了农村,到了山区的感觉。

当时的人民公园不但植被茂盛,小动物、昆虫也不少。张云珍记得小时候放暑假了，自己会跟着哥哥去人民公园捉知了，哥哥拿根细的竹竿，她自己则用面粉做了一种很黏很黏的面筋，可以去粘知了、粘蜻蜓。

当时的人民公园不仅是儿童的乐园，也是每年参加十一国庆游行的人们出发前集中的地点。说起国庆游行，会勾起了一代人的集体回忆，那时，十月份的天气已经转凉，但是在那个激情燃烧的岁月，人人热情高涨，等待国庆十点钟的来临。

当时，能有资格参加国庆游行并不容易。一般来说，国庆大游行不是所有小朋友都可以参加的，至少功课要好，品德要好，外貌也长得还可以才行，因此也是一件荣耀的事。葛明铭记得，小学五年级的时候，他被学校选去参加国庆大游行，感到很光荣。然而，在那个物资匮乏的年代，身上的衣服缝缝补补又可以穿上好几年，标配的白衬衫和白球鞋对当时是学生的葛明铭来说不是大问题，但是一条蓝裤子难倒了他。多亏妈妈帮他解决了难题。由于葛明铭的蓝裤子穿久了，有点发白，老师一看对他说，这个不像蓝裤子，这是灰裤子，不行。葛明铭只好跟妈妈讲，妈妈有办法，去弄堂口的小烟杂店买了一包蓝颜色的染料放在脸盆里，用滚烫的开水冲下去，然后把裤子放在里面浸，大概浸半个小时左右晾起来，晾干一看，俨然一条蓝裤子。第二天穿好给老师看，老师说，很好，可以，可以。被选进去参加游行的人还经过了几个月的排练。当时还在读中学的倪祖敏对此有着相同的记忆："提前一两个月排练，有工人，有医务人员，穿白大褂，像学生，男的是白衬衫，底下蓝裤子、白球鞋，戴条红领巾。"

对于游行当天的盛况，据葛明铭回忆，当时在游行前要有个集中地，所以有一部分人被分散到人民公园，还有 部分则在人民广场外面武胜路周围一带等候。他们从清晨起在人民公园里面等，早上五点钟很冷，牙齿上面下面一直在打架，到八点钟左右太阳升起来了，才有些温暖的感觉。十点整，盛大的游行正式开始，游行的队伍从人民公园朝北的门出去，然后从南京路上兜一圈，兜到后面武胜路，才进入人民广场。

游行队伍浩浩荡荡地涌来，锣鼓喧天，人们精神饱满，齐声高呼口号："中华人民共和国万岁！毛主席万岁！"喊得喉咙都快哑了，对于那种激情燃烧的感受，上海市民翁晓雯回忆道："近距离看游行，就像现在看

国庆游行

电影一样,很远过来,实际上在现场很激动人心的,尤其鼓仗队过来,敲起来,真正激荡人心。"

那时候,人民公园还是中小学生们春游、秋游的好去处。倪祖敏回想起来,当年春游时准备的午饭至今香味犹存。他还记得嘴馋的自己当时的一件糗事:"那时候一听到老师说要春游去了,要秋游去了,几天几夜睡不着觉。我记得有一次,我母亲给我买了一个方的蛋糕,5分钱,说你春游去,这个蛋糕给你吃。我把蛋糕放在枕头边,后来下雨了,老师说春游改期了。这个蛋糕放在枕头边,蛋糕的香味实在诱人,我就抠一点,抠一点,两三天就把它抠光了。真要去春游的时候,蛋糕已经吃光了,我妈妈把我骂了一顿,然后又给我买了一个。"

小时候,学生春、秋游去人民公园,长大了,碰到朋友团聚时,有些人依旧会选择去人民公园。在人民公园里能看到当时上海最高的建筑国际饭店,这座当时的摩天大厦是当时人们拍照留念时最常出现的背景。今天,相信很多上海人的相册里都会珍藏这样一张在人民公园里的纪念照。

上海市民蔡震回忆当时拍照的情景:"我爸爸选了一些景色,后面是国际饭店,还有就是跑马厅的钟楼,前景我爸爸会选一些花,然后我们就迎着太阳微笑。"退休教师梁慕贞回忆:"我的四个弟弟都在外地工作,两个分配到工矿企业,两个是插队在农场,他们都娶了外地的老婆回来。他们一回来,我就带他们去玩,很多照片都是在人民公园、人民广场照的,你讲别的地方人家不知道。背景里国际饭店,大家都知道的。"

20世纪30年代的上海,由匈牙利籍建筑师邬达克设计的国际饭店拔地而起,此后,这座高楼成了许多游客在人民公园里留影时首选的背景。汤新根老先生在人们公园工作了一辈子,从50年代中期,他就在人民公园里给游客们拍留念照,他服务的对象很多都是外地游客。汤新根老伯当时用的是德国进口的方镜箱胶片照相机,一卷胶片12张,一卷胶卷,大概五六分钟就拍完了。当时他们一个摄影服务站只有两个人,拍照时,一个人在顾客边上,指导他摆好姿势,另一个人专门拍,拍完后,外地游客自己出邮费,在公园特别印制的信封上写好地址,摄影服务站冲洗好照片后就会给游客寄过去。

哪个季节人最多,哪个背景最受欢迎,汤新根老伯最清楚。他回忆说:"下雪天排队的人最多,喜欢雪的大都是广东人,一个小小摄影部的营业额要超过以前国际饭店旁边的照相馆,大部分人都拍国际饭店。"高24层的国际饭店在当时被人们称为"远东第一高楼",这个纪录保持了近半个世纪之久。因此,不单从人民公园看国际饭店很雄伟,从国际饭店俯瞰下去,人民公园也别有一番景致。上海市民周小燕记得自己从国际饭店十几层楼往下看,看到的汽车像自己小时候看到的玩具小汽车一样,很小很小,觉得既好玩又很惊讶。

求知的时代风景——英语角

20世纪80年代初起,每个星期日,人民公园内被人们称作英语角的地方都会人头攒动,学龄前儿童、学生、成人和外国游客汇聚在这里,成为一道特殊的时代风景线。蔡康形象地称英语角为现在的谷歌、百度,学习英文时,有什么不懂的地方尽可以来这里咨询。胡勤伟习惯在英语角练习口语,在上海图书馆自学,累了到公园小憩,这成为他那时固定的学习路线。

人头攒动的英语角

英语角最初是自然形成的，后来人越来越多，规模也越来越大，相同的志趣，共同的话题，大家走到了一起，围成了一个圈，英语角里的世界丰富多彩。上海市民蔡康对此有生动的描述："河浜边上一群群人围着，十几个人近二十个人，一个圈，一个圈。这一个圈里用现在的话来说，每个群里面有一个群主，有一个为主的在里面讲。它有一个主题，你仔细听，他正好讲到构词法，你一听正好感兴趣，prefix, suffix（前缀，后缀），听着听着，就凑上去讨论了。"对于从构词法中受到的学习启发，蔡康记忆犹新："一个人在说构词法，我觉得非常开窍的，就是一个词根，加了前缀、后缀，可以扩展成很多很多词，这个对我很受益。不要看一个词很长，觉得怕，其实它是用若干个短的词拼起来的。举个例子：蝴蝶，蝴蝶是 butterfly，butter 是奶油，fly 是飞起来，一块奶油在飞起来，他这种讲法让我猛然开窍了。"

那是一个学习英语热情很高、但是学习渠道又并不多的年代，英语角里到处都是交流的人群。开始，胡勤伟碰到的是开口难的问题，在英语角里大家会不厌其烦，互相帮助，哑巴英语在浓厚的学习气氛中也能得到改善。那么多人，无论老的小的，都在那里讲，很多人就会情不自禁地进入那种氛围了。上海市民胡勤伟记得自己"开始去的时候真的很担心，开始只能说 yes、no，后面逐步逐步就胆子大了"。

那么，人民公园英语角里究竟有哪些人呢？大家一圈圈围着的又是谁呢？当年，参与英语学习和交流的人群中有工人、学生、老师，还有一些单位资料室里的翻译人员以及1949年前毕业的老大学生，他们的发音往往很标准。加之到了90年代初，改革开放已经10余年，上海的外宾也很多。外宾同样很喜欢这个英语角，他们教中国人学英语，中国人教他们学上海话，参与者们都是不计报酬地互帮互学。

改革开放以后，中国开启了一个新的时代，踏进人民公园英语角的人群中，都是一批渴望知识的人，由于当时很多专业领域大量引进国外技术，需要对国外文献资料进行翻译。上海市民张云珍回忆："参加英语角的要么是学生，要么是单位里进口机器，进口机器以后很多都是外文资料，需要翻译的，我看到有些人都是单位里过来的，一面学英语，一面在交流，还有就是准备出去留学的。"人民公园出现英语角也有其客观原因，当时的上海交通拥挤，住房紧张，人民公园地处市中心繁华地区，又紧邻上海图书馆，看书休闲两不误，因此受到许多读书人的青睐。

退休教师陈大虹记得，当时家里住房就十平方米，要住近十个人，夜里睡觉需要打地铺。上海市民蔡康住在石库门房子里面，平时十分嘈杂，周日要想有个安静的环境读书，是很难的。胡勤伟还记得当时周末在人民公园和不远处的上海图书馆的学习生活："一天读书读下来，或者坐了一天看书也比较累，借人民公园放松放松，休息下，借个机会发发呆，过一会儿再回到图书馆去。那时候，这个环境真的是不错，一有空就看到很多人站在那里背英语单词，或者有些人考艺术表演类，练练乐器也有。"

爱情甜，夕阳红

上世纪七八十年代，上海的文化娱乐活动相对单一，对于上海的年轻男女来说，约会谈恋爱的场所并没有太多选择，人民公园就成了他们约会最常选择的地方。这里是年轻人谈情说爱的小世界，时光流逝，那抹粉色的记忆依然珍藏在很多上海人的脑海里。

葛明铭一语道出了选择在人民公园约会的理由:"谈恋爱第一个公园就选择在人民公园,为什么?很亲切,地方也比较熟悉,离家里也不远。还有一个是方便,谈好恋爱走出来吃点心,荡马路,比较方便,比较热闹,商店也比较多,所以,人民公园是我谈恋爱、荡马路的首选。"

虽然人民公园是当年青年人谈恋爱首选的地方,但公园里条件有限,环境仍然颇为"艰苦"。倪祖敏回忆:"夏天坐在那里有蚊子咬的,那时候我们年纪轻去谈恋爱的时候都知道带好万金油、风油精,坐的时候先涂好。"由于凳子和凳子靠得很近,两个人说话不方便。退休教师梁慕贞回忆道:"我先生是上海工人业余举重队队员,他会一下把旁边那个凳子搬到边上去,我吓了一大跳,我心里想,这个人太野了。"

由于人民公园地处繁华地段,附近的餐饮娱乐场所都相距不远,原《劳动报》记者谢伟民亲切地将他的恋爱路线称之为"三点一线"——一个是人民公园,一个是人民饭店,一个是大光明电影院,而他这一走,就走了三四年。谢伟民觉得,公园谈恋爱比较实惠。那时,热恋中的谢伟民和女友秦月兰互相思念对方,每次见面前,都会悉心准备。谢伟民的任务是常常要提前到公园选个好位子,而秦月兰也会带上两罐红宝橘子汁饮料。在谢伟民的印象里,西山旁边的荷花池,那边树林比较茂盛,按照现在的话说起来,环境比较私密,说悄悄话时干扰比较少。然而,好位子毕竟紧俏,谢伟民就会提前去占位子,并提前和秦月兰约好去西山边的位子找他。

对于"三点一线"的约会方式,倪祖敏也有同样的记忆:"我们那时到大光明看电影,一毛钱一张票。看完散场之后到隔壁,有个人民饭店,进去吃碗小馄饨,一碗小馄饨一角钱。人民饭店我最记得最深的是两面黄,面是两面煎的,在上海很有名。吃好之后,两个人到对面的人民公园,进人民公园五分门票,进去找个幽静的地方,男女朋友坐在那里,大家聊聊,谈谈,到天黑了,公园关门了,就走了。"

公园内,这里的年轻人说着悄悄话,那里退休老人们响起了欢乐的歌声,唱歌、练剑、跳舞、打太极拳,形形色色,活动内容丰富。老年人到了公园,身体得以活动,精神有了寄托,心态也变得年轻。退休教师梁慕贞对此深有体会:"公园里打拳是很开心的,第一空气好,大家一起打拳

人民公园是当年青年人约会最常选择的地方

八十年代初期的时候

我在人民公园（下）

时间长了，也很亲热的，今天有一个人不来，大家就会讲今天李阿姨怎么没来。我们在打拳的人，人人都说自己小，他们说不到七十岁，不好叫阿姨，我问小王来吗？跑到我面前的是一位老太，说自己刚刚到七十岁，还是做小王，不肯做阿姨。"

人民公园伴随了几代人的成长的过程，在上海人的记忆中，对人民公园总有着一份特殊的感情。很多人从小在人民公园游玩，他们怎么也没有想到会和人民公园相伴五十多年。市民朱方泰没有退休时每个星期来两次，现在退休了，每个星期来三次，2011年，他又和一些太极拳爱好者在人民公园搞了个上海太极推手角。朱方泰回忆说："我们当时也跟在后面学拳，后来他们年龄大了，一个个都退了，有些也过世了，我现在也变老师了，我今年七十岁了，我来的时候只有三十几岁吧。"

梁慕贞的话最能代表上海几代人对人民公园的感情，从年幼到长大成家，再到如今退休后含饴弄孙，生活中都未离开人民公园，"人民公园留下了我们很多儿时的记忆，我们在那里划船，我们在草坪上扑蝴蝶，我们在那里谈恋爱，到我们把孩子生出来以后，带着孩子去玩，真是其乐融融。前面都是我在忙忙碌碌，忙忙碌碌，赶着上班，当我们两个人领着孙子天天到人民公园去晒太阳的时候，这时候才感到老伴这么好"。

上海这座城市在翻天覆地地变化，人们的生活蒸蒸日上，人民公园这颗绿明珠在上海市中心熠熠生辉，它的光芒中折射出上海的历史和文化特色，也体现出城市中人的精神和寄托。正如葛明敏所说："城市里面的公园我觉得是城里人不可缺少的一个地方，也是这座城市很重要的一个灵魂，很多城市人的精神、文化、一种寄托，往往在公园里面都体现出来，而且一个公园的品质也是这座城市的品质。"

如今，人民公园陪伴上海人走过了60多个年头，它见证了上海这座城市近百年的沧桑巨变，而一直不变的是人民公园里熙熙攘攘的人群和一张张快乐的笑脸。

阿拉上海闲话

上海话海纳百川、中西兼容，不仅吸纳舶来语，也融汇各地移民乡音。曾经，电台有一档《阿富根》广播节目让上海话飘入千千万万的上海人家，成为那时候最亲切的乡音。如今，上海话面临着传承和保护的问题，于是热爱上海话、研究上海话的人们试着用各自的方式来托起上海话的明天。

沪语节目《阿富根》的三起三落

2011年9月，上海电视台一则新闻引起了广泛关注，知名沪语节目《阿富根》迎来了它的50岁生日。然而与此同时，主持人年龄偏大、后继无人的局面却令人十分尴尬。

1961年，《阿富根》节目开播后，曾风靡上海和江浙一带的农村。当时，上海人民广播电台的副总编辑邹凡想开一档人情味比较浓的节目，对农民进行社会主义思想教育，《阿富根》就这样应运而生。虽然《阿富根》把农民的生产问题放在首位，但节目中谈到的邻里关系、婆媳关系、生活常识很受听众们的喜爱。

最早一代的"阿富根"由主持评弹节目的万仰祖担任，他讲的上海闲话听上去十分地舒服，女播音员钱英菲在节目中担当了一个虚拟人物"小妹"。现在很多人会问，什么是标准的上海话？这个问题似乎很难回答，但"阿富根"可以理直气壮地说，上海人民广播电台的上海话播音就是标

阿富根讲故事

准的上海话。过去上海沪剧院、上海滑稽剧团排戏，碰到一些咬不准的字音，就会打电话到节目组来问："迭个上海话字音应该哪能读？"

"文革"期间，《阿富根》被迫停播，但节目中谈生产、谈致富的观念已经深入人心。到了80年代，《阿富根》恢复播出，"阿富根""小妹"的形象也完成了从农民到市民的转换，节目影响力从乡村迅速扩展至中心城区。90年代，因全国推广普通话，《阿富根》节目曾一度被迫退出空中电波，后经多方呼吁奔走，才在停播多年后复播，《阿富根》经历了三起三落，如今却面临着难觅接班人的尴尬局面。

在庆祝《阿福根》节目开播50周年之际，上海东方广播电台举办的"寻找第四代阿福根"活动，主要是缘于当今上海话日渐萎缩、上海人不会讲上海话的现状，并为即将退休的第三代"阿富根""小妹"寻找接班人。《阿富根》节目要求接班人能讲正宗地道的上海话，然而，如今大部分"土生土长"的上海年轻人对沪语的发音普遍把握不准，他们的上海话越来越接近上海腔的普通话，沪语强调的"尖团音"已逐渐淡出上海本地年轻人的口语发音中。

《阿富根》最早出现在以新闻为主的990千赫广播频率中，听众群庞大，后来又"搬家"至792千赫都市广播中。到2014年，节目改为每周日一次的录播，这对于与"阿富根"和"小妹"相伴了50多年的听众而言，不得不说是一种遗憾，而这也引发了人们对于沪语广播生存空间越来越狭窄的忧虑。

《阿富根》节目后继乏人，表明如今这些年说上海话的年轻人少了，而能说一口标准上海话的年轻人更是成了稀缺资源，不光是广播电台，以沪语为主的沪剧和滑稽戏等艺术门类也出现了青黄不接的情况。如今，沪剧、滑稽戏等已经被列入国家"非遗"名录，可见对上海话的保护和传承已经势在必行。

上海话的多元融合

再过一些年，上海人还会说上海话吗？有人担心了，如果要预测上海话的未来，那么就要弄清楚上海话的起源。上海话通常称为"上海闲话"，俗称沪语。现在上海人所说的上海话是1843年上海开埠以后逐渐演变形成的，是一种移民潮和城市化的产物。那个时代上海被迫开放，很多外国人和外来事物首先登陆上海，上海话通过对外来语的音译和意译，创造了很多新词汇。

上海市历史博物馆研究员、上海话专家薛理勇长期从事上海史研究，曾写过《上海闲话》《上海闲话碎语》和《上海俗语切口》等多部专著，对上海话的时代变迁有过深入的研究。他说："上海人说的阿飞，就是fly，苍蝇的意思，城市流民像苍蝇一样飞来飞去，令人讨厌。"20世纪30年代，是上海话的黄金时代，那时候外国的很多新鲜事物首先通过上海进入中国，上海文化海纳百川的特质，使上海话对"外来语"进行了吸纳与转化。薛理勇介绍说，外国人在上海开办工厂、企业，把"外来语"也输入了进来，比如日光灯上的司达脱（启动器），汽车上的卡拉子（离合器），还有考克（锁）、繁尔（闸）、婆司（垫圈）。不仅如此，sofa是沙发，motor是马达，mosaic是马赛克，roof是屋顶，roofwindow是屋顶窗，又叫老虎窗，pass是派司，charter成了差头。

还有马路、洋房、书局、报馆、影戏院、卡车、三轮车、足球、高尔夫球、俱乐部、博物馆、幼稚园、自来水、雪花膏……当年的新词汇一时多如星海，记下了一个大时代的历史，很多上海话中的词汇日后也进入了普通话。

薛理勇的著作《上海闲话》

当时占上海人口80%以上的全国移民带来了各地方言，尤其是江浙的方言，这些方言与上海本地话相融合，大大丰富了上海话的词汇。薛理勇介绍说，"有时候我们说'乖乖隆地洞'，这是苏北话。有时候我们讲'阿拉'，这是宁波话，还有'夯不啷当'，这是广东话。"

徐桂珍老人是老上海了，不过她的老家在山东。她是解放上海时的南下干部，徐桂珍老人在上海已经生活了62年，如今，她还是不太会说纯正的上海话，但老人家每天还在收听沪语广播。对于上海话，她是活到老，学到老，徐桂珍老人说了大半辈子的"上海山东话"，而她的六个孩子全部能说一口流利的上海话。

上海话的演变

薛理勇记得，他小时候并不讲"老克勒"，而是讲"克勒斯"，class在英文里本身就是个多义词，常用的意思是"班级"，此外，也有"主义、经典"的含义，指的是拥有一定地位和品位的人群。实际上，"克勒斯"正是形容朱廷嘉老人一生的最合适的字眼，解放前，他家境殷实，父亲拥有亚洲影院公司旗下多家戏院的股份，朱廷嘉儿时的记忆生动诠释了什么是"克勒斯"的生活方式："那时有很多的dancing girl（舞女）到我家里来学跳舞，我从小看了，就学会了跳舞，有时我哥哥在楼下的饭厅吃饭时，让我上去教她们跳舞,我那时候还很小,就抱着她们的屁股跳,三步、华尔兹,我很小就已经会跳了,所以到现在我已经开了60年的舞会了。"87岁的上海市民朱廷嘉回忆起儿时的往事,仍然有些意犹未尽。

解放后,中国的"克勒斯"都被打倒了,他们有钱也不敢消费,到了60年代以后才出现了"老克勒"这个词。那时候,他们的年纪已经上去了,偶尔会向青年人讲述他们解放前的生活情况、家庭情况,青年人一听,就会说这个人很"克勒"的,"克勒"毕竟老了,他们已经不年轻了,所以叫着叫着,就变成了"老克勒"。

进入20世纪80年代以后,"老克勒"又渐渐回归了"克勒斯"最初的意思,更多是资深的意思。70年前的"小克勒"朱廷嘉如今成了上海"老克勒",年轻时,他总往舞场跑,现在年纪大了,他的身影仍摇曳在舞场上,跳舞的时候,他尽情地挥洒,一举手一投足,依旧风度翩翩。

上海闲话中很多词义是随着年代变迁而不断在变化,而且上海话的语音、语调也在悄然地发生变化。90年代,上海电视台一支摄制组赴法国采风,在法国南部城市戛纳偶遇了一位中餐馆老板,他是1969年就到法国的上海人。交谈中,老板很得意地说,电影明星巩俐和葛优来戛纳参加电影节时也光顾了他的餐馆。但仔细听听,这位离开上海多年的老板说的是蛮老派的上海话,他的语音、语调与90年代的上海话有点不一样,这印证了上海话也在不断变化。

尤其是20世纪80年代以来,上海日新月异,上海话也在不断吸纳新词汇,用其反映着新时代的风俗民情,上海闲话独角戏《新名词》就为我们展现了很多新鲜的词汇:

毛猛达:沈荣海,你现在立升蛮大的。

沈荣海:还好,还好,150立升,而且是单门,你当我冰箱啊。

毛猛达:这个你不懂了,立升是证明你有身价的新名词。

沈荣海:目前我在做一些生意,这个没有新名词吧?

毛猛达:你现在大出来了,胖出来了,肿出来了,海出来了。

沈荣海:这是啥意思?

毛猛达:证明你生意做得蛮好的新名词。

沈荣海:那么生意做得不好,这个没有新名词吧?

上海故事：一座城市的温暖记忆

电影《股疯》剧照

毛猛达：近来你在吃下风、倒蓬头，目前停在杠头上。

90年代初，上海证券交易所成立，上海人全民炒股，上海话中又多了很多新词汇、新词义，比如1993年沪语电影《股疯》中就有这样的对话：

范莉（潘虹饰）：小姐，我抛出，孔雀股票抛出五千股。

三宝（王汝刚饰）：大姐怎么啦？钞票赚多了昏头了，人家都在收，你还在抛啊。

范莉（潘虹饰）：你做你的，我做我的，关你什么事。

三宝（王汝刚饰）：反正用的是香港人的钱，你又不管的，死人不管的。

范莉（潘虹饰）：到了最后还不知道谁先进棺材。

回想起拍摄这部电影时的资料准备过程，滑稽戏演员王汝刚这样说道："我们找了很多老上海人，到证券交易所去和那些股民们谈心，他们介绍了很多十分鲜活的情况，使我们耳目一新。"因此，最鲜活的资料永远是来自民间的，不管是电影艺术，还是曲艺演出，用老百姓的语言反映老百姓的真实就能写出让老百姓喜欢的剧本。薛理勇介绍说："'平仓、满仓、折仓'，这一类名词不断出现。股票在80年代末、90年代初刚刚兴起的时候，当时上海人对股票还不是很清楚，他们不知道做股票有这么多的风险，刚开始做股票都是赚的，想不到突然之间股票就下跌了，一下子损失了很多钱，这些钱都是'肉里分'啊。股票以比较低的价格抛出去的时候，这个就是'割肉'，等于把自己的肉里分割出去。"随着老百姓生活内容的改变，上海话也在丰富着它的词汇库。

对上海话写作的坚持

作家当然是运用语言的高手，2009年，上海女作家王小鹰的沪语小说

《长街行》问世,书中的对话用的都是上海话。王小鹰觉得,很多细微而美丽的风情和气息不用上海话就无法表达或展现出来,上海话中的很多形容词特别有味道,是其他方言难以替代的。王小鹰在描写一个家庭妇女满怀心思地做家务时,就用了上海话中的一个形容词"利利落落"。她认为这个词不仅语义上十分生动,而且读起来也特别好听,就是写出来也是很好看的,一个"利"字加上一个"落"字,搭配在一起特别有画面感。

由于上海话中有一些词汇在日常生活中的使用频率非常高,但真要落笔入纸,恐怕也是 桩考验人的难事,王小鹰在创作小说时就特地买了两本沪语词典作为参考。

王小鹰认为:"汉字的形态之美是有视觉感受的,而能找到恰当的词汇更是一件开心的事情。上海话里的一些形容词用普通话解释起来会很烦琐,而且解释不清楚,比如'辣手辣脚'这个词,'辣'本是形容味道的,但这个词在上海话里却是形容一个人做事的风格,用果断、雷厉风行好像都不能完全概括它的意思。"像这样的形容词在上海话里还有很多,王小鹰觉得"牵丝攀藤"就是很典型的一例,而且把这四个字写出来的时候,文字构成的图像也极具意境之美。在写作《长街行》时,王小鹰坚持选择使用最恰当的上海话词汇,所以这部作品倾注了她整整五年的心血。

女作家王小鹰

坚持沪语写作的作家不仅仅有王小鹰，一部《繁花》让上海话再次以其甜甜糯糯、优优雅雅的形象展现在读者眼前。《繁花》是金宇澄2012年发表在《收获》杂志的一部长篇小说，以上海话写作，讲述的是上海人的市井生活。沪语思维下的创作给整部小说增添了浓浓的上海风味，最大限度地体现了上海人讲话的语言方式，即使非上海语言读者群也完全可以接受，不会有理解上的障碍。《繁花》所引起的轰动，不仅仅体现在小说上，知名导演王家卫有意将其搬上电影银幕，上海话所展现出来的上海风情、市民生态让出生在上海的王家卫十分着迷。

　　其实，沪语小说自清代起就已经形成，比如著名的《海上花列传》，后来又有孙家振的《海上繁华梦》，这些小说以沪语写上海，透露出浓郁的地域文化。如今，坚持写沪语小说的作者中也出现了年轻人的身影，1979年出生的胡宝谈就是其中一位。2012年，他的《弄堂》一书问世，书中用上海话展现了弄堂里的世态人情，是一幅上海市俗民风的生动画卷。胡宝谈很喜欢穿弄堂、兜弄堂，常常梦见儿时弄堂里的很多场景，但随着上海城市建设的发展，很多弄堂被拆除了，这让他觉得十分遗憾。把上海弄堂里发生过的故事，用上海话记录下来，成了胡宝谈热爱弄堂风情的一份印证。他认为弄堂生活和上海话是紧紧融合在一起的，因为海派文化的很多精髓都在上海话里，如今，胡宝谈正在写他的《上海话365夜》，他想通过这本书告诉上海小孩那些消失的上海往事。

爱上一座城　爱上上海话

　　过去，上海小孩在弄堂玩耍时还会哼唱很多上海儿歌，比如"落雨喽，打烊喽，小八辣子开会喽"。还有一首是"上海闲话讲勿来，米西米西炒咸菜"。当年，有些上海人把那些不会说上海话的人统统叫"乡下人"，也不管是来自城市，还是来自乡村，这也反映了过去那个年代户籍制度的限制和各个地方人群不流动的状况。

　　电影导演石晓华14岁时从北京来到上海，虽然在这座城市已经居住了半个多世纪，可早年，她常常因为不会说上海话而被上海人当成外地人。那时候,她去商店买东西,就经常被营业员冷落,但石晓华的困境在改革开放后渐渐消失了。改革开放后,特别是浦东开放后,上海大发展大变样,开始了新一轮的城市化进程,迎来了新一拨的移民,不少外省市的人来到上海,学会了上海话,还有外国人来到上海后也学会了讲上海话。

60岁的黄成智曾在"文革"中离开上海去安徽蚌埠农村待了十年。后来,她已经不大会说上海话了,总会在交谈中流露出一些安徽当地的乡音。如今,退休后的黄成智是社区活动积极分子,她参加了专门学习上海话的"嘎三胡俱乐部"。黄成智不但自己参加,还发动来自外地的邻居们一起嘎三胡。来自德国的上海女婿阿福因为能说一口流利的上海话从而走红网络,在2017年G20汉堡峰会前夕,他因为给德国总理默克尔写了一封信又火了一把。作为一名长时间在上海生活的德国人,他把这几年在上海无现金社会所体验到的便捷生活通过网络告诉了默克尔,这位洋女婿还时常在网络上"晒"他的点滴生活。

时代在发展,很多事也在改变,当外来人口越来越多,弄堂也越来越少,这些年上海话的使用空间受到了一定的限制。不过,热爱上海话的人

寻找第四代"阿富根"

们仍在用人们喜闻乐见的种种方式，努力传承上海话，传承记载在上海话里的这座城市的过去、续写现在和未来。

  为了避免地球上大部分语言渐渐消失，联合国教科文组织还把每年的2月21日定为"世界母语日"，让每个人都不要忘记养育自己的家乡的母语。进入新千年以来，为了保护和传承上海话，我们欣喜地看到：2003年，上海人网站建立，用上海话在这里讲上海的故事；2007年，上海话研究学者钱乃荣教授出版了《上海话大词典》，推出了"上海话拼音输入系统"；2011年，知名沪语节目《阿富根》经过广泛宣传，终于觅到了第四代"阿富根"；今天，部分公交车实行沪语报站；2012年，上海话走进中小学课堂……保护上海话的举措仍在不断施行，沪语广播、沪语电视节目也越来越丰富多彩，我们相信，作为一门融会贯通、与时俱进的语言，上海话的发展潜力依旧很大。

上海人讲普通话

20世纪50年代初,毛主席接见全国劳模上海姑娘黄宝妹,这本应该是无比幸福的时刻,但黄宝妹因为听不懂毛主席说的湖南话而感到有些遗憾。那个年代,语言经常成为人们相互交流的一个障碍,为了使全国人民有一种可以通行的语言,1956年2月,国务院发出了在全国推广普通话的指示。当时,上海的普通话推广活动开展得轰轰烈烈。到了80年代,普通话的推广活动再次在全国掀起了热潮。2000年以后,随着大量外来人口进入上海,普通话逐渐成为这座城市人们日常交流的主要语言。

只会说方言造成的尴尬

1955年寒冬的一天,上海国棉十七厂的全国劳模黄宝妹忽然接到去上海总工会参加座谈会的通知,她匆匆赶到当时的中苏友好大厦才知道,自己即将接受毛主席的接见。然而,黄宝妹很快发现,毛主席说的话她基本听不懂,而她说的毛主席更听不懂。黄宝妹回忆那时的情景说:"他问我哪里人,我说浦东人,毛主席以为是普通人,他看看陈市长,陈市长说浦东就在黄浦江那边。他问我做什么工作,我说我是纺织工人,他又看看陈市长,陈市长又向他介绍了,她是纺织工人。毛主席说纺织工人很好嘛,我们全国人民穿衣服都要靠你们了。我点点头。我一点也不会说普通话,说的都是上海话,我这个上海话还带点浦东话,更难懂一点。这样一来很尴尬,就怕讲话了。他问一句,我答一句。"黄宝妹还回忆起接受宋庆龄接

黄宝妹和宋庆龄

见时的情景,与接受毛主席接见时的尴尬不同,由于两人都是浦东人,都说不好普通话,因此交流都用上海话,既无障碍,又很亲热。1952年,国家副主席宋庆龄被选为亚洲及太平洋联络委员会主席,在浦东长大的宋庆龄便是用一口吴侬软语向世界做了报告。

全国解放之后,为了巩固新生的人民政权,上海曾经开展过镇压反革命的运动。在1951年的新闻片段中,接受采访的大学生还能说普通话,而上海的工人、家庭妇女则只会说自己家乡的方言,于是能听会说上海话的电影演员孙道临在新闻采访中担任了出镜记者。

男学生:我们不会忘记,过去这些特务、走狗,是怎么在学校里横行霸道。(普通话)

工人甲:过去特务在麻袋里放洋钉。(上海话)

工人乙:特务不根除,等于养只老虎,自己害自己!(上海话)

家庭妇女:我要求政府严厉对待反革命分子,要报仇雪恨!(上海话)

老人:人民政府办得好。我们大家一条心。(上海话)

在日常生活和工作的交际中,由于语言障碍造成的误会和隔阂常常发生。南京路是全国知名的商业街,接待着来自祖国四面八方的顾客。邱静章曾在南京西路多家商店当过店员、经理,他记得很多因语言沟通障碍而产生的误会。比如外地顾客说的"蓝色",往往实际上是指藏青色,而上

孙道临在新闻采访中担任出镜记者

海营业员对"蓝色"的理解则是天蓝色、品蓝色。又如上海话中把"硬"说成"昂","四"与"十"容易混淆,都在双方的对话与理解中造成了不少麻烦。1957年,上海科学教育电影制片厂拍摄了科教片《大家来说普通话》,列举了很多种因说上海话而产生的误会,其中有个细节就和邱静章生活中遇到的事情很类似。

工人甲:我们要买四吨水泥?

工人乙:十吨啊?

影片的旁白评论:"这两个人打电话,就因为'十'和'四'分不清,造成了工作上的损失。"

该片中还有一个场景,一位先进工作者在台上向大家报告他的工作经验,但他只会说上海话。他说:"我再二过滤,油里面还是有渣子。"而听报告的人因为听不懂上海话,把内容完全弄错了,把这句话听成了"我再三鼓励,有理想还是有……"。片中这个细节和黄宝妹的经历很相似,1953年,黄宝妹入选第一批全国劳模,经常被邀请去外地推广先进经验,语言不通也给她造成过大麻烦。有一次,北京国棉二厂请她去做报告,由于她只会说上海话,下面的北方工人纷纷举手表示听不懂,幸亏台下有个上海调去的职工主动上台为她做翻译才解了围。黄宝妹决定回来后一定好好学普通话,但这在当时困难不小,因为身边只有苏北人、宁波人、绍兴人,北方人很少。

"新上海人"的语言之困

1949年以前，上海就已经是一个五方杂处的移民城市，70%以上的居民是移民或移民后代。那时靠着"近水楼台"的地理便利，江、浙两省移民占上海的外地籍市民的一大半，也有来自广东、安徽、湖北、山东等地区的移民。来自同一地域的移民往往语言相近，聚群而居。比如，那时黄包车工人、三轮车工人、码头工人、纺织女工多为苏北人，扬州人则在修脚刀、切菜刀、理发刀，所谓"三把刀"的从业人员中占了主流，而宁波人在上海主要是以做生意为主。来上海的各地移民，往往操原籍方言沟通较多，而不同群体间沟通少，基本处于封闭状态，在交流中也容易产生隔阂。

随着新中国的建立，20世纪50年代，很多人从全国各地来到上海，成为那个时代的"新上海人"。上海话成为摆在他们很多人面前的难关，因语言隔阂而产生的误会也时有发生。那些年上海的孩子们在学校里在课堂上都说普通话，不过回到家里，在弄堂里，孩子们玩耍的时候还是习惯性地说家乡话。在计划经济的年代里，户籍制度是上海城市无形的围墙，一个外地人来上海探亲访友都要报临时户口，在上海生活需要有上海的粮票、油票、布票，当年的上海人说话也就显示出了排他性，把所有不说上海话的人们统统称为乡下人。

1955年，石西民从北京调到上海担任市委宣传部部长，负责上海推广普通话的工作。女儿石晓华随父亲来到这个陌生的城市时只有14岁，刚到上海时，石晓华发现与他人交流很困难。上课时，老师说的她根本听不懂，因此老师的提问他也基本回答不上来。上海话中，"上课"的发音近似"赏苦"，也让石晓华十分困惑，在她的认识中，只有赏花赏月，哪有"赏苦"呢？

安徽姑娘陈明华随父亲来到上海农场，生活中也因方言的不同闹了不少笑话。后来成为上海农场总部小学语文教师、校长的陈明华回忆说："我们的邻居是新婚夫妻，要去食堂打水，她看见我烧了煤球炉子，就说，小妹妹，侬过来。侬屋里厢有开水吗，我要讨点开水去汏头。我就回去和妈妈说了，阿姨要铅丝，还要大豆，于是我妈妈就帮我找来了，送去以后，她说勿是这个。我说是什么呢？她就来到我家，终于弄明白，原来她是要开水洗头。"

原籍山东的解放军干部徐桂珍参加过解放战争，她跟着部队转战南北，也因语言隔阂发生了不少有趣的事。对此她老人家至今还有记忆：来自南方的新四军干部动员支前，讲话中的"多做几双鞋子"被其误听成"多养两个孩子"，"胶东现在是八百万群众"被误听成"八百万穷种"。初到上海后，"侬""阿拉"等称呼也一度让她颇为困惑。

上海话和普通话之间的差别大和沟通难也成为经典相声的素材和包袱，最经典的莫过于侯宝林、郭启儒合说的相声《戏曲与方言》。在相声中，侯宝林讲述了一个初到上海的北方人进了理发店修面时遇到的笑话：

侯宝林：刮完脸了，把椅子推起来，我在前面坐着，他在后边儿站着，指着我脑袋他问我，侬汏一汏，好吗？

郭启儒：怎么要打你啊？

侯宝林：我想，解放以后不准打人了，刮刮脸还得打我呀。

郭启儒：你可以问问他嘛。

侯宝林：是啊，我很不高兴地问他了，我说你是就打我一个呀？还是来这儿的客人都打呀？

郭启儒：他说什么呢？

侯宝林：一样的，统统汰的。

郭启儒：都打啊。

因为上海话中把"洗"叫做"汰"，与"打"音近，因此才闹出了这个笑话。

20世纪50年代的"国语"扫盲

为了使全国人民有一种可以普遍通行的语言，国务院在1956年2月

第二次全国普通话教学成绩观摩会

12日发布了《关于推广普通话的指示》，提出要大力推广以北京语音为标准音，以北方话为基础方言的普通话，这样就可以互相表达感情，增强团结，巩固和发展国家的统一。新中国从这时起，大力推广普通话，上海积极融入了全国推广普通话的大潮。

　　为了响应国务院号召，上海也轰轰烈烈地展开了推广普通话的活动，那个时代普通话还被称为"国语"。一个个扫盲班像雨后春笋般在里弄里开办，家庭妇女们开始学习拼音字母，学习国语，各行各业都开展了推广国语的活动。百货公司在服务质量上提出了八字方针：主动、热情、耐心、周到，不懂普通话自然就无法主动。南京路上商店的营业员们开始积极主动地自学普通话，他们向外地的顾客学，向电台里的播音员学，同事之间互相学。在种种举措中，最基础也是最有效的当数在中小学课堂里广泛推广普通话。刚从北京来上海的石晓华发现，上海老师们开始向她请教普通话的发音。她回忆道："我因为刚从北京来，他们认为我说话比较标准，我那时大概初三吧，老师就开始让我在课堂上念拼音字母，念给大家听。1956年以后，年纪大的老师也在学拼音，改正自己的发音，年纪轻的老师就尽量用普通话上课。"后来石晓华成为著名电影导演，当

家庭妇女们在扫盲班学习普通话

时她参加了所在的上海中学成立的朗诵组，星期天常组织晚会表演朗诵，这也是当时学校推广普通话的一种方式。

陈明华是一位一年级语文老师，她是厂办小学里第一个学会普通话的人。普通话一共有21个声母和39个韵母，学会了这些声母韵母就能学会所有普通话的发音。要让刚进小学时只会说上海话、更缺乏拼音基础的孩子们学会拼音和普通话是一件非常艰苦的启蒙工作。陈明华在小学一年级教了整整八年，由于上海孩子的翘舌音和平舌音分不清楚，在教学拼音字母阶段，一个月下来她的喉咙就全哑了。为了让孩子的普通话发音更加标准，他们开始动脑筋编成儿歌辅助拼音教学，比如说"一个门洞nnn，一根小棍lll"。当时由于中小学教师们的普通话水平也并不高，因此老师们自己学普通话也非常不易，也曾经闹出过一些笑话。作为推广普通话的重要基层力量，陈明华曾经参加了虹口区教育系统的考察活动，亲眼目睹了一个意外。一位老教师在公开课的课堂上，由于普通话不标准，过于紧张，把"图片"说成了"肚皮"，他要求同学"把肚皮（图片）拿出来"，于是课堂上小朋友全都把肚皮露出来了，惹得下面那么多听课的教师们想笑又不敢笑。这件事成为当时上海推广普通话

中小学课堂里广泛推广普通话

中的经典笑话,并流传至今。这种级别的公开课对一位教师职业生涯影响很大,得分高的甚至能直接晋级,领导总结发言时,旁听老师们都捏了一把汗。陈明华回忆:"评课的最后,要虹口区教育系统的最高领导对这堂课下结论了,领导评价,这堂课说得还是很好的,这位老师做了充分的准备,整个结构很严密,前面的读音出了很大的问题,闹出了这么大的笑话。后来就说四十岁以上不要强求,五十岁以上不要苛求。四十岁以下,大多数是经过中师或者幼师的培训的,闹出这种笑话就不允许了。"

从1956年至1958年,中国语文文字进行了三大改革,即公布"简化字"、推广"普通话"、推行"汉语拼音"。第二次全国普通话教学成绩观摩会正是在上海召开的,在普通话观摩表演中,一位现在听起来普通话也不算很标准的上海女青年获得了二等奖,说明那个年代上海说普通话的人还不多,由此更显示出学说普通话的重要性和紧迫性。

改革开放年代的"推普"热潮

全国推广普通话的浪潮始于20世纪50年代中期,贯穿整个五六十年代,推广普通话的大潮让普通话渐渐成为上海绝大多数人都能听懂、大部分人都会说的语言。然而那时普通话的使用还没有形成主流意识,直到80年代初,上海大多数公共场合包括大多数上海市民在工作和生活中也主要说的是上海话。陈宝雷是上海电视台的节目主持人,在电视台的演播室里他说一口标准的普通话,但在日常生活里,陈宝雷说的还是上海话。他回忆起那时上海普通市民对于说普通话的态度,认为说普通话的就是外地人,容易被别人歧视,或者是打官腔,似乎只有做官的人才能说普通话,因此一般市民没有几个人会在生活中说普通话。

进入80年代以后,改革开放了,经济活跃了,人也流动了,人们渴望更为便捷有效地交往,推广普通话再次成为社会的强烈需要。1982年12月4日第五届全国人民代表大会第五次会议通过的《中华人民共和国宪法》第十九条明确规定:"国家推广全国通用的普通话。"此后,学说普通话的各种活动在上海这座城市再次轰轰烈烈地开展起来。

1985年,上海电视台顺应普通话学习的热潮,开展了"我爱祖国语言美"普通话电视评比活动。这次活动影响之大,人们渴望学习普通话的热情之高,在报名环节就有了充分体现。早上排队报名的,直到中午还没轮到,报名现场人山人海,盛况空前。"我爱祖国语言美"不单要求选手们朗诵各自准备好的节目,还增加了即兴发挥环节,这难住了大部分选手。可是,一个长相甜美的十几岁小姑娘却发挥出色,她就是印海蓉,当时她还在师范学院读书,如今已连续20余年担任"新闻报道"的主播,成为

印海蓉参加"我爱祖国语言美"普通话电视评比

上海电视荧屏的代表人物。当时这个即兴发挥的口语比赛环节，时间只有短短30秒，印海蓉解说的是一段剪辑好的体操比赛片段，她出口成章，给评委留下的印象非常深刻。现为上海广播电视台电视新闻中心首席主持人的印海蓉回忆道："刚好我这个人从小就很好动，对体育很感兴趣，所以平时业余爱好是喜欢看体育比赛，看比赛的时候就会留意那些解说员他们是怎么解说这些比赛的。运气也很好，抽到的这个题刚好是我的强项，体操运动员在比赛场上的纷飞，又高又飘的跟头，我给它总结了一句话，叫力与美的结合，我也不知道怎么就蹦出来这么一句话，我脑子里有意识的，就觉得很美。"

"上海闲话"的式微与传承努力

进入新世纪以来，上海由一座老的移民城市变为新的移民城市，普通话渐渐取代上海话成为上海这座城市的主流语言。上海出现了一个普遍的现象，那就是很多上海人在很多场合、很多时间里都在说普通话，于是有人担忧了，不说上海话的上海还是上海吗？上海市历史博物馆研究员、上海史专家薛理勇分析了这种现象背后的历史原因：在上海开埠前，整个上海加起来人口大概不超过50万人，而现在上海人口已经达到两千多万了，这两千多万人口并不是上海人自然生育形成的，大多是外来移民，外来移民数量超过本地居民，所以外来人口进来以后，对语言环境带来的变化是比较大的。很有意思的是，50多年前，全国劳模黄宝妹二十出头，只会说一口带着浦东口音的上海话，如今黄宝妹家四代同堂，重孙女却已经不再会说上海话了。著名语言学者、上海话研究专家钱乃荣也切身体会到了这种现象。他说："我的外孙女在进幼儿园之前，她录的像，在公园里面说的都是上海话，一进幼儿园以后，录像里都是普通话，因为幼儿园里没有机会讲上海话，所以上海话都忘记了，现在小学里面，从一年级到六年级都是讲普通话。凡是小学里面不能讲方言的，很多地方都发生了语言的传承问题。"沪语作家、沪语小说《弄堂》作者胡宝谈也描述了这种现象："现在马路上一些中老年人，一只手挽了小朋友，一只手在遛狗，他现在和小朋友说普通话,头背过去和狗倒是说上海话。"

进入新世纪,上海这座城市里说上海话的声音越来越轻,保护上海话的呼声越来越响。印海蓉认为,不管是上海话也好普通话也好,它都是我们语言艺术大家庭当中一个不可分离的部分,在推普的同时真的也要好好保护我们自己从小讲到大的上海话。近年来,上海话的传承和保护日渐为人们关注,保护上海话的活动也络绎不绝。广播电视上开办了一些沪语节目,有关上海话的网站陆续建立,专家学者们出版了规范用字的上海话字典,甚至开发了上海话输入法,公交车试点用上海话报站,上海话课程也走进了中小学课堂,一批为中小学生和新上海人学习上海话而编写的沪语教材、读本也陆续出版,沪语歌曲、童谣的整理也得到了人们高度的关注。

20世纪50—80年代中国推广普通话大事记

1955年1月,教育部发出《关于在中学、小学和各级师范学校大力推广普通话的指示》。

1956年2月,国务院发布《关于推广普通话的指示》。

1956年2月,《人民日报》发表社论《努力推广普通话》。

1957年7月,上海科学教育电影制片厂拍摄科教片《大家来说普通话》。

1957年8月,教育部发出《关于继续推广普通话的通知》。

1958年3月,教育部发出《关于在中、小学和各级师范学校教学拼音字母的通知》。

1958年7月,全国普通话教学成绩观摩会在北京举行。

1959年8月,全国第二次普通话教学成绩观摩会在上海举行。

1963年7月,中共中央发出《关于转发1963年上海市推广普通话工作纲要的联合通知》。

1982年12月,《中华人民共和国宪法》第十九条明确规定"国家推广全国通用的普通话"。

1984年7月,教育部发出《关于加强中小学教师普通话培训工作的通知》。

"屋里厢的三大件"之上海手表

1955年的9月26日,上海的制表工人郑重地捧出了18只长三针17钻细马手表,手表的背面镌刻着两行字:"中国上海"和"第一批试制"。这第一批国产手表既是献给国庆六周年的重大礼品,也标志着中国手表制造工业上了一个新的台阶。

创业史:法华寺起家的上海手表厂

提起那段历史,就不能忘记上海手表厂的第一任厂长刘思仁。刘思仁12岁参加八路军,18岁加入共产党。1949年,他作为第三野战军南下干部营的一员,进驻大上海,参与接管大上海的工作。上海解放后不久,他奉命调入了工业部门。1955年4月,上海钟表行业的一些工人师傅联名写信给上海市人民政府,希望中国国产手表由上海首先制造,上海市政府对此表示大力支持。就在这个时候,刘思仁受上级指派,从各个钟表店抽调了17名有经验的老师傅创建了手表试制小组。

上海手表试制小组刚创建时,条件极为艰苦:人手少,工作场地小,设备简陋。在刘思仁之子李挺的记忆里,当时的手表试制小组是在一个破庙里,应该是位于法华镇路附近的法华寺,而工人师傅们的工具也是从自己家里带来的小的钟表车床。工作条件虽然艰苦,工具也十分简陋,但制表师傅们对于手表的用材、加工工艺等毫不马虎,用心专研。他们把外国的手表拆开来剖析,弄清结构原理,弄清零件材质,从而研制国产手表。

"屋里厢的三大件"之上海手表

刘思仁

如今的上海表业有限公司董事长董国璋是在20世纪70年代末进入上海手表厂的,是上海手表制造业的第三代,他也曾听师傅说过上海手表厂当年创业的故事。他记得:"他们奋战了三个月,那个时候的零件是什么呢?有一部分是由雨伞的伞骨加工的,那个时候是在这个很小的车床上把它车制出来,靠手工加工出来的。"李挺对此也有相似的回忆:"这个伞的柄,用的材料是相当好的材料,那个钢材是相当好的钢材,工人师傅找到这个伞的柄,用伞柄的这个材料,去做手表的轴。"

钟表师傅们每制造一个零件都是靠锉刀锉,靠手工磨。钟表的一个关键部件称为"马",业内分为粗马和细马两种,粗马的结构工艺相对简单,精度相对较差,而当时上海的钟表师傅要研制的是精度更高的细马手表。他们自己设计铣床,自己磨制铣刀,经过两个月的反复摸索,才制造出了一只完整、精确的"细马",装配在手表上。1955年9月26日,上海研制出的第一批细马手表向国庆献礼,这是用仿造瑞士的塞内塔的机芯制造出来的第一批手表,当时分别命名为东方红牌、和平牌。

带着这个国表梦,上海手表试制小组的技术人员和工人师傅又在第一批试制手表的基础上反复研究。到了1958年3月份,"上海牌"A581型

1955年9月26日第一批试制手表

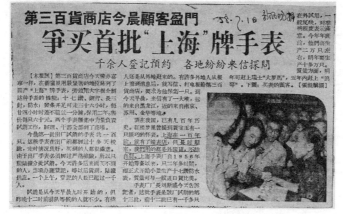

报纸上关于1958年7月1日试销上海牌手表的报道

机械手表正式投产。1958年4月，中国的第一家手表厂——上海手表厂成立。1958年7月1日，上海牌手表试销，商店一开门，100块试销手表销售一空，很多起了大早、排了长队的顾客没有买到手表，只得登记预售，仅仅一个上午办理登记的就超过1 000人。张季尧是上海手表厂的老员工，退休后还一直在上海手表厂担任工程师。在他的记忆里，创业初期，上海牌手表的产量就直线上升。他说："1958年上海手表厂成立，第一年产量一万三千只，当时我们还没进厂，1959年就到了七万四千只，……等到我们1962年正式工作了以后，那时的产量已经能够达到七十万只。"

从1959年到1962年的短短三年时间里产量就增加了近10倍，计量分秒的手表被争分夺秒地制造出来，而担任上海手表厂第一任厂长的刘思仁便成为儿子李挺儿时记忆里一个很少回家的父亲。那时提倡干部与工人同吃同住同劳动，刘思仁整天和工人师傅在一起，钻研技术。在儿子李挺的眼里，父亲甚至不像一个干部，更令人难以想象的是，一个造表的人，又是上海手表厂的厂长，竟然也没有一块上海牌手表。对此李挺回忆道："我父亲都没有一块上海牌手表，你们很难想象，他也没法买，没有钱嘛，当时这是第一个原因。第二，手表生产出来，当时确实比较少，我只看到他戴过一回上海牌手表。有一次，在我们放暑假的时候，他破天荒地带着我们去游泳，他说要到宝山那个海滨浴场去游泳，从来没有这样的机会，我的记忆里面，他只带我们到家附近虹口公园那个地方去过一两次，从来没有去过那么远的地方。但是带我们到那儿后，他就叫我母亲带着我们去玩，去浅水里玩玩。他自己不知道人到哪里去了，过了好久他才出现，其实他自己戴了一块表，到深水里面去游了，那个时候上海手表厂正在和海军一起合作研制一块手表，叫军用潜水表。"

与其说刘厂长是带着孩子去游泳，还不如说他是去做新产品的防水试验。作为上海手表厂的厂长，刘思仁却没有戴过自己厂里生产也是自己引以为傲的上海牌手表。在儿子李挺记忆里，父亲可能只买过一块崇明一家手表厂生产的海燕牌手表，价格约40多元，比上海牌手表要便宜不少。

一直到老厂长刘思仁病重弥留之际，上海手表厂的领导集体商议后决定赠送给老厂长一块最早出品的A581型的上海牌手表，作为对他人生的纪念。李挺记得，这块表是从手表厂不多的库存中找出来的，重新翻新后，在表壳上刻了一行字："赠：上海手表事业的开创者刘思仁。"这

上海牌A581型机械手表

赠送给老厂长一块最早出品的

时的刘思仁病情严重,已经无法说话,但看到了这块表后,眼中流出了泪水。

国产表的骄傲,手腕上的奢侈品

新中国成立初期,因为没有国产手表,党和国家领导人都戴瑞士手表,周恩来总理当时就很感慨。他说:"什么时候让我带上自己生产的手表啊。"后来,周总理知道了上海研制出了国产手表以后,就委托他的警卫专门到上海来购买了一块上海牌手表,这块手表一直陪伴他终生。周总理购买的这块手表是1962年3月上海手表厂设计生产的,被命名为A623型,那时刚刚进厂的张季尧对那一款手表的情况非常了解。他介绍说,623型是防震表,用帆布表带,这些在当时的产品中都算是新颖的,总理比较俭朴,一根帆布表带一直用着,已经破掉了,却始终戴着。1965年,一张新中国领袖们在首都机场看手表的照片,后来成为了上海牌手表的广告图片,一位国家领导人成为上海牌手表的"代言人"便成为一段广为流传的佳话。后来,人们把上海牌A623型手表称为"总理表",也成为钟表收藏

周恩来总理生前使用的A623型手表复制品

爱好者们热衷的藏品。

上个世纪的七八十年代，尤其是改革开放初期的那些年里，很多人，尤其是青年人把在自己左手的手腕上戴一块上海产的手表作为人生的一种光彩、人生的一笔财富。那时候，上海已经有了几家手表厂，出品了上海牌、春蕾牌、钻石牌、宝石花牌等品牌的手表，但还是供不应求。在那个年代，买手表不但要有钞票，还要有手表票，由于拥有手表不易，一旦有了手表，欣喜之情可想而知。资深媒体人胡展奋还记得他青年时代戴上了人生第一块手表的情形，他用了"欣喜若狂"四个字来形容当时的心情。他回忆道："从1974年的下半年到1975年的上半年，这段时间在等待这一块表……好漫长，好辛苦啊，买到以后就是欣喜若狂。"由于当时沪产手表凭票供应，而胡展奋那时还只是个学徒，连拥有一张手表票的资格都没有。不过，好在父亲在自己单位里已经为他排上了队。在等待手表票的日子里，胡展奋天天下班后就去手表店，很眼馋地盯着橱窗里那些光亮夺目的上海手表，去的次数多了，手表店里口齿伶俐的年轻女营业员也成为胡展奋眼中的"手表西施"，用现在的话来说，就是手表女神。胡展奋早也盼，晚也盼，终于盼到了单位里发给他父亲的一张手表票，那是买钻石牌手表的票子。胡展奋还记得，当时一块半钢的钻石牌手表价格是85元，全钢的则是115元，而当时人们心目中最好的手表则是上海牌，价格则要达到120元。

胡展奋自从戴上了手表，就盼望着夏天快些到来，因为到了夏天，穿

手表票

短袖衬衫，那么他戴的手表就能"显摆"了。胡展奋回忆起当时那种现在看来有些好笑的心态："年轻人哪有不显摆的，我恨不得把这个袖子管卷起来，袖管咋这么长呢，袖子不能短一点吗？最好让人看到，全世界的人看到我有表。天快热吧，天快热吧，就是这样，很有趣，那个时代的心态现在想想很可笑，但却是一个真实的心态。……所以那个时代，现在有很多美好的回忆，拥有手表是多么开心。"

除了夏天可以自然而然地让大家看到自己戴上手表之外，公交车也成了有表一族"显摆"的好地方。胡展奋记得自己坐公交车时把手伸出来拉扶手杆子的时候很自豪，因为这是显摆自己手表的一个最好的公共场合。

那个年代，手腕上的一块上海手表不知是多少人的骄傲。不少年轻人或许是攒了大半年的工资才终于能买到一块手表，手表在当时不仅是家里的贵重物品，而且也相当紧俏。原上海手表二厂销售科科长叶永明当年在做业务员的时候就深有体会，他用豪华轿车和茅台酒为例对此打了个比方："（手表是）那个时代的奢侈品，不亚于现在买一部奥迪、买一部奔驰，吃香到这个程度。1980年到1981年的时候，我到杭州去出差带了一批手表，那个时候我住在浙江省体委，体委的朋友来跟我讲，老叶你带了什么？我说带了手表。他说，你给我一只手表好吗？我给你十瓶茅台酒。那个时候我说，我有任务在身，一只都不好送。"

在上世纪六七十年代的时候，手表更是年轻人结婚最期盼的物品，是和自行车、缝纫机、收音机并称为"三转一响"的四大件之一。60年代的上海支边青年李云亮的大妹妹李月华也是在那时离开上海到新疆建设兵团去的，她和爱人的第一块上海牌手表也是来之不易。他的爱人当时是生产建设兵团的一名班长，他们的手表票来自一位兵团的劳模，那位劳模家里已经有了手表，于是就把作为劳模享受的手表票送给了李月华的爱人。可是光有劳模赞助的手表票是不够的，还要积攒出买手表的钱，当时两人的工资一个月共70块钱，为了尽快买到一块全钢的上海牌手表，李月华夫妻俩就每天两人一碗4分钱的白菜汤或西葫芦汤，连吃了几个月。

李云亮自己，尽管父母给妻子买一块上海牌手表的承诺没有兑现，但其实李云亮的妻子在结婚前已经有一块女式手表了，李云亮出差的时候，还经常要把那块表借来戴。李云亮回忆起那段令他有些尴尬的经历：

"平时我也不戴,没有必要戴她这块手表。当厂里叫我出差,需要掌握时间的时候,我就把她那块手表戴在手上,因为是块女式的,又不好意思,因此放在里头,不让人家看见。我要掌握时间时,撩出来看一下赶快又蒙起来,也羞于见人的,这个大老爷们怎么戴块女式手表,没有钱就别戴,人家会这样说吧,然而毕竟要掌握时间怎么办?还是勉为其难戴在里头吧。"

在江西支边的时候,李云亮除了厂里的工作还经常外出参加文艺团体的演出,手表自然成为他工作和生活的必需品。后来在1974年,李云亮终于拥有了一块属于自己的上海牌手表,他认为这也是他人生中的一个里程碑。他评价自己当时拥有手表后的那种感受:"在我的人生当中,这块手表意味着我的生活出现了转折,是一个飞跃,当我有了这块手表以后,我觉得我是从层次上觉得我提高了,我再也不是两手空空的,啥也没有的一个小工人。从财产的占有上,我觉得多少也有一块手表了,与现在有一部汽车了、有一栋别墅了一样的感觉。"

那个年代的定情信物

在过去物资匮乏的年代里,手表属于贵重物品,因而经常被作为定情的信物。此中缘由,胡展奋分析道,当时值钱的定情物并不多,因为当时的社会,项链、手镯还没有开放普及,因此那个时候的定情物主要是手表:一是它轻巧、比较小,二是它贵重,三是天天戴在手上,最好你天天想我,也天天提示你,我是爱你的,接触的亲密度比较高。手表还具有永恒的意义,在当时看来,手表是在时间上、在念想上具有永恒的一个信物,时间上的准确性,暗合了爱情信物的这个要素。

尤其是在谈恋爱的两个人关系即将"敲定"的时候,手表往往就会作为一种确定关系的纽带出现在女方的手腕上。在胡展奋的印象里,送表是一件重大的事情:"父母首先会问,送只表给她啊,小姑娘靠得牢吗?什么时候带来看看。门都没有上,表怎么能给她呢,太不靠谱了。看看如果觉得还可以,上海人讲基本敲定了,父母会说,这个小姑娘,我给她买只表吧。"

但是"敲定"之后,偶尔也会遭遇男女双方最终并没有在一起的尴尬,这个时候手表作为贵重物品,是要回来还是不要?胡展奋对此的回忆是,上海人中一般而言有教养的一些家庭,或者是一些中产家庭和条件比较好的家庭一般就算了,因为他们觉得面子比手表更重要,把送出去的手表讨回来,别人会看不起,弄堂里左邻右舍大家会议论。但是,也有一些家庭觉得面子管面子,手表送给了女方,再搞一个搞不到了,所以男方如果善于言谈的或比较会说话的,他会和女孩子这么说:"我们这个事情就算了,这个事情我不勉强你,那么有一些事情还是要聊聊清爽,有的事情还是要说说清楚的,比如说你懂的。"这是一种暗示,那么有点修养的女孩子会义正词严地告诉男朋友:"应该给你的总归给你的,跟我们关系又不搭界了,我要你的表做什么?"她通常不把表戴在手上,而是放在包里面,一边说一边把包打开,对男朋友说:"我表准备好了,拿去!"便将手表还给男方。不过,胡展奋自己在这方面还是很幸运的,他和太太属于一次"敲定"的。胡展奋回忆当时:"我和太太是1986年谈恋爱的,1987年的春天,我爸爸妈妈就说,这个小女孩不错,倒也蛮看得中的,我妈妈对她的评价是朝气蓬勃、身体健康、卖相挺刮。那么父母就问我,这样子,你也搞搞定吧,她有什么想法吗?我讲什么想法人家没有讲啊。父母问,那么她手表喜欢吗?我讲估计喜欢的。我就问我太太了,我说给你买块表好吗?她当然比较羞涩了,她不响。我讲给你买个浪琴好吗?因为平时言谈和聊天我知道,她对这个浪琴是有好感的,所以我就给她买了块浪琴,当时是三百六十块。"

人生悲喜:丢表·买表·修表

有一段拍摄于2008年的新闻片,讲述的是当时传统机械手表遭遇到石英技术的巨大冲击,沪产手表面临衰落的那一段历史。原上海手表二厂的销售科长叶永明就是沪产手表由盛转衰的见证人。就在那条新闻片播出之后,一件让叶永明意想不到的事情发生了,原本一天只能卖出四五块手

"屋里厢的三大件"之上海手表

叶永明设摊经营库存沪产手表

表的摊位上突然挤满了顾客。叶永明记得那天是星期六，他去上班，一跑到胶州路343号厂门口，只见百把个人挤在那里，说是要来买手表。2008年之前，一天只能卖四五块或者七八块手表，那一天来了这么多人买手表，所有人都没有做好思想准备。于是，一个电话打到厂里面，厂里面所有的留守人员，大概将近十个人，全部出动，帮叶永明来维持秩序。那天的销售盛况，叶永明至今还记得："这天是从我们厂门口开始排队，要排到武宁路的转弯角上，从早上9点钟开始卖表，卖到晚上6点钟都关不了门。一个人不是买一块表，有的人甚至买两块、三块、四块，大部分都是中老年人。"

叶永明还清楚地记得，就在那一天，上海下了2008年的第一场雪。下着大雪，这么冷的天出来排队买东西的，恐怕只有两种人，一种是到火车站买火车票的，一种就是到手表厂来买手表的。上海人在下雪天排长队，热切地购买沪产手表的库存产品，其实买的是一份怀旧和记忆。叶永明就在那个4平方米的小空间里接待着各种各样来买表的人，听他们讲那些令人刻骨铭心的故事。有些来买表的顾客就是因为在那个时代丢失了家里的手表造成了遗憾，为了弥补心中的愧疚，而冒着大雪来买一块上海手表。一位顾客告诉叶永明，自己在上山下乡回沪后骑着自行车赶赴同学聚会，那时有块手表是相当"扎台型"的，因此他把他爸爸买的一块手表戴出去了，不知道是表带不好还是其他什么原因，表在路上丢失了。发现表丢失后，他连聚会都没有去，在路上来来回回走了十几次反复寻找，却一无所获，回到家后，爸爸没有骂他，也没有责怪他，那个时候手表是家里面的主要家产了。现在爸爸过世了，他想起这只表就想到爸爸，所以他讲，今天他一定要来买一个表。他问叶永明这只表什么价钱，叶永明回答说现在是三百块，那位顾客说不要讲三百块，三千块他也要买。

如今看来，一块手表当然算不得什么大件物品，但是在上世纪六七十年代的时候，丢手表的确算是件大事。胡展奋就清楚地记得，几十年前车间里一位同事因为换了条表带而丢手表的故事。胡展奋回忆道："快冬天了，他觉得要换一换，他觉得'老克拉'都是用皮表带，他就换了个皮表带，但是没想到换皮表带的时候，我估计里面的弹簧针没有扣好。好了，没有几天，大概第三天，他哭丧着脸，对车间领导说，他不想上班。问他为什么？他说是手表丢了。手表丢了不想上班？他说我内心实在太痛苦了，用现在话讲崩溃了。他戴了表去挤公交车，公交车这么挤，如果皮表没有卡准的话，很快就掉了，掉了表像掉了魂，真是掉了魂。……听他妈说，他到了家饭也不吃，疯了一样到终点站守着。天已经很冷了，寒风中，他等了一辆又一辆，有车过来他跳上去看，车都走光了，可怜就剩他，一辆辆车看，哪里还有呢？"

如今，叶永明已经正式退休，之前胶州路的手表厂老门市部也搬到了康平路上，老同事李荣妹依然在做着他之前每天做的工作，在这个不起眼的路边小店里，买表的既有年纪稍大的上海人，也有从外地专程来此买上海牌手表的年轻人。李荣妹说，由于香港一家报纸曾经报道过上海牌手表，一些香港的年轻人就专门来到上海，并通过网上搜索找到了手表厂门市部的地址，到这里来买上海牌手表。上海手表厂的老职工周开生从手表厂退休后，开了一家手表修理门市部，在修理手表的过程中也见证了许多人生故事。他回忆道，20世纪70年代时，一个七八岁的小男孩打碎了父亲放在大厨里的一块上海牌手表，这块手表是父亲花了三四年时间才买到的，父亲将摔碎的表放在大厨里不舍得扔掉。小男孩长大了，读了博士，留在上海，成为新上海人，还把父亲接到了上海，但是他的父亲经常在他

"屋里厢的三大件"之上海手表

周开生在为顾客维修手表

孙子面前讲,儿子小时候如何顽皮,把自己一只表摔坏了,然后把那块表拿给他的孙子看。儿子觉得面子上过不去,于是对父亲讲,我给你买一块欧米茄,但是他父亲不要,只要求把这块上海牌手表修好。他花了两个多小时,跑遍了全上海,最后找到周开生这里,终于把表修好了。他父亲打电话向周开生道谢:"手表厂周师傅,我谢谢你,你还了我的心愿,帮我修复了。"

就是在这一句句真心实意感谢他的话语中,周开生体会到了坚守这一块方寸之地的意义。周开生如今已年逾古稀,但他依然守着一个手表维修部,继续为有需要的人服务。因为他知道自己修复的不仅是一只只手表,更是许多人一个个美好而珍贵的回忆。

上海市民方之明在几十年里尽管换过几块手表,但那块全钢的上海牌手表却一直被珍藏着,而且就在不久前,这块老表又重新回到了方之明的手腕上。他谈道:"一直扔着,二十多年没有去睬过它,整理东西扔过来,扔过去,没有把它扔掉,上上发条,又走了,所以我觉得,这一走就觉得这个东西,国产货,经得起时间考验……我现在回过来想,什么叫上海精神?海纳百川出在什么地方?追求卓越在什么地方?实际上就是这些老一代的工人师傅,他们靠这种精神,奠定了现在中国上海的文化精神。"

叶永明还表达了他的一个心愿："我想，在我们上海，特别是我们轻工产品系统，最好建一个博物馆。如果有这样一个博物馆的话，我愿意把我现在收藏的手表全部捐给博物馆，这个是我的心愿。每次回忆，我都很高兴，所以要把这种故事言传下去，那么我想在博物馆里面，这些藏品就是很好的故事，它也是一种上海文化，所以这个是我的愿望。"

到2015年，上海手表已经走过了一个甲子，在60年的岁月中，在手表指针的滴答声里，记录着许多人的人生故事，也承载着人们对过去的怀念，老叶的心愿或许也是许许多多爱上海、爱上海手表的人们一个共同的心愿。

"屋里厢的三大件"之上海自行车

世界上第一批真正实用型的自行车出现在19世纪初。在上海音像资料馆里保存着一段1898年的珍贵资料,从那段影像中可以看到,那时的上海街头就已经出现了自行车,而国产自行车的普及则要到20世纪六七十年代了。与国产手表、缝纫机一样,自行车在那个年代由于产量实在有限,因此也是一件需要凭票购买的"奢侈品"。经历过那个时代的人们无不记得自己当年对自行车的渴望和如今的眷恋,一辆沪产自行车记录着一个年代的变迁。

从"熊球"到"永久"——国产"明星车"的诞生

出生于20世纪50年代的资深媒体人胡展奋至今仍在脑海里保留着对自行车的美好记忆。在他的印象里,自己读小学时,当时只有极少数的同学家里是有自行车的,那时候的自行车还不是国产的,都是进口的,比如"蓝翎牌"。"蓝翎牌"自行车的刹车很奇特,脚踏板往后一倒就刹车了,叫倒刹型。他有一个同学不无炫耀地告诉胡展奋,自己的自行车是"蓝翎牌"的。国产自行车的真正普及则要到20世纪六七十年代的时候了,到了70年代中后期,上海市场上的自行车逐渐多了起来,最常见的是"永久"和"凤凰"。

在大多数上海人的记忆中,"永久"和"凤凰"几乎就是自行车的代名词,但其实这并不是它们最初的名字。早在新中国建立前就进入自行车

昌和制作所

厂工作的张国辉老人回忆,永久自行车厂的前身是日商小岛和三郎在上海唐山路开设的昌和制作所,那是当时上海的第一家自行车生产厂。昌和制作所生产的自行车的商标是"铁锚牌",后来又改为"扳手牌"。1949年后的商标图案变为地球上有一只北极熊,一只熊,一个球,称为"熊球牌",因为"熊球"和"永久"在上海话里读音相近,后来便演变为"永久",这就是永久自行车的由来。在1958年由两百多家小厂合并而来的上海市第三自行车厂最初生产自行车的时候使用的也并不是"凤凰牌"的商标,年纪稍大的上海人一定还记得它早期曾经有过"阿司匹林车"的绰号。对于这个绰号的由来,原上海凤凰自行车股份有限公司总经理张雅明介绍说,上海市第三自行车厂原来生产的是"生产牌"和"新华牌"自行车,但是当时都是以手工生产为主,鉴于工艺、生产设备等方面的条件限制,产品质量并不能令人满意。所以当时消费者就会写信给工厂的领导,把"生产牌"和"新华牌"自行车比作是阿司匹林,意思是如果是感冒了,不用吃阿司匹林,骑着"生产牌"和"新华牌"的自行车就会累得一身的大汗,出了一身汗,病也就好了,药也不用吃了。

如今已经90多岁高龄的沈铁民老人,是在公私合营时期被上级派去凤凰厂主持筹建工作的。他就曾经亲历过"凤凰"商标得名的过程,他

"屋里厢的三大件"之上海自行车

回忆说:"当时没有凤凰这个名称的,就登报征求对自行车三厂商标的意见。全国各地有100多个商标寄过来,有上海牌、有生产牌,各种各样的牌子,其中就有凤凰牌。当时我们一致讨论下来以后,觉得凤凰牌漂亮,'凤凰'这个名称也比较吉祥,上上下下工人讨论,觉得这个牌子最好,那么就确定了这个牌子。"当时的永久和凤凰自行车厂生产的自行车质量上乘,广受老百姓欢迎,其中还有一些"明星"型号,至今还铭刻在人们的记忆里。永久PA13型自行车是20世纪七八十年代响当当的产品,当时还获得了全国自行车行业唯一的国家银质奖,即便现在提起"永久13型",也依然有很多人竖起大拇指。在永久自行车的展示厅里,有一辆PA13型自行车,它是一位山西的老人亲自赶到上海来捐赠给永久公司的。这辆自行车已经陪伴老人36年,整整三代人的工作与生活都离不开它,老人认为让它留在永久,是他的心愿当中最好的一个归宿地。永久股份有限公司(原上海自行车厂)副总经理陈海明记得,老人捐赠自行车后,厂里把它当成了宝贝,因为永久厂自己也没有保留这款富有历史意义的"明星车"。与永久13型有着相似地位的还有凤凰18型,也是那个年代自行车中的明星产品。原上海自行车(集团)公司职工王顺生回忆:"七十年代跟八十年代的车卖得最好的主要还是凤凰18型、永久17型、永久13型和凤凰10型,产量很少,属于精品中的精品,很难买到的。"

当时在上海作家协会工作的胡展奋就曾经有幸得到过一张凤凰18型的自行车票。1987年,作家协会组织采写一批成功改革者,胡展奋采访的正是当时上海第三自行车厂的厂长周金根,周厂长给了胡展奋一张自行车票。那辆金光闪闪、通体墨绿、还有一个金凤凰商标的凤凰18型自行车,让胡展奋既风光又骄傲,胡展奋为此兴奋了很久。可惜好景不长,他万万没有想到伴随着儿子的出生,因为一次路边停车不慎,他失去了这辆心爱的自行车。对于丢车的经过,他至今还记得很清楚,可见此事对他的印象之深:"我儿子是1988年夏天出生的……得了个儿子欢天喜地,我那一天骑着车到徐家汇的国际妇婴保健院,孩子包括我太太,还有他们用的东西很多,所以临时叫了一辆出租车,那辆宝贝自行车我得把它锁好了,停在医院对面的人行道上。虽然有点空旷,但是我是用链条把它和固定物锁在一起的,我很放心。把孩子、老婆带回家,然后再坐15路车到徐

胡展奋和他的自行车

家汇来把车骑回去,但是到那里一看,不是头皮发麻,是心在左右荡啊,心咚咚咚地,车没了。1988年时一辆18型的凤凰车在我们心目中什么地位?这是现在年轻人很难想象的,我当时觉得天都塌了,六神无主,到处去找。问这问那,看到人就问人家,大家都同情地看着我,表情都是一律的,先吃一惊,'凤凰18型,没了?'都这样。'我们不晓得。'我问那个门房,门房讲'凤凰18型,谁叫你停在外面?'我说'我铁链条锁着。''铁链条有什么用场,人家大力钳一下子剪断了,你就是等于送给小偷嘛'。我得到无数的同情,也得到无数的批评,失魂落魄地回去。"

其实在那个自行车生产力还远远不能满足人们迫切需求的年代里,无论什么品牌、什么型号,只要能拥有一辆属于自己的自行车就是那时人们最大的渴望。不过后来在老百姓的眼中,凤凰的新潮和永久的坚固似乎慢慢成为各自的风格,胡展奋的印象里,"凤凰给民间的感觉是比较花哨,花样比较多,活泼,永久给人感觉是和它的名字相匹配的,比较沉稳,比较牢固的感觉"。对于在自行车集团工作了一辈子的王顺生来说,永久和凤凰在面对全国消费者的时候,其"势力范围"也是有划分的。他认为,当时在全国,自行车行业里有这么一句话,叫"南凤北永",意思是南方人比较喜欢凤凰牌自行车,北方人更喜欢永久牌自行车。

万能的自行车

自行车作为当年中国人出行的主要交通工具,相比于同样是上世纪

"屋里厢的三大件"之上海自行车

51标定车

七八十年代"三大件"之一的手表和缝纫机来说似乎更加重要。胡展奋对此分析得很生动:"戴手表是一个人风光,骑车呢是一家风光,因为你想,你可以前面放个孩子,后面载太太,一家子上街的话,你有自行车,当时等于有宝马。特别是凤凰的PA18型,那是最漂亮的车,全部镀'克罗米',金光闪闪,等于骑了一辆宝马上街,那是一家风光。要说功能的话,戴手表是一个人的方便,有自行车是一家的方便。"

自行车是城市里人的"三大件"之一,而在广大农村,自行车又被称作"不吃草的小毛驴",一辆自行车似乎可以承载一个农村家庭所有的需求。农村用的自行车和城里用的车还不一样,尽管都是28英寸的,但是农村用的一般都是加重车,车后面的衣架也比较厚实,前面还有两根保险杠,因为它驮的东西比较多,走的山路也比较多,农村的路面也不够平整,所以车的前叉和龙头部位还有两根保险杠。这被称为加重车,也叫51标定车。中国自行车协会副理事长霍晓云从部队转业后进入永久厂,她还记得那时一辆自行车的强大运载能力:"原来在农村的话,自行车是一个比较主要的交通工具和运输工具,它可以带着一家老小。我记得那时候我每次到外婆家去过年,我姨、姨父他们有三个孩子,一辆车,旁边俩筐,两个孩子坐在筐里,我姨坐在他的后衣架上,然后再手里抱一个,他在前

王元昌（左）亲自带队给
杨小运（右）送自行车

面骑车。"因此，那时广大农村的农民对于自行车的需求是极为强烈的，一点也不亚于城市居民。1981年的秋天，湖北应城县农民杨小运超额出售公粮2万斤，当国家问他想要什么奖励的时候，杨小运回答："我想要一辆永久牌自行车。"当时担任上海自行车厂厂长的王元昌知道了这件事之后触动很大，王元昌向《人民日报》写了一封信，表示杨小运的要求由上海自行车厂来满足。结果《人民日报》当作了大事，头版头条刊登了王厂长的来信。上海自行车厂还专门组织了送车的队伍，由王元昌亲自带队，从上海到应城县给杨小运送自行车去。从杨小运的身上，永久厂也看到了广大农民对自行车的强烈需求。之后，上海自行车厂还在那里建立了"永久村"的试点，让许多农民兄弟都骑上了朝思暮想的永久车。虽然当时国家对商品实行统购统销政策，但是企业的超产部分可以自销，于是永久厂一下子向应城县以杨小运为代表的农民送出了3 000辆自行车，这在全国引起了很大的轰动。

不管是永久，还是凤凰，那个时候普通人只要能拥有一辆自行车就好像拥有了全世界，他可以骑着这辆车到自己想要去的地方，自行车成了他们最亲密的伙伴，对于这个得来不易的伙伴更是珍惜爱护有加。王顺生回忆，那时，一到休息的时候，他就会拿着纱布蘸一点缝纫机油，把自行

"屋里厢的三大件"之上海自行车

车钢丝全部一根一根抹干净。自行车放在外面觉得不放心,尽管家里面再小,每天下班回来以后也要把自行车扛上楼,第二天早上去上班的时候,再把这辆自行车扛到下面去。霍晓云对此也有类似的回忆,她说:"当时城市里的住房条件都比较差,你连放自行车的地方都没有,我记得我们厂里有一个人,她的一辆自行车是从下面吊上去的,拿根绳子从阳台上吊上来,然后呢就挂在阳台上,第二天就把它再放下去。"

尽管在上世纪七八十年代买一辆自行车要花去半年的工资,但精明的上海人还是会从经济角度来这样算一笔账。王顺生说:"那个时候,厂里面不是有六块钱车贴嘛,要是不买月票,一个月可以省下六块钱,一年是72块。两夫妻如果在厂里面做的不是144块嘛,我一年下来就可以把这台自行车的钱差不多省回来了,然后这辆自行车我再骑下去,以后就产生效益了。"说那时的自行车是万能的是因为自行车除了作为交通工具的最基本功能之外,在那个年代还跟年轻人的恋爱生活密不可分。在男女双方谈恋爱时,自行车可以作为爱情的"黏合剂"。胡展奋对此描述道:"男女关系中的一等关系,她是坐在前面的,横坐在前面,手搭着龙头,男朋友呢,面孔笑嘻嘻鲜格格,这样自行车踏回去,踏到弄堂里去,等于把女朋友向全市人民大展览。第二等关系是坐在后面,抱着你,这种坐态也表明关系不错。第三等呢就是坐在后面,横坐,但是手抓着自行车车架或者是抓住你衣服。自行车男女情感的晴雨表,很清楚地表明,你们到什么程度了。"等到了谈婚论嫁的阶段,自行车更是会为男方加分不少,男朋友可以用自行车送女朋友回家,车铃声"叮铃铃"一响,丈母娘就会知道是她女儿回来了,女婿还可以用自行车给丈人丈母娘家送东西、运家具,简直就是无所不能。

自行车在那一代上海人的眼中是必不可少的交通工具,也是承载岁月记忆的容器。到了自行车生产力能极大满足需求、自行车不再是稀罕物的年代之后,自行车也有了各种样式和功能的变化,也有了更多用途。随着人们生活水准的提升,自行车已经不再是简单的交通工具和传统的"三大件"之一,自行车已经从代步工具向着休闲锻炼工具的方向发展。郭纯享在多伦路上开了一家专门收藏各种老上海物件的古董店,原先在自来水公司工作的他因为受到师傅的影响,爱上了自行车骑行。早在1979年,他就在单位组织了一次青年职工上海到苏州的自行车骑行活动，一路上他们还拎着当时很时髦的二喇叭录音机，放着那时流行的《泉水叮咚响》《牡丹之歌》《驼铃》等歌曲，神气得很。后来到了1997年香港回归的时候，郭纯享又想到了一个既可以庆祝回归又能宣传环境保护的好方法，他们组织了一次上海到香港、宣传水资源保护为主题的长途骑行活动。在凑足了几十万元的活动经费之后，郭纯享组织的十余人的骑行队伍以上海的香港路为起点，开始了二十多天的骑行。尽管骑行的路线很长，每天差不多要骑行150公里左右，并且参与活动的也都是四十出头的中年人，但大家热情都很高。如今已经退休的胡士福回忆起那次自行车骑行仍然很激动，他说："我们都是靠自行车一路这样一公里一公里骑过来，那是不容易的，感觉从小到大从来没有这样骑这么长的路程，能够到了目的地，那是太不可思议了。"曾经很早就骑上公路赛车上下班的"潮人"、原上海自行车厂职工李保健说："包括我自己开的车也装顶架，要出去玩可以把它（自行车）装在上面，然后开车出去，4+2，今后的潮流，四个轮子加两个轮子……现在上海这个已经越来越多了，开出去玩什么的，很棒。"

从凭票供应到DIY组装

在自行车生产初期还没有采取凭票供应的时候，上海市民往往是靠猜测或一些小道消息到百货公司和五金交电公司的车行排长队买自行车。对于当时排队买车的盛况，原上海凤凰自行车股份有限公司总经理张雅明印象深刻。他记得当时车行和百货公司经常会在晚上8点钟之后，莫名其妙出现排队的长龙，一听说是买自行车的，路上的路人也会不问青红皂白，马上就排在后边了，排到半夜里的时候，人会越来越多。离早上九点钟开门营业的时间还剩下几个小时了，店门外已是人山人海，这时候希望排队可以买到自行车的顾客会自发地想出办法，用粉笔在排队者的衣服上面写记号、编号，一、二、三、四，两千多，三千多，自发地编号。后来用这一种原始的方法也不能够维持正常的营业秩序了，一开门，门给挤破了，柜台给挤碎了，顾客的人身安全都受到了威胁。后来为了解决这个问题，

"屋里厢的三大件"之上海自行车

自行车券

商业局开始采取凭票供应的办法,通过计划分配的方式来解决自行车购买的问题。

在那个"一车难求"的年代里,即使是生活在自行车主要产地的上海人也经常为了得到一辆自行车而费尽心力。在当时,不要说普通市民,就连自行车的职工想弄到一张自行车票也不是件容易的事情。在上世纪70年代就进入永久厂的姚佩华在油漆车间用自己的实干精神赢得了"三八红旗手"的称号,当时的杂志也曾经报道过她的事迹。她至今仍记得当年还用先进的"面子"要来了一张自行车票成全了她朋友哥哥的婚事。原上海自行车厂工会主席、上海市三八红旗手姚佩华回忆道:"我有一个同学,她哥要结婚,要娶嫂子,嫂子家里人说了,别的不要,就要一辆自行车,那自行车到哪里去找?找不到,要票子的。她就想到了我,我也没票子,我们都要排队的。我就跟工会张主席提出来,我说有这么回事,张主席很好的,就批了一张条子给我。当时我拿了这辆车(票)高兴死了,就拿到他们家里,他的妈妈说,你是我们家的大恩人,我们家可以娶媳妇了,真好,谢谢你。"因此在那时,供不应求的自行车是根本不需要做广告的,不过凤凰早在上世纪60年代的时候就做过一件很潮的事情,那就是凤凰给自己做广告,其实就相当于现在的"路演"。本来在那个计划经济年代,企业并没有太多广告意识,当新厂长倪一平上任后,他别出心裁地让团委组织了二三十位年轻的男女职工,让他们穿上当时漂亮的服装,上班的时候就骑着几十辆凤凰自行车到南京路、淮海路等商业闹市地区,穿街走

自行车三厂组织职工给凤凰自行车做广告

巷,一时成为了城市里面一道流动的风景线。上世纪80年代进入上海自行车厂当厂长的章和轼在一次自行车展销活动中,也自己骑着永久车在北京大街上当起了模特,为永久车做广告。其实他早在高中之前就已经是"永久"的粉丝了,并且在高二时就早早地拥有了自己的自行车,还一路骑到了大学:"高二就买了永久牌自行车,还是在永安公司橱窗里的样品,橱窗里面大概就四辆,我买了一辆。那时候很贵的,我记得是二百二十块,那辆是当年最新的产品,透明漆、涨闸的,克罗米镀得很好的。"

可是万能的自行车并不是轻易就可以得到的,尤其是在计划经济体制下的票证年代,如果没有一张自行车票,即使攒够了钱也还是无法购买自行车。当时便有一些心思活络又愿意自己动手的年轻人选择购买零件自己动手组装一部自行车,因此当时市面上有自行车零件店,车架、三脚架、前叉等自行车的主要框架零件都可以买到。1969年刚刚进厂还没有经济能力买一部自行车的陈鼎立就曾经和同事一起自己动手装自行车,为了装配这辆自行车,他花了三四个月的时间。这三四个月里,一下了班或者到休息天,他就到虬江路、淮海路或者南京路的旧货店去淘零件。涉及安全的关键部件,比如蟹钳、前脚会买正品,像翼子板、书包架、撑脚架这些非关键部件,就会选择去买旧货。这样一辆自行车装下来,可以比厂里面卖的大概便宜四五十块钱。

虽然自己组装自行车会花比较长的时间,却能够更快实现拥有自行车的愿望,而且可以按照个人需求来组装。因为是自己动手装配,所以很多零件都可以随意添加。那时的年轻人流行在自行车上装双铃,上海市民陈鼎立还记得那时按响双铃时的神气："我装过两个双铃，人家一般自行车都只有一只铃，那个时候我因为淘到便宜的铃，我就买了两只，声音特别响，当中用一根小的铁条把它连起来，一按，就等于四只铃一起响了。碰到小菜场里很挤的时候，我就两只铃一起按，人家就让我了，这也是一种自豪感。"胡展奋也对单铃和双铃的声音差别记忆犹新："自行车单铃，音量小一倍，腔调少一倍，因为单铃是趴在上面，叮呤叮呤响，双铃是人家放在平跑车上的，嚓唪唪唪唪，声音是这样的。单铃是叮呤叮呤，双铃是嚓唪唪，不能比的。"

自行车厂工人的荣耀

自行车如此紧俏，于是就有毕业于20世纪80年代的青年们把就业的目光牢牢盯住当时的自行车厂。上海凤凰自行车股份有限公司副总经理刘兵坦陈，他就是因为追求凤凰自行车而进上海自行车三厂的。当时凤凰自行车是轻工行业中的佼佼者，只有成绩最好的毕业生才有资格去生产凤凰自行车的自行车三厂。刘兵进厂的第二年碰巧赶上了凤凰自行车30周年大庆，于是他在1988年居然拿到了两张自行车票，可他自己却依然没有实现他的自行车梦。因为当时经济条件有限，家里的所有资源都要统一分配。他回忆说："（自行车票）直接上交，你不能说我要去买辆自行车就买辆自行车，那不可以的，家里都是有分工的。谁负责烧饭，谁负责织毛衣，舅母负责织毛衣，阿姨负责烧饭的。家里的东西都统一安排的，到过年的时候，老太太统一去买布，随后回来做衣服，我现在上班了，有了自行车票，那也要交出来，家里统一安排。"直到进厂第三年，刘兵终于如愿以偿地得到了他的第一辆自行车——凤凰70型。

虽然有人为了比普通人更容易拿到自行车票而进了自行车厂，却也有人因为自行车厂职工的身份而犯难。原上海自行车厂职工史国庆记得自己当时休息天都不敢在家里待着，就怕亲戚朋友来找他要自行车票，要到晚上天黑了才敢回家，吃了饭就睡觉，第二天一早6点钟就上班了，所以基本上在家的时间很短。不过史国庆还是承诺过杭州的一位战友，会把自己第一辆自行车让给他。史国庆回忆："排到我了以后，我马上写信给他，他激动得当天就坐了晚上的火车赶到上海。第二天买了车子以后，现在的运输条件很方便，找个物流就行了，当时没有的，他就骑着自行车骑到杭州，花了两天的时间，骑回去了以后很开心，他向当时的女朋友炫耀了，你看我的战友牛不牛？我的战友行不行？我把上海的永久车骑回来了。"因为进了自行车厂，也让史国庆在婚恋的道路上顺利美满。当时史国庆的女友家住"上只角"的黄浦区淮海路，他自己家住杨浦区，属于"下只角"。但是由于他有永久自行车厂的背景，属于比较吃香、比较加分的，女友也很看重这一点，所以在两人整个谈恋爱的过程当中还是比较顺利的。

走出国门的"凤凰"

上海生产的自行车不仅在国内供不应求，走出国门，同样也受到外国朋友的欢迎和追捧。原上海凤凰自行车股份有限公司总经理张雅明回忆，凤凰自行车是在1964年开始走出国门的。当时自行车厂的领导在考虑如何让凤凰自行车打进国外市场，国家也要求企业用工业产品出口创汇，上海市委、市政府也提出，上海的那些比较好的工业企业产品，质量要赶超国际名牌。

陈跃刚是学外语专业出身的，于是在自行车公司刚刚成立进出口部的时候，他就被分配到专门对国外销售的部门去工作了。在当时，自行车的主要出口市场在亚非国家，比如说印度尼西亚、孟加拉国，非洲的埃及、加纳和坦桑尼亚以及北美的墨西哥。中国自行车在非洲尤其受欢迎，黑人兄弟在结婚的时候会把他所有拥有自行车的朋友叫过来组成一个车队，如同婚车一样排队，车上会装两个铃、三个铃，甚至四个摩电灯，边按铃边叫……骑到新娘家或者新郎家，炫耀一下，再一起去教堂做仪式。出口自行车到非洲还有一个有趣的现象，就是款式几十年不变，当然这是为了符合当地市场的需求，并非自行车厂不思进取。陈跃刚还记得，非洲当地的朋友就认定一种型号的自行车，这也造成新产品很难在当地打开市场。他回忆说："1964年，周恩来总理第一次出访非洲的时候把凤凰牌自行车作

"屋里厢的三大件"之上海自行车

中国自行车在非洲尤其受欢迎

为国礼送给了他们的总统，那个时候起他们就认定了凤凰牌自行车。……而且黑人兄弟总是特别死板，你稍微有一点改动，他就说你是假冒的。所以五十年来，我们这个车型一直是这样的，不改，连颜色都不能改，就是一个黑、一个墨绿两种颜色……我们在中国是传统的二十二英寸的车架，他们要改成二十四英寸的车架，因为他们人高马大，所以我们就做这一个小小的改动。"

上海的自行车除了在亚洲和非洲热销之外，在欧洲一些国家也很受欢迎，尤其是一些当地的华人华侨对沪产自行车有一种特殊的眷恋。20世纪90年代初，陈跃刚去瑞典参加上海产品展览会，凤凰厂的自行车摊位前有一位华人请求撤展后陈跃刚无论如何要把自行车留下来，因为他看到这辆自行车就想起祖国。当听说这辆自行车已经被其他客户预定了时，表示无论这个自行车值多少钱，他都愿意把它买下来，最后陈跃刚征得领导的同意后，将自行车送给了这位华人。

作为"屋里厢的三大件"之一的自行车，上海牌自行车曾经是上海人结婚成家的必需品，同时也是那时的奢侈品。它承载的不只是年代记忆和岁月往事，它也从未离开过我们的生活，骑行之路仍然在继续，上海牌自行车也将成为人们记忆深处永不磨灭的印记。

"屋里厢的三大件"之上海缝纫机

20世纪七八十年代,缝纫机、自行车、手表、收音机被人们统称为"三转一响",成为当时年轻人结婚时都想购置的"大件"。那时,上海生产的蜜蜂牌、蝴蝶牌和飞人牌缝纫机几乎家喻户晓,供不应求。

缝纫机的入华之路

缝纫机最早由英美传入上海,后来上海的缝纫机制造业蒸蒸日上,上海成为中国的缝纫机生产基地,产品几乎占领了全国的市场。郭纯享出生在裁缝世家,爱好收藏,家里收藏有各式各样的缝纫机,他把它们当成宝贝。20世纪五六十年代郭纯享家中就有一台无敌牌缝纫机,这个品牌的缝纫机就是上海著名的"蝴蝶牌"缝纫机的前身。1919年,浙江余姚人沈玉山在上海开设"协昌铁车铺",做的产品大多是仿制美国胜家公司生产的缝纫机。当年,缝纫机市场由美国胜家公司垄断,中国人称它为"洋机""铁车",民族工商业者只是开设一些辅助性的经营维修商店。

在维修、仿制外国产品的基础上,协昌缝衣机器公司开始筹备制造"红狮牌"草帽缝纫机。到了1940年,协昌缝衣机器公司采用国内铸造机壳和部分自制零件组装家用缝衣机,产品使用"金狮"牌商标。1946年,协昌缝衣机产品商标由"金狮牌"更名为"无敌牌"。1966年,公私合营上海协昌缝纫机厂更改为国营上海东方红缝纫机厂,缝纫机产品使用商标也由"无敌牌"更名为"蝴蝶牌"。由于"无敌"和"蝴蝶"在沪语中音

"屋里厢的三大件"之上海缝纫机

无敌牌缝纫机

同字不同，对品牌的延续性妨碍不大。雷杰是蝴蝶缝纫机厂的工程师，对"蝴蝶"的历史了如指掌。他回忆说："它解放前是一个私营企业，是协昌缝纫机公司。解放后我们国家把很多缝纫机的小企业合并，上海主要有四个大的缝纫机厂，协昌缝纫机厂是最大的，专门生产蝴蝶牌家用缝纫机，到后来它也是我们国家家用缝纫机产量最大的一个工厂。"原上海第二缝纫机厂员工施念祖出生在一个缝纫机制造世家，他的祖父当年就和胜家公司合作，引进了中国的第一批缝纫机。施念祖回忆："父母也做缝纫机，我从小就对缝纫机有感情，一看到缝纫机就喜欢玩。"原上海第二缝纫机厂职工董敏良还记得自己是怎么喜欢上缝纫的："在读书的时候，家里有一台很老式的缝纫机，当时这个缝纫机叫胜家牌。那时候我就很感兴趣，怎么把一块布料能够缝制出一件衣服？或者一件衬衫，或者一条裤子？我就开始自己学缝纫，一开始是做内裤。那时候商店里面还有卖裁剪好的料，比如说要缝制一件西装，然后他帮你做好了一个料，裁剪好的放在那里，到布店里面去买了以后，自己缝制就可以了。"

30多年前，上海的一名普通工人月工资不过三四十元，一台缝纫机却要150元，但只要谁拿到一张缝纫机票，那他一定会毫不犹豫地买下来。薛晓念天生就喜欢缝缝补补的手工活儿，可是她家里却没有缝纫机。如今

上海故事：一座城市的温暖记忆

20世纪五六十年代缝纫机是一件奢侈品

已退休的她还记得自己小时候是如何心心念念想得到一台缝纫机："小学三年级的时候，百货商店好多缝纫机都放在店堂里做展示，那个时候买缝纫机要有缝纫机票。那个时候看到很眼红，希望自己家里最好有一台缝纫机，后来到商场里面看到缝纫机，就一个人拼命踩，它是空挡，不穿线的，不穿线自己可以乱踩的，很开心的。"后来，在薛晓念的软磨硬泡下，她的妈妈终于买回来一台缝纫机，这台缝纫机成了薛晓念的一件宝物，平时机头、机板都用布包着，每次用完，就用布轻轻擦干净，还经常给主要部件上油。薛晓念回忆起那时用缝纫机做布娃娃的情景："买了缝纫机以后就开始踩，那个时候用小手帕做布娃娃，做好布娃娃以后，再把自己做的小衣服给它穿起来，再给它弄一个小盒子，让它睡在里面，很好玩的。"

紧缺年代的必需品

黑色的机头、镀铬的滚轮、铸铁的脚踏板、棕色的实木台面，这是很多人对老式缝纫机的记忆。在那个物资紧缺的年代，人们过日子总是精打细算，能省就省，能自己做的就不买现成的，孩子的衣服、大人的衬衣短裤、家里的窗帘台布，平日的缝缝补补，无不需要一台缝纫机。如果手巧的话，连外衣、裙子、棉服，大衣，都可以自己做，不仅省钱，还可以穿得称心、时尚。因此，那时缝纫机对于普通百姓日常生活的重要性是如今早已习惯于购买成衣的人们所难以想象的。那些年，缝纫机是家庭主妇的好帮手，有了它，家里的缝缝补补便不用求人，便能"新三年，旧三年，缝缝补补又三年"了。退休职工陈丽华回忆，自己结婚的陪嫁里就有缝纫机，她从简单的平脚裤开始做起，慢慢学会缝制衬衫和外套，还利用做沙发多出来的合成革，按照自己喜欢的式样做了一只拎包。

那时候的家庭主妇常常到布店里买几尺藏蓝色的布，既可以做外套，又可以做裤子，因此一家上下的衣服差不多都是一个样子，只能根据尺寸大小来确定这件衣服是大人的还是孩子的。手巧的主妇还会利用缝纫机改衣服，退休职工薛晓念回忆："我淘到一块很好看的料子，格子的，就自己做了一条百褶裙。后来我一直很喜欢这条裙子，每次出席那种隆重的场合，我就会穿这条裙子，很好看的。后来自己胖了，穿不下了，但是我又舍不得把这条裙子扔掉。后来我女儿长大了，长到8岁左右，我就把我的那条裙子全部拆掉，拆掉了以后做成一件小上衣，做成一件小小的百褶裙。"

如今年逾八旬的戴乐怡老奶奶，年轻的时候在学校当老师，除了繁忙的教学工作，还要养育四个孩子，缝纫机同样成了她必不可少的帮手。她记得自己当年在淮海路陕西路附近上班，那里有金龙、金都等几家很有名的绸布商店。下班后，她就会去选购面料回来自己做棉袄，做罩衫，而且做的纽扣也跟裁缝师傅做的不相上下。每年快到过年的时候是她最忙碌的时候，也是孩子们最神气最幸福的时候。春节第一天，她的四个孩子都能穿上最时髦的衣服。她的女儿姚婕记得，小时候每逢过年，妈妈就会为每个孩子做棉袄罩衫，妈妈买的布料花样很漂亮。她还记得自己小时候很喜欢格子裙子，妈妈也会给她做，下面穿高筒皮鞋，上面穿格子裙子和绒线衫的她，看上去很洋气、很漂亮。

姚婕是家里最大的孩子，理所当然地成了妈妈的好帮手。在妈妈戴乐怡的言传身教下，姚婕小小年纪就开始学习怎样在有限的条件下把日

那个年代过日子都需要一台缝纫机

子过得更舒坦一些,就这样,还在上小学的姚婕每天放学后用缝纫机在旧布、碎布上练习怎样将针脚踏得密、齐、直。没过多久,她便掌握了使用缝纫机的技巧,随着缝纫技术的日益纯熟,姚婕浑身上下也焕然一新。姚婕回忆说:"我记得还有一件衣服,是有一点闪光的这种,以前流行过的,正反面两种颜色,我正面穿了一阵以后,就想把它翻个身,本来衣服上是一个大的一字领,朝后面的,也很时髦的,那么后来我就把它拆掉,翻一个身,做成一个双排纽列宁装,人家看了说,你倒又有了一件新衣服。"在缝纫机的帮助下,大改小,旧翻新,都可以很轻松地完成,作为家里的老大,姚婕除了把自己打扮得漂漂亮亮以外,还要帮弟弟、妹妹缝制衣衫。姚婕记得,有一次她弟弟从外面借回来一件咖啡色的夹克衫,跟她说,他也很想要一件这样的衣服。姚婕买回一块料子,拿一张纸覆在夹克衫上面剪裁好以后,用缝纫机踩,结果做出来的衣服与原样差不了多少。

那个年代,人们衣着的款式、色彩十分单调,而女孩子都希望能够拥有一件漂亮的衣服,当她看到别人穿的衣服色彩斑斓、式样别致就会眼热,这时,会用缝纫机的女孩子就特别吃香。退休职工林露霞回忆,年轻时单位里有几位女青年,很会做衣服,于是,她便自己去看花样,买布料，然后请那些手巧的姑娘帮自己做。那时候，有人看到别人穿的衣服面料好看，就会争相仿效，如此，"撞衫"的情况就不可避免。林露霞回忆："单位里很多人看到这块布头是好看的，今天这个人去买，明天那个人也去买，买到后来一股风，后来就变成校服、厂服似的，我们叫科室服。"

在上海，缝纫不光是家庭主妇垄断的活儿，很多男人也会坐在缝纫机前做着缝缝补补的活儿。随着缝纫机"哒、哒、哒"的声音，一块块布料就成了好看的衣服，一件旧衣服也应声翻新了。退休职工薛晓念回忆："我记得我高中的时候，裤子短了，我爸爸就给我接一段，是用缝纫机踩好的。那个时候裤子管这里接一段也照样穿出去，有时候灯芯绒裤子短了，接上一段后颜色不一样，也照样穿出去。"

缝纫机厂的黄金岁月

20世纪70年代是一个缝纫机风靡的时代，由于当时人们生活水平较低，市场上的成衣价格不便宜，式样也老套，于是，很多人家便自己买布缝制衣服，因此，缝纫机的需求量极大。

当时，上海、北京、天津、广州四个地方的缝纫机厂被称之为"四大家族"。但对于家用缝纫机而言，无论在国际上还是在国内，销量最多的还是"蝴蝶牌"。上海缝纫机二厂是生产"蝴蝶牌"缝纫机的专门厂家，在先后使用了"金狮""无敌"等商标后，"蝴蝶"正式成为该厂缝纫机的产品商标，后来成为名噪一时的缝纫机品牌。除此之外，还有上海缝纫机三厂"蜜蜂牌"和缝纫机一厂的"飞人牌"质量都很过硬。原上海第二缝纫机厂员工董敏良回忆："我记忆当中印象最深的还是我们过去用的蝴蝶牌缝纫机，俗称'黑包公'的那种黑色的缝纫机。它在这个行业的使用寿命是最长的，是一种跨时代的机种。"1974年正值"文革"后期，国内有些工厂还处于停产的状况，而上海缝纫机二厂的产值却达到了8 198万元，上交利润2 468万元。当时的上海缝纫机二厂是国家一级资质，一级企业，全盛时期职工人数达8 000多人，有自己的热处理车间和

缝纫机二厂生产车间

机修车间，还有很大的仓库。施念祖记得在缝纫机的全盛时期，整个缝纫机就要做五六个亿的产值了。施念祖还记得："我是1978年进厂的，当时我才二十四五岁，我进厂以后看到缝纫机的生产安排相当紧张，是三班倒的，早班、中班、晚班。那时候是计划经济，缝纫机全国都要，还要出口，那时候南美国家、非洲国家都需要的，所以整个一片景象火热得不得了。"

当时中国处于计划经济时期，工厂里每年的产量都要严格按照国家的配额生产计划完成目标产量，由于当时生产任务重，加班加点连轴转成了常态。原上海第二缝纫机厂员工庄晓光回忆："缝纫机供不应求的时候，作为装配车间是最忙的，那时，忙的时候，一天要做十几个小时，厂里叫'打老虎'，就是生产指标一定要完成。十几个小时做下来，累得手都抬不起，脚都不能走路，但还是没有怨言。"当时，工人不仅生产任务繁重，车间的环境也很差。原上海第二缝纫机厂工程师雷杰记得，他当时一天8小时一般要做机壳的底板1 500个，一个人要管4台机床，"机壳车间最典型的就是脏得很，一天下来洗完澡以后再出汗，你的衣服上还是黄色的，为什么？加工产生的铁粉已经渗到你的毛孔里面去了，出了汗以后这个汗水还是黄色的"。

"屋里厢的三大件"之上海缝纫机

凭票供应的紧缺商品

就算缝纫机厂的工人没日没夜地加班,产品在国内外还是严重供不应求,负责内销的百货商店和外销的外贸企业经常争夺货源。对于普通的老百姓来说,拥有一台缝纫机更是难上加难,甚至缝纫机厂内部职工也都很难买到自己生产的产品。原上海第二缝纫机厂职工董敏良介绍说:"你要去买一台缝纫机都不容易,因为那时候缝纫机都是由国家收购、分配、销售,企业是没有权力进行销售的。到了80年代,企业才有一定的自主营销权,如果厂里生产了100台缝纫机,可能有10%~15%的部分留下来自己销售,或者来置换其他的产品。"

在供不应求的情况下,家用缝纫机于1972年第四季度开始实行凭票供应,由上海百货公司印制"缝纫机购买券",在各系统、区县的企事业单位内部进行分配。很多单位都实行论资排辈的方式来解决缝纫机票供应不足的问题,或者谁快结婚了,谁是当年班组的先进,就优先发给谁。很多人为了拿到一张票,需要在单位排号。缝纫机厂的职工雷杰回忆说:"缝纫机票每80个人才能分到一张,所以大家都排队,我们车间有近200人,才能分到两张票,今年不行就排到明年,按次序排。"那个时候,每逢传来诸如"发放缝纫机券"这类好消息,每个人心里都会激动一番。有的时候,论资排辈也不能解决实际问题,为了公平和避免矛盾起见,很多单位就组织各部门和职工抓阄。退休职工林露霞记得:"那个时候单位里如果说有缝纫机票,都要摸彩,你摸到一号、二号、三号,那么下次单位里发放票证,就根据这个号码去拿。"原上海第二缝纫机厂员工庄晓光则回忆道:"当时厂里就分配了,你们这个车间有一张或者两张,车间主任说,一张、两张我怎么分配呢?都有需求,那么为了要摆平,我记得当时我们车间下面几个组像摸彩一样的,谁抓到就是谁的。"

由于缝纫机十分抢手,因此,即使有质量瑕疵但是又不影响使用的所谓"利用品缝纫机"也同样是香饽饽。本厂职工如果有迫切需要的,可以内部供应,由此可见那时候缝纫机的紧俏程度。在当时,手里有钱比不上

上海故事：一座城市的温暖记忆

缝纫机购买券

手里有票，有了票，才有资格去买紧俏商品。能在结婚的当口顺利搞到缝纫机票的人自然是幸运儿，而幸运儿们买到缝纫机时的兴奋劲儿，至今仍让他们难以忘怀。退休职工顾文君回忆当时买回缝纫机的情景："那时候是140块一台，拿到票子后，我跟先生两个人就骑着黄鱼车，把缝纫机骑回来了，这一辈子也不会忘记的，很激动的。因为是自己置的家当，这是很喜悦、很开心的一件事情，所以这辈子，我一直不会忘记这件事情。"那时候一个普通职工的月工资只有40多元，也就是不吃不喝要攒下四个月的工资才能买一台缝纫机，称其为奢侈品似乎也不为过。买回缝纫机后，施念祖和他的太太赵彩银都爱不释手。他们依然记得，当年，就连结婚的礼服也是自己亲手缝制的。然而更多的人没有这样的幸运，他们只能在等待中煎熬，那时候缝纫机的好牌子蜜蜂、蝴蝶、飞人等，票都非常难得，等似乎是永远等不到的。一些人只好绞尽脑汁另辟蹊径，那就是到中百一店、永安公司等地方找黄牛去买黑市票。无法统计当时有多少人通过这些途径获得了心爱的缝纫机。总之，新婚夫妇和双方的家人都在利用一切关系、不惜代价去凑缝纫机票，以及和缝纫机配套的"三转一响"票，每得到一张票全家都会兴奋上一段时间，但当全部的票都凑齐了，大家却有种"虚脱"的感觉。还有人为了买一台缝纫机不惜奔走千里，原上海第二缝纫机厂员工庄晓光还记得当时自己的农村亲戚来找自己买缝纫机的事："我记得当时乡下有一个亲戚，他需要一台缝纫机，因为那个时候结婚，对于女方来说，缝纫机是必需的东西，他们那里又搞不到，怎么办呢？就打电话给我，希望能弄到一张票子。我那个时候也很为难，后来我找了厂长给我弄了一张，给他解决了买缝纫机的事情。他们也非常高兴，好几个人专门从乡下到上海来，买好以后，再到十六铺托运回去。"

随着时间的推移，人们的生活发生了翻天覆地的变化，特别是进入90年代后，成衣市场风生水起，衣服既好看又便宜，很少再有人在家里缝制衣服，由此，上海的家用缝纫机厂开始走下坡路。到了21世纪初，国内销路变得越来越窄，曾经红火的缝纫机工厂也逐步淡出了历史舞台。然而，在沉寂了十多年后，经过资产重组、更新技术，上海的缝纫机厂又纷纷得以重生，各种全自动、便携式的缝纫机层出不穷，包含了几十种花型线迹功能的现代电动缝纫机重新占领市场。它的钉扣、锁眼、绣花、织补、暗缝、抽褶、卷边、拷边甚至隐形拉链缝纫功能，令当年的主妇们叹为观止。随着时代和社会的发展和变化，上海蝴蝶牌缝纫机迎来了它的又一个春天，蝴蝶牌缝纫机厂还开了一家缝纫机商店，专门开设了制衣缝纫辅导课，传授缝纫技艺。每个星期四、星期五的下午，商店里总是挤满了人，有的来买布料，有的来学习和切磋缝纫技艺。2013年，浦东新区还举办了"蝴蝶杯"拼布缝纫创意大赛，擂台上，选手来自全中国乃至世界各地，白领、学生、家庭主妇，选手们忙得不亦乐乎，装上线轱辘、转动圆盘、脚踩踏板……买布裁衣的中国式家庭生活，依然是人们心中不可磨灭的痕迹与情怀。

生活的车轮永远向前，多少曾经流行的宝贝已然成了老古董，不再时尚新潮了，可是老式缝纫机"哒哒哒"的声音仍然留在了不少人的心底。如今，这些老式缝纫机不再全是做针线活的工具，而是一个时代的标志，是几代人的共同记忆。

海鸥相机的故事

20世纪50年代末到80年代，海鸥相机曾经是中国制造打造出来的"国货精品"，在众多摄影爱好者心中留下过许多难忘的回忆。在许多人的印象中，"海鸥"两字总能跟他们的美好生活记忆紧密相连：无论是与恋人牵手携行的幸福时刻，还是阖家欢聚一堂的开怀瞬间，都被那些珍藏的一张张照片忠实记录。"咔嚓"一声，凝固的不仅仅是画面，还有一个时代的印记。

仿制莱卡：中国相机工业的起步

1958年1月，在上海照相机厂成立前，在南京东路四川路口惠罗公司六楼的一个小阁楼里，一群当时相机店的学徒和中央商场修钟表的手工业者聚集在一起，参照着德国莱卡相机敲敲打打，最后成功试制出中国第一台58-I型平视取景相机。当时相机的金属部分由技术人员仿莱卡制造，镜头由长春光学机械研究所设计，镜头加工委托给了上海吴良材眼镜厂。

1958年3月，上海照相机厂正式成立。全年共试制成58-I、58-II小型照相机、58-III型120折叠式照相机、58-IV型120双镜头反光照相机，这四款相机形成了后来海鸥大部分产品的雏形。58-II型相机是58-I型的改良版，都是仿照德国莱卡设计制造，它们是海鸥照相机的前身，也标志着中国照相机工业的发端。对于当年试制58-I的背景以及58-II所做改进，上海照相机总厂原副厂长周文亮非常熟悉，当时中国的相机制造正处在

海鸥58-I型和58-II型相机

起步阶段,由于设计等方面的问题,生产的照相机还是存在许多缺陷。他回忆说,当时正处于第一个五年计划时期,全国有五个省市都在研发照相机,但只有上海真正实现了批量生产。58-I型照相机研制出来后,很快发现在取景和对焦上都存在问题,于是厂家进行了改良,生产出了58-II型照相机,并实现了批量生产。

即便是经过改进后大量投入生产,58-II相机在设计上还是存在"硬伤",问题主要在于这款相机装胶卷十分不方便。周文亮回忆:"58-I型照相机装胶片是从底部进去,和我们现在的后背开不一样,它从底盖下面开,然后装胶卷的时候把里面的芯拿出来,装完之后再塞到里面去卷。这样的话,装胶片就比较困难,有时候不一定能装好胶片,不是非常熟悉的人,胶片会装坏掉。"

海鸥相机的辉煌

说起海鸥相机,上点年纪的人马上会想到那个双镜头反光、从上往下俯看取景的"方砖头"。从20世纪50年代末到80年代,海鸥曾经是中国

1958年上海照相机厂装配车间

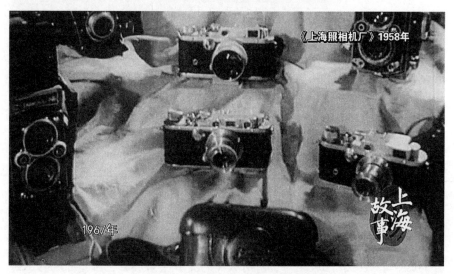

上海照相机厂成立之初试制成功的相机

制造打造出来的"国货精品",在众多摄影爱好者心中留下过许多难忘的回忆。

1958年3月,上海照相机厂在延安西路宣告成立,不久就生产出58-I型和II型旁轴取景照相机。1967年,海鸥又在上海牌4型照相机的基础上,研制出升级版的海鸥4A型双镜头反光照相机,同年又推出了卷片机构更为简单的海鸥4B型相机，开启了中国照相机制造的辉煌与普及时代，海鸥从此成为几代人心中响当当的品牌。海鸥4A、4B、4C三种双镜头反光相机，俗称方镜相机，外形十分类似，外行难以区分。4A、4B的区别在于前者的定位是专业机，4A的过卷和上弦是同步进行的，自动计数；4B则是手动计数，先过卷，后上弦，一旦忘记过卷，重复上弦，就会造成重复曝光。其次，4A和4B都使用120胶卷，区别在于4B有6×6和6×4.5两种篇幅。拍6×4.5的照片，需要用相机附带的一个金属框架来调节。使用6×6篇幅时，一卷胶卷可以拍12张，使用6×4.5篇幅时，一卷胶卷可以拍16张。4C型则考虑到有些人要拍135的照片，有些人要拍120的照片，所以里面有一套装置，使得一台相机既可以拍135胶片，又可以用120胶片。

海鸥方镜照相机的前身是上海牌4型照相机。1964年，4型照相机第一批出口成交300台，一举改写了中国相机一百多年来零出口的历史。正是因为出口的需要，上海牌才被改为海鸥牌。对于这段历史，海鸥厂原副厂长周文亮可谓如数家珍。他介绍说，上海牌4型照相机在广州出口成交以后，因为随后国家提出不准以地名命名照相机，因此由上海轻工进出口公司注册了一个海鸥牌。所以，海鸥牌最早不是上海照相机厂的，而是由上海轻工进出口公司注册，专门用于出口的。一直到了70年代以后，"海鸥"品牌才被转给了上海照相机厂。

海鸥4型照相机之所以能出口是与它过硬的质量是分不开的。在当时看来，它的镜头和成像质量不会输给世界上任何一款名牌相机。"你不要以为日本的照相机都是日本做的，"周文亮回忆："日本有一个叫泰克萨的牌子，所有的方镜相机也都是海鸥做的。当时英国专门的摄影杂志的评论上，看到中国方镜相机拍出来的效果，觉得很惊叹。"

对方镜照相机最为熟悉的，还是海鸥厂的老装配工师傅，他们对海鸥相机有着割舍不掉的感情。老装配工邱建铭，至今还保留着当年被聘为车间副主任时的聘任书。1968年12月8日，刚刚大学毕业的邱建铭被分配到上海照相机厂装配车间，靠着自己专业所学，结合双镜头相机的特点，他竟然用4B相机拍出了"分身照"，也就是让一张照片上出现多个自己。

海鸥方镜相机由于价格相对便宜，一度成为摄影初学者的入门机，所以当年很多爱好摄影的人都选择用这个牌子的相机。DF取自"单反"两字的拼音首字母，是单镜头反光相机的简称。海鸥DF系列的前身是上海牌7型照相机。《新民晚报》资深摄影记者应富棠在20世纪50年代就开始接触进口相机，即便如此，他对海鸥相机依然有着很深的感情。1964年，应富棠在原来的中苏友好大厦看到过上海照相机厂DF的试制品，当时称为上海牌7型，是后来海鸥所有DF相机的"老大"。当时的DF相机主要还是以单位使用居多，应富棠所在的单位就曾采购了一批海鸥DF相机，以供摄影记者使用，当时手拿海鸥DF相机拍摄外事任务的他经常会听到外宾对海鸥相机的赞叹。他回忆说："他们看到我的相机，问我这是哪个国家生产的？是不是日本的或是美国的？我说不，这是中国的上海的，（外宾说）Very good! Very good!"

为了研制单反相机，海鸥照相机曾对美能达SR-7单反相机进行过一次完整的拆解剖析，获得了9 700多个数据。根据这些数据，海鸥厂研发出了海鸥DF照相机。1978年，海鸥DF-1完成研制并投产，成为我国第一部大量投产的DF型单反照相机。DF相机采用的是135底片，在彩扩机出现之前，很多人更愿意用底片较大的120相机。20世纪80年代中期，彩扩机的出现使135相机开始占据市场主导地位，海鸥DF相机也迎来了自己的辉煌年代。那时拥有一台海鸥DF照相机，曾一度成为"摄影人"身份的标志。海鸥厂原副厂长周文良回忆："等到1985年彩扩机出来以后，135的底片都可以把它放成五寸照片，所以135的照相机取代了120相机。大家都需要DF照相机，海鸥DF照相机非常著名，那时候一般人的工资才三十几块钱，一台照相机要468块钱，不可能消费得起，所以普通老百姓不可能买。"

20世纪70年代后，135单反相机慢慢多了起来，当时全国提倡"社会主义大协作"，海鸥的图纸曾先后送到了哈尔滨、广州、四川等地，于是先后有了孔雀、珠江、熊猫等牌子的单反相机。周文良回忆："在那个全国一盘棋的年代，如果丹东要做照相机是不需要自己研发的，他们只要向机械工业部报告，然后机械部请他们到这里来，由我们这里提供全套的图纸给他们，没有知识产权的问题，图纸拿去就好了。又比如说，常州照相机厂、天津照相机厂，他们制造的照相机里面的快门有问题，那么快门他们自己不用生产,就到海鸥厂来,由我们这边来做,上海做完了提供给他们。"

20世纪80年代是海鸥相机最辉煌的时期,80年代初,上海照相机厂的年产量已达到1万多台,但面对全国巨大的需求量,完全是杯水车薪、供不应求。周文亮记得,当时他接待过一个江西的商业局局长,为了购买海鸥相机,专门派了一个人来上海住了一个月才领到了海鸥相机的票子,买了20台回去。

进入90年代,海鸥错失了研制数码相机的发展机遇,受进口照相机的夹击,走下坡路已是不可避免。1999年3月26日,海鸥公司在上海大剧院召开海鸥DF-1相机停产下线的新闻发布会,DF-1型相机退出历史舞台,海鸥也开始走上了衰落的道路。海鸥DF-1的停产下线让许多摄影爱好者唏嘘不已,他们对海鸥有着太多的记忆和难以割舍的情结。新闻发布会几天后,大量库存的海鸥DF-1相机就被销售一空,原来是许多子女为了圆年迈父母的梦,来购买海鸥相机送给自己父母的。值得欣慰的是,海鸥的一条生产线在摄影家陈海汶的努力下才得以保留。

在高楼大厦环抱的重庆南路308号,老式机床转动和手工装配时发出的声音,穿越历史,在上海这座现代化城市中回响。十多位头发花白

装配海鸥4A-109型相机

的老师傅穿着工作服、戴着老花镜，在工作台前熟练地敲打，由407种零件、89道工序组装而成的海鸥4A-109型相机，每一道工序都要求纯手工制作。眼前的这条生产线，是老海鸥厂遗留下来的最后一条流水线，这条生产线的收藏者便是摄影家、老相机制造博物馆馆长陈海汶。2010年10月7日，重新生产的海鸥4A方镜照相机作为纪念款，首次与社会见面。16个工人师傅一天只能装配一台相机，陈海汶以低于成本的3 000多元的价格卖出。他们不为赚钱，只为自己心中埋藏已久的海鸥情结。这些老相机受到了摄影爱好者和相机收藏爱好者的追捧。他也感到十分自豪："我是拿拍照挣来的稿费撑在那里的，但是我还是蛮有成就感的，一个摄影人能做到这个份上，我能做这样的一点事情，完全靠自己的力量，我还是蛮欣赏自己的。"2012年6月9日，陈海汶又将生产线搬进了老相机制造博物馆。

摄影走入寻常百姓家

新中国成立以前，照相机仅掌握在少数"贵族"手中，除了报馆的摄影记者、家有余财的"公子哥儿"，在社会上拥有照相机的人实在是凤毛麟角。50年代，人民生活大多还不太富裕，一般老百姓做梦也不可能接触照相，因为照相机的价格对于他们来说实在是太高了，只有家境略好一点的人家偶尔能拍一次照片。摄影爱好者姜鑫元说："那个时候，能够照相的人很少。一般就是满月到照相馆去照一张，平时根本就不照相的，对于照相的概念很少。"

姜鑫元小时候在崇明长大，由于他的舅舅开照相馆，他才能掌握一些摄影的基本技能。姜鑫元12岁到上海读书，由于他跟隔壁的军属老妈妈比较熟悉，军属老妈妈才偶尔把家里的上海牌202相机借给他用一下。他至今仍记得在家里偷偷拍照的情形，当时不允许穿西装，人们大都是穿清一色的中山装或青年装，因此他对父母的一些老的行头感到很新奇，就悄悄把它翻出来，和小伙伴们互相拍照。1970年，刚刚参军的姜鑫元由于会拍照而得到部队领导的赏识，并为他配了一台海鸥4A方镜照相机，这样

海鸥相机的故事

作为部队摄影记者的姜鑫元用的是海鸥4A相机

他便成为部队的摄影记者。当时，海鸥4A照相机是属于国产的比较高级的照相机，报社记者才有配备。拥有这台相机让姜鑫元十分兴奋，他反复练习摄影技术，在部队里主要负责拍摄军事演习、军人运动会，有时，也会给来部队探亲的家属拍照。

　　20世纪五六十年代，相机一般只供给特殊部门使用，国家把照相机定位为"奢侈品"，把它列入"限制集团购买"的名录，一般企事业单位如果要购买照相机需要层层审批后才可以用公款购买，这种情况一直持续到20世纪70年代末。1978年，姜鑫元当了八年兵后复员回家，他拿着300元的复员费，在自己喜欢的齐白石字画、红木家具和相机中选择了海鸥照相机。因为有了海鸥4A照相机，个子矮小的他才被妻子相中而结缘。1980年，姜鑫元开始谈恋爱，当时他觉得自己能够"炫耀"的就是这台海鸥4A相机，因此约会时总是把相机带在身上，并常为女友和女友的外甥拍照片。女友张茵对男友能拥有相机颇感意外，又见他照片拍摄得不错，对他产生了好感。今天她还觉得，两人的婚姻还有海鸥相机的一份功劳。1978年，海鸥DF-1相机面市后，已经成为摄影发烧友的姜鑫元也花了480元钱买了一台，这是他的第二台相机。他和爱人旅行结婚时，就用这台135的DF-1相机拍了十几个胶卷、数百张照片，并为妻子做了两本

209

陈海汶用自己的海鸥4B相机拍下的第一张照片

影集。姜鑫元觉得,在当时进口相机十分昂贵的情况下,国产的海鸥相机圆了一大批普通工薪阶层的摄影梦。

  作为摄影家的陈海汶与海鸥厂同年诞生,但真正拥有海鸥相机是在25年后。从那以后陈海汶与海鸥相机结下了不解之缘,对于好不容易拥有的第一台海鸥相机,陈海汶回忆:"我记得我是在1983年买的海鸥4B相机。工作了几年以后,一直都省吃俭用,工资从学徒的十七块八毛四开始,三十二块、三十六块逐渐增加,然后一点点攒,也攒了60块钱。当时又向哥哥借了60块钱,加我存的60块钱,我当时记得很清楚,相机要120块钱,还要凭票,关系反正走了一堆。"即便已经到了20世纪80年代初,当时人们的收入水平依然很低,胶卷价格相对比较昂贵,刚刚拿到新相机的陈海汶也只能计算着拍,而且海鸥4B是120相机,一次只能拍12张照片,每一张照片都要完全想好了才敢按下快门。陈海汶记得用自己的海鸥4B相机拍下的第一张照片的情形。那次他骑着自行车,来到中学学农时的上海浦东三林塘,给村头的老槐树拍了一张照就回来了。后来他又给单位里一位老会计拍了一张肖像照。那一卷胶卷,他拍了几个月。

那时候拍照,没有现在人照相这么多讲究,也不流行摆姿势,大多数是穿着现在看来很好笑很傻的衣服,正正经经地站在那里。在这些照片里,最多的就是全家福。全家福一般就是老人们坐在中间,父辈人站在后面,孩子们站在前面,最小最得宠的孩子坐在老人怀里,现在看来,这些照片每一张都是那样的珍贵。1958年,当时正在读初中的上海市民葛美荣从美术老师那里接触到了德国莱卡相机,从此与相机结下了不解之缘。那时候的进口相机没有新的,都是二手货,价格也十分昂贵。58-II型相机由于仿莱卡而且又是全新的,葛美荣一看到它之后可谓"一见钟情"。当时家境富裕的他跟父亲定下了一个约定,如果他能考上高中,父亲就送给他一台上海牌58-II型相机。1961年葛美荣考上了高中,父亲兑现承诺,奖励了他一台当时价格高达280多元的海鸥牌58-II型相机。拿到相机后的葛美荣一下子成了学校的"风云人物",在同学中间也牛气起来,有许多同学围着他,又是要看相机,又是想让他替自己拍照,因为当时整个学校就两台相机:一台是美术老师的旧莱卡,一台就是葛美荣的58-II。

在那些与58-II朝夕相处的日子里,葛美荣有在同学们面前炫耀的自豪,也遭遇过相机抛锚的尴尬。现在回想起来,葛美荣对海鸥相机可谓"又爱又恨"。他回忆那几次的感受:"国庆节和四五个女同学跑到外滩去拍照片,没按几下快门,之后就抛锚了。好几个女同学,人家新衣服穿好,步行到外滩,上海人讲像真的一样,就拍了没几张,对不起,我的相机抛锚了,人家扫兴啊。那个时候自己感到真是丢脸了,对不起,对不起,不是我的问题,照相机出毛病了,出了好几次毛病。那个时候,对海鸥真是又爱又恨。"

在海鸥经典产品系列中,除了仿制莱卡的58-I、58-II和4型系列双反相机、DF系列单反相机,海鸥还生产过58-III型以及后来的201、202、203等一系列折叠式照相机。摄影爱好者李预端最开始接触的就是海鸥

203相机。1975年，17岁的他借着回老家跟亲戚们拍合影的机会，让父母给他买了一台海鸥203相机。与海鸥4型照相机相比，除了价格便宜以外，海鸥203也有它自己的特点——不拍时可以折叠，体积小方便携带。

李预端和妻子印晓蓉也是因为海鸥相机而走到了一起，妻子一直十分支持他的摄影工作。结婚后没多久，为了给李预端买海鸥DF300，特别喜欢钢琴的印晓蓉拿出了自己准备买钢琴的钱，和很多摄影发烧友一样，李预端把相机看成自己的恋人："我曾经我跟我爱人说，照相机是我的恋人，除了爱人以外，下来就是我这个恋人，这是一个。第二个我觉得海鸥照相机在我们风华正茂的时代，充实了我们的生活。"

岁月情怀：收藏老相机

58-I、58-II型相机由于是仿制德国的莱卡相机，至今都是世界莱卡俱乐部中深受藏家追捧的藏品，尤其是58-I型因为数量稀少，近年来市场上甚至出现了仿制的上海58-I型，可见58-I型在收藏市场上的地位。

老相机收藏家朱宗迅第一台收藏的就是58-I型。他介绍说，58-I型是收藏者们比较看重的一台中国经典的仿德国莱卡3B的相机，市场上面已经有用苏联的费特、卓尔基仿制58-I型的相机，粗看一般人有时候看不出来，但内行一看就知道是仿制品。朱宗迅说自己都想买一台仿制品进行收藏，同时作为中国人他又深感自豪，因为中国产品已经有仿制品出来了，说明中国相机的收藏地位在不断地提高。出生在相机收藏世家的朱宗迅受到父亲和美国收藏家丹尼斯的影响开始收藏老相机。20世纪90年代初，丹尼斯来到中国，写下了世界上第一本关于中国相机收藏的专著，对中国相机收藏起到了积极的推动作用。他回忆丹尼斯来上海时的情景："丹尼斯到上海来，专程到我家里，看到我父亲的中国相机，他非常感兴趣。他感觉中国有众多的专业生产相机的厂家，有众多的品牌，对收藏者们来说有广泛的选择余地，后来等到我收到很多国产相机精品，我就深深地感觉到，我处在上海有地利人和的优势，就应该收海鸥相机。"

说起自己收藏的相机，有五台藏品是朱宗迅一直引以为傲的。除了

58-I和当年送到北京展览的58-II试制品，接下来就是58-III、58-IV以及1964年的DF相机试制品。他认为，这五台相机是上海海鸥照相机厂最早、最典型的五种相机，能将它们聚在一起，是很不容易的。58-III是海鸥120折叠式相机的前身，很多不懂行的人往往把它和海鸥203型相混淆，朱宗迅介绍说，58-III型一共只生产了六七十台，是早期试产产品，1968年生产，市面上现存的58-III非常稀少，就是有钱也不一定能买到，而且这两台相机的价格差距已经高达50倍以上。

对于当年收藏和辨别58-III的经历，朱宗迅还有一个在收藏界称之为"捡漏"的小故事。有一次朱宗迅在地摊上看到了58-III型相机，他以3台500元的价格买了回来，这些相机当时厂家从未正式出售，做工也比较差，很多机械要求并未达到，是从仓库里流落出来的。

那个年代，由于制造材料的影响，海鸥DF相机的机身跟世界一流相机还是有差距的，但DF相机的镜头绝对是可以和当时世界上任何一款名牌相机相媲美的。说到做相机的材料和镜头，有两款相机不得不提，那就是红旗和东风。1969年，中央电影工作会议下达研制高级相机的指示，由上海照相机厂和上海照相机二厂分别承担研发东风和红旗照相机的任务。由上海照相机厂研发的东风相机是仿制当时世界上最好的哈苏500c，为

朱宗迅收藏的五台最典型的海鸥相机

了研制的镜头玻璃能达到哈苏相机镜头的水准，国家发动了很多地方搞会战，最后用小的坩埚，一锅一锅熬，熬出来的玻璃达到了一个非常高的水准，后来这种玻璃也被海鸥用于制造的其他相机，包括用于卫星上的镜头。

东风相机主要生产阶段为1970年到1973年，合计生产97台。由于产量稀少，加之研制费、设备费等成本极高，使得东风相机具有划时代的意义，它已成为世界级收藏家们的"宠儿"。红旗相机则是在建国20周年（1969年）那一年研制成功的，所以那一款相机叫红旗20。它仿的是莱卡的M3，镜头可以更换，广角、标准、中焦，不同的镜头安装上去，取景框都会发生变化，这在当时是很先进的技术。当时一套红旗20相机的售价为6 000多元，消费对象仅限于新华社等少数新闻单位，由于制作成本太高，这种相机在1977年就停产了。据资料统计，在红旗20相机生产的七年中，一共只生产了200台。正是由于这个原因，现在红旗20相机也成为收藏家们千方百计购藏的机种。朱宗迅介绍两款相机的收藏行情说："东风如果是完整三个镜头，还有太阳罩、滤色镜以及一个盒子都留着的话，可能要超过100万元。红旗如果是标配加两个镜头，有一个箱子，还有滤色镜的话，也要五六十万元以上。"

作为几代人心中的国货品牌，海鸥相机不但记录了平民百姓生活的点点滴滴，也见证了我国首枚原子弹爆炸、陪同我国第一位女登山队员潘多攀登珠峰、远渡重洋参与南极科学考察等等，留下了一个个经典的历史瞬间，而那一款款海鸥经典相机也留在了几代人的记忆深处。

记忆里的体育场馆

说起上海的体育场馆，人们就会想到江湾体育场、虹口足球场、卢湾体育馆、上海体育馆、八万人体育场等。始建于1933年的江湾体育场曾经是远东地区规模最大的综合性体育场。1983年，第五届全运会就在江湾体育场举办，这是全运会首次在首都北京以外的体育场举行。虹口足球场是中国第一个专业的足球场，也是上海申花队的主场。卢湾体育馆见证了新中国体育的多项辉煌。1956年，国家举重运动员陈镜开在上海卢湾体育馆创造了一项新的举重世界纪录。上海体育场馆的变迁是上海体育事业不平凡的拼搏历程的见证，发生在体育场馆里的点点滴滴映射出中国体育运动的荣耀和辉煌，一代代体育人对于上海的体育场馆有着深刻的记忆，对于发生在其中的故事也是津津乐道。

那些"资深"的体育场馆

今天上海的不少体育场馆都始建于20世纪的上半叶，有着悠久的历史，很多场馆都见证了历史的风云，也承载了上海人的悠远回忆。

1935年建成的江湾体育场，当时称上海市体育场，由田径场、体育馆及游泳池组成，当时是远东地区规模最大、设备最完善的体育场。对于建造江湾体育场的背景，上海五星体育高级编辑袁念琪介绍："30年代的时候，上海租界和华界是并存的，有公共租界和法租界，把现在的上海市区等于从当中一刀两断分开了，北面是闸北，南面是南市，上海和华界被它

上海市体育场正门

一分为二,这个城市就不像样子了。"

为了打破上海公共租界与上海法租界垄断城市中心的局面,1929年7月,南京国民政府通过了为建造新上海市而制定的"大上海计划"。这个计划以江湾为市中心区,修建道路、建造市政府大楼和其他公共设施,其中江湾体育场就是这个计划中的项目之一。

江湾体育场建成后,承办了国民政府的第六、第七届全运会,因为它的看台大,号称可以坐4万个人,还有2万张站票,是远东第一大体育场。1949年6月,上海市人民政府接管了江湾体育场,1951年10月,开始修复运动场和看台等设施,于1954年8月竣工。当时上海的第一任市长陈毅亲自题壁的"上海市江湾体育场"一直到今天还在西大门处竖立着。

江湾体育场是一个环形的体育场,边上东角是一个篮球场,也可以充当排球馆、手球馆,在当中隔了一个游泳馆。江湾体育场的场馆虽然建成的历史悠久,但在设计上并不落后,体育馆按照观众最佳视线设计,使每个观众均可清晰舒适地观看各种比赛,而运动员们对在江湾体育馆训练和比赛也有着良好的感受。

前羽毛球世界冠军刘霞说:"江湾体育馆是长方形的,上面顶是圆的,相当好的一个体育馆。"原上海篮球队队员郑福根回忆:"它的地板是最好的,到那边随便跳,扣篮随便扣。"国家男排前主教练沈富麟评价:"从馆内的设施来说,从当时的条件来讲还是比较好的,观众看台是四面全有的,场地的比赛空间比较大,不但可以打排球,还可以打篮球,而且打篮球的空间比排球要大,还可以打手球,手球的空间比篮球要大。"

当年的体操运动员,现为上海市体操中心常务副主任朱政却有着与他们完全不同的感受。她回忆:"江湾训练馆给我感觉就是比较破旧一点,里面很冷的,因为很大一个馆,生了三四只炉子,以前是没有暖气的。我们教练每天早上来,先烧炉子,我们都等在边上,冷得不得了,做高低杠手生冻疮,然后烘,烘热了上去,后来冻疮都裂开来,因为要抓杠子的,真的练起来很辛苦的。在平衡木上面,刚刚烘热了,跑上去,动作又僵硬了。"

建造时间早于江湾体育场的上海公共体育场位于当年南市的方斜路、大吉路上,是中国人1917年在上海自建的第一座体育场,由足球场、室内篮球场和健身房等组成。五四运动、八一三淞沪抗战时期,这里还是上海民众举行集会的地方,被称为"革命的烽火台",很多文艺活动,包括抗日救亡的歌咏活动都在这里举行。有一次,抗日民众在体育场里大唱抗

上海公共体育场

日救亡歌曲，很多军警把他们包围起来，后来嘹亮的《打回老家去》，唱得军警也流下了眼泪。上海解放后，这里改名为沪南体育场。

在旧上海，与市民的日常体育休闲联系更多的游泳池却不是普通人都可以随便进入的。于1922年竣工的工部局游泳池是上海最早的游泳池，虽然当时名义上称为"公用游泳池"，但实际上只对外侨开放，直到上海解放，它改名为虹口游泳池，才真正成为上海民众休闲锻炼和举办比赛的场地。袁念琪介绍："有一次，远东的运动会在上海举行，上海的选手成绩一塌糊涂，一直吃鸭蛋，吃零分，那时候报纸上嘲笑说开了一个鸭蛋公司。提出问题来了，为什么成绩这么差，因为华人的游泳选手没有地方去练游泳。上海有游泳池，但不给中国人游，公共租界和工部局也感到了一种舆论压力，后来就对华人开放了。"

比虹口游泳池规模更大的大陆游泳池建于1938年，位于南京西路上，是当时号称"远东第一"的高档游乐场所及大型游泳池，1954年改名为新成游泳池，对市民开放。新成游泳池是当年市、区优秀运动员训练基地，也是上海举行国内、国际游泳比赛的场地。对于当年新成游泳池的火爆，上海教育出版社资深编辑季陆生回忆："这样一个游泳池，每年上海40万人次，但是这个游泳票就5分钱一场，还有夜场，8分一场、1角一场。周边几所中学游的人特别多，像储能中学，向明、力进中学都到那边去，游着游着就较上劲了，大家比赛，所以那时候出了很多游泳选手，包括后面的庄泳、杨文意、乐靖宜都在这里游过的。"

除了先进的综合性体育场和接近市民生活的游泳池，网球场馆中也深藏着传奇故事。1928年，法国商人集资建造了逸园跑狗场，号称远东第一大赌场，场内能容纳两万多人。跑狗道内辟有标准足球场，并附设小高尔夫球场和网球场等，1952年开始，逸园跑狗场经过改建、扩建以后改名为文化广场。

跑狗场内的网球场当时叫中央网球馆，球场需要球童。1941年，当时还是孩子的梅福基决定去试试看，然后就开始在那里当球童。现在已年逾九旬的梅福基后来成为新中国的第一代网球名将，20世纪50年代曾两次进入英国温布尔登网球锦标赛第二轮，成为迄今为止中国在温网取得最好成绩的男子网球运动员。梅福基回忆："1958年、1959年，我参加两次温布尔顿,第一轮我赢了一场,赢了巴西一位冠军,我上去,进入六十四名了。"

江湾与虹口:上海足球的辉煌

20世纪70年代起,江湾体育场承办了很多大型足球赛事。袁念琪记得,1962年上映的电影《球迷》表现了当时人们对体育的热情。他回忆:"上影厂拍过一部电影叫《球迷》,以前在《渡江侦察记》里演情报处长的陈述扮演一位球迷医生,因为看足球比赛就在江湾体育场里面,有很多老的镜头,这里面倒都看得到的,就是当时的风貌。"当时的江湾体育场给人的感觉离市区相当远,只有铁杆球迷才会去那里看球。上海市民邹衍回忆:"60年代初中期那个时候,我还小,骑在我爸爸身上,搭公交车过去的,一是觉得到江湾体育场路远,二是感觉场地相当大,江湾体育场有好几个门。因为我爸爸也算是比较铁杆的足球球迷,他们能去看,普通人不会去看的。"

1977年9月中旬,由贝利、贝肯鲍尔等世界足球巨星组成的美国宇宙

美国宇宙队与中国队进行的足球比赛

队来华访问,其中与中国队进行的第二场比赛就是在江湾体育场举行的。那场比赛开场仅5分钟,中国队便利用角球机会由迟尚斌远射得分,第36分钟,沈祥福接迟尚斌传球后凌空打门,为中国队锦上添花,之后贝利凭借直接任意球为宇宙队扳回一分,最终中国队以2比1战胜对手。比赛中,中国队派容志行负责盯防贝利,两人都穿10号球衣,容志行在贝利的脚下传了一个球,贝利一看,中国还有这样灵活的球员,很是惊讶,比赛结束后还特意跑过去拍了拍容志行的肩膀,跷起大拇指夸赞"你OK啊",并要和容志行交换球衣。

在当时那个相对闭塞的年代,能看到那么多世界级巨星参与的比赛,球迷的兴奋可想而知。对于当年看球时的情景,季陆生说:"我们中国人从来没有看到这种大牌明星,什么贝肯鲍尔、贝利,兴奋得不得了,我还穿个西装、戴的领带,很整齐的。"为了看这场球,季陆生从虹口公园一路走到了江湾体育场,一路上面都有人问他要票子。那个时候一张票子可以换一件的确良衬衫。而上海市民唐余忠为了能看到这场比赛,其狂热劲头堪比今天的歌迷、发烧友。他回忆:"我在前卫农场得到这个信息后,立即就请假,为了这场球请了两天假,回到上海。为了这一场球,我在体育场门口等啊等,没有票啊,从黄牛手里弄了一张50块钱的票,出了50块钱,也就是说用了我两个月的工资。"

江湾体育场见证了容志行他们精彩的球技,也铸造了李中华和上海足球的辉煌。在容志行接过贝利球衣的那一刻,李中华所在的上海足球队开始进入江湾体育场训练,从小在石库门里踢球的他为了上海的荣耀也拼搏在绿荫场上。李中华小时候跟着一帮大孩子一起踢球,然后到了读书年龄,进学校就被招进校队,以后又进入上海队、国家队,20世纪80年代,他就成为中国国家队乃至亚洲著名的边锋。他回忆道:"七十年代末、八十年代初到中期的时候,国内不管哪一支队伍跟我们上海队踢比赛,总归重点要防我的,那个时候,我还算比较好的。"

在1983年9月举行的第五届全运会上,由方纫秋任主教练、王后军为助理教练的上海队过五关斩六将,在江湾体育场举行的决赛中以5:4击败广东队首次获得全运会男足的冠军。当时球员们的生活条件,远远比不上今天职业联赛球队的球员。李中华回忆:"以前条件差得不得了,我们房间里面是四个人一间，两个电风扇，还有蚊帐，其他什么东西没有的。大热天睡觉，有蚊子，你想想看，又热，睡又睡不着。"当然，比之于当时国内的其他球队，上海队的训练设施还是不错的。原上海足球队队长丁龙发回忆："外面有四块足球场，中间有一个中心场，训练条件相当好，外地球员到了上海来，非常羡慕我们上海队有这样一个训练基地。"

上海申花队的主场——虹口足球场，其前身是虹口体育场，始建于1951年，是上海解放后建造的第一座综合性体育场。1983年9月22日，第五届全运会田径决赛在此举行，朱建华以2.38米的成绩刷新了自己创造的跳高世界纪录。1999年改建后，这里更名为虹口足球场，成为中国第一座专业足球场。

1995年，现今已被称为上海足坛教父的徐根宝率领上海申花队在虹口体育场登顶甲A联赛冠军，这也是申花队至今取得的唯一一个联赛冠军。对于那年的11月5日，上海申花队以3比1战胜山东泰山队，提前两轮问鼎当年的全国足球甲A联赛冠军的情景，上海市民唐余忠至今记忆犹新："夺冠这个球，门口一个鱼跃头顶，这个球是印象非常非常深刻，这个球很漂亮，场面非常感动的，很激动的。上海足球拿了冠军，真的不容易，为城市争光。"

徐根宝、方纫秋、王后军、李中华和丁龙发等几代足球运动员曾经是我们上海足坛的骄傲，就像丁龙发说的那样，在他们那个年代，从来就没有恐日恐韩之说，足球在亚洲，中国最强，足球在中国，上海最强。

见证纪录的诞生——沸腾的卢湾体育馆

旧时的上海法租界有两个赌场很出名，除了逸园跑狗场，另外一个就是坐落在陕西南路上的回力球场，又称中央运动场，建于1929年。它是上海最早建成的室内体育馆，也是当时上海篮球比赛的主要场地，1949年5月上海解放，这里更名为上海市体育馆，1975年改名为卢湾体育馆。

卢湾体育馆被我国举重界誉为"我国举重破世界纪录的宝地"。1956年6月7日，著名举重运动员陈镜开在这里以133公斤的成绩打破最轻量级挺举世界纪录,创造了中国第一个体育比赛世界纪录。季陆生回忆:"陈镜开、陈伟强、吴数德四破世界纪录都在这个地方,奠定了中国在世界举重项目上的地位。"

除了举重,卢湾体育馆还经常举行篮球、排球、体操等项目的比赛。由于卢湾体育馆地处闹市中心,赛事频繁,吸引了众多球迷,常常出现一票难求的景象。上海卢湾体育馆职工洪伟民回忆,当时卢湾体育馆的售票处是很小一个窗口,卖票的时候人都拥上来,球市好的时候,窗口的栅栏都会被拉掉,因此,当时能搞到球票的人会让人刮目相看。洪伟民回忆道:"不容易,拿一张票子很不容易,口袋里藏一张票子走来走去,后面跟了很多人,这种场面也有的。因为票子紧张,到最后没有票子,他们都跟在后面,你给我两张,给我两张,口袋里一摸,四五个人拥上来,快点,按着你的手,问你要票子。"在原上海篮球队队员郑福根的记忆里,在卢湾体育馆前拿着一张票子,如果亮一亮放在衬衫里,不得了,你是有花头的人。

能买到球票入场的幸运儿毕竟是少数,买不到球票的球迷也不会轻易放弃,他们会在体育馆马路对面等着场内比赛的实时消息。原上海市卢湾区体委主任朱一德回忆:"还有一种票子才噱头,其实这也不是叫票子。有一些观众待在我们体育馆的马路对面,在美心酒家很多人等消息,特别是篮球比赛,楼上专门有一批人,非常热心的人,很多观众会开个窗户,帮助传达这里比赛的结果。如果里面赢了,告诉他们,外面鼓掌,他们没有看到,就是听见,这个情景是非常有意思的,非常热闹。"

当时球场的硬件设施不如现在,但观众的热情丝毫不减。在洪伟民记忆中,当时,卢湾体育馆的看台是三面看台,而且没有固定的座位。不像现在都是一个个的单独的塑料椅子,而是一条长的板上画好标明几排几座,所以每个观众的前面、后面,互相之间都碰得到的,就相当于坐在地板上面,也就是在一格格扶梯上面坐着。每当球员打出漂亮球的时候,观众就会齐刷刷地蹬地板,"嘭嘭嘭"的声音全场响成一片,为球员助威。

不但球场里热闹,每当有比赛,在卢湾体育馆外也可以体会到比赛的气氛。季陆生回忆,一到比赛,24路电车就调头了,因为24路从老西门开到大自鸣钟,当中正好路过陕西南路这一段,"到了复兴公园这里前面,就调头,叫调头车,辫子拉掉,非常好玩,那边呢,朝大自鸣钟方向走,当中这一段全部空掉了"。原上海卢湾体育馆职工袁士明也记得,整个陕西路,那个时候24路都没办法开。

  观众们到体育馆观看和享受比赛,不但热情,而且懂行,不少老上海去看球时还很注意形象和打扮。原上海篮球队队员郑福根记得:"这些老克勒看球,人穿得干干净净,头梳得很清爽,皮鞋一穿,裤子两条烫得很整齐,衬衫很整洁,要有这种品位。他们来看一场球,好像参加一次派对一样,感觉好,今天我开了一张票子,我就过来看看球,他们是享受篮球。"这种热情,这种对比赛的期待,比赛前一来到场馆,就可以感受到。郑福根回忆,当时观众会很认真地拉着运动员对他们说:"好好打,今天这个球你们好好打。"国家男排前主教练沈富麟回忆,从下车到进入卢湾体育馆里去比赛,这段路是要花力气挤进去的,不是平常那样轻轻松松就可以走进去的。这么多球迷和观众对运动员的热情,他记忆犹新:"当时的观众确实很热情,而且,这些观众因为他长期在观看你的比赛,都是一些内行,他看得懂球,所以他很有感觉的,他一边看,一边评论,看完比赛,大家还久久不愿离开。"以至于比赛结束体育馆下班的时候,门口还是人山人海,都还在议论这一场球,今天这一场球谁打得怎么样,一直可以说到凌晨两三点钟,有的人第二天到单位还会炫耀,自己昨天晚上去看过球。

群众体育的荣耀——工人体育场

  中华人民共和国成立后,上海除了对原有体育场馆进行改建外,还新建了一批工人体育场,为开展群众性体育活动提供场地。静安区工人体育场初建于1931年,1979年9月改名为上海市总工会静安区工人体育场,又称静安一场。

  当年上海群众体育运动十分兴盛,业余足球运动非常普及,从当时名声在外的大隆机器厂足球队身上就可以略见一斑。原大隆机器厂足球队队员张仁明记得自己1961年进厂的时候,大隆机器厂足球队代表区队在市运会上获得冠军,大隆机器厂足球队还和不少专业球队在静安区工人体育场过招，表现仍然可圈可点。原大隆机器厂足球队队员周骏翔回忆："我们跟中国女足也踢过，在静安体育场，女足和男足怎么踢，这是很难踢的。男足还可以推推搡搡，女足你又不能推，确实她们踢得不错，结果这一场球，我们跟她们踢的是一比一。"

张仁明也记得，有一次跟上海青年队踢比赛，大隆厂居然还领先得蛮多的。整个体育场全满了，有人爬到树上，撑着在上面看双方比赛，由此，大隆机器厂在全国也有了名气。原大隆机器厂足球队队员杨建平回忆道："到全国各地出差，在旅途上，人家问你是哪里的，回答是大隆厂的，人家说大隆厂足球蛮好的，生产情况什么人家是不问的。"

除了足球赛，各区的工人体育场还提供篮球等项目训练、比赛的场地，原上海篮球队7号队员郑福根就在位于威海路上的静安区第二工人体育场通过选拔进入了上海篮球队。郑福根记得："少年队的时候比赛就在威海路的静安二场，一个灯光球场，那个时候还没有沥青，是烂泥地球场。"上海戏剧学院教授吴小钧则记得自己小时候在静安二场参加小学田径运动会的情景："那个时候，静安区的小学田径运动会也是在二场举行的。我在小学里也是小学田径队的，二场这边有一个跑道，那个时候在我们眼睛里二场是很大很大的，而且我们开田径运动会是在二场的旁边这个跑道上面。那个时候觉得就是一个大，很紧张，很紧张的，这个场地比南京西路第一小学的场地不知道要大多少。"

随着群众体育的不断发展，体育活动越来越受到上海市民的青睐，各种校运会、区运会等群众体育活动经常在各区县的工人体育场举行。对于市民来说，当年的生活条件虽然不比现在，运动器具、装备也不像现在的体育发烧友们那么专业，但自己仍然会郑重其事地对待。上海市民邹衍回忆当年参加校运会时的情景："参加一次运动会，像过盛大节日一样的，白衬衫是肯定的，蓝裤子，一双白的球鞋，我们那个时候有一双白球鞋，回力牌的已经算不容易了。白鞋粉一直涂，涂好了，不是还要乘车子去吗，那个时候校车一起安排过去，还生怕其他同学踩脏。走过主席台的时候，我们是觉得像接受首长检阅一样的感觉。那个时候的跑道不像现在的塑胶跑道、草地跑道，全部都是细煤渣铺着的，走的时候，踢的时候，沙拉沙拉的声音。"

除了开展群众体育活动,上海对青少年体育人才的培养也是从很早就开始重视了。20世纪50年代,上海陆续建成了风雨操场、上海市体育宫等多处培养青少年运动员的基地。原先是旧上海跑马厅一部分的上海市体育宫是集体育训练比赛和对外开放于一体的综合性体育场馆,举重、体操、击剑项目的青少年运动员在这里接受训练。季陆生回忆道:"你知道黄陂路吧,只听到房间里面掉下来'哐当'的杠铃声,有时候仔细听还能听到击剑声,'嚓嚓',上海击剑队就在这里训练的,因为什么?它有一个很好的训练场所,就是它的看台。这个看台比人家深,好几米深,不像人家一般的楼梯,又带跑,又带跳。"

中国第一位跳水世界冠军史美琴最初就在这里和队友朱政一起训练。她记得自己当时在看台上练习变速跑的艰辛:"我们小时候人小,这个台阶是一格大、一格小、一格大、一格小这样的,我们要这样兜圈子,冲上去的时候要冲刺,叫变速跑,横过来的时候稍微慢一点,下来还是变速跑。那个时候我跟朱政两个人从小一起练体操,她的力气真的比我大,我是跟也跟不上,她冲在很前面,我就拖在后面,拖也拖不动,那个时候我就叫朱政来救我,她也不来救我,一个人跑很远。"

史美琴最终成为一名跳水运动员,站在了上海跳水池的跳台上。1964年8月竣工的上海跳水池位于复兴中路上,是当时水上项目和网球的训练比赛基地之一,也是上海首屈一指的游泳池,所有的国内比赛和国际比赛都放在这里举行。史美琴如此回忆自己练习10米跳台时的心情:"害怕的还是跳10米台,我觉得真的是锻炼意志的一种。我们是分时段练的,上午练习,练到中午就对外开放,所以我们一边练,外面人家观众都看着我们训练的,下面都'噢!这个动作赞啊'这样子。现在我皮肤很黑,肯定是当时晒的,晒到里面去了。"

从一万到八万——体育新地标

随着上海体育事业的发展,1975年7月,可容纳18 000名观众,被上海人称为"万体馆"的上海体育馆建成。这是上海的新地标建筑,相信许多上海人的相册里至今都会有一张在万体馆的合影。万体馆主馆呈圆形，设有固定看台24个，设备齐全，功能完善，是上海举办国际国内体育比赛的重要场馆，也是举行大型文艺演出和重大集会的重要场所。

不少运动员对于当年在万体馆训练比赛的情景都有很独特的感受。上海市体操中心常务副主任朱政回忆："到万体馆那么大的场馆，感觉是非常豪华，一下子眼睛亮了，因为灯也多了，地方又大。我印象最深的是在平衡木，怎么空荡荡的站在这根木头上。"

郑福根回忆："平时一样的距离在投篮，在万体馆投篮觉得太远了，投不着。三步上篮也是的，怎么永远够不着？平时起步也是在腰子线这里起步，就是罚球线，我们说腰子线这里起步。到了万体馆起步，总归够不着篮圈。"

令上海人骄傲的万体馆曾经是开启这座城市现代化的标志，也是当年具备现代化设施的体育馆。沈富麟曾经在这里进行过一场难忘的比赛，1976年，日本男排访问上海，在万体馆与中国男排进行比赛，当时一万八千个座位全部都坐满。

这场比赛中，沈富麟从靠近八号观众台附近鱼跃单手将一个球救起，这个球飞跃了十五六米的距离飞到了日本队的场内，不单是观众，包括对

在卢湾体育馆内进行的排球比赛

方的日本队员也傻眼了，这个球赢得全场观众们热烈的欢呼，因此万体馆给沈富麟留下了非常深的印象。如今他回忆起在万体馆与日本男排比赛中那个飞身鱼跃救球的动作时依然兴奋不已："这辈子我打了这么长时间的球，也就这只球有记忆了。"

20世纪90年代开始，上海新建和改建了一批体育场馆，1997年建成的上海体育场能容纳8万名观众，又称八万人体育场。这里曾经是我国第八届运动会的主会场，也是2008年奥运会的足球赛场之一，它与相邻的上海体育馆和上海游泳馆融为一体，构成了上海市区内现代化体育中心。

上海新一代的体育场馆，数量众多，设施先进，并与城市融为一体，上海五星体育高级编辑袁念琪说："魏敦山，这位设计师我原来采访过他，我们上海的万体馆、游泳馆、八万人体育场都是由他设计的。他的设计还是很有特色的，城市的体育场馆的设计，跟城市的整个建筑都是融为一体。"

体育场馆培养体育人才，传递着体育精神。体育精神也代表着一座城市的文明程度。不久前，上海市领导在调研徐家汇体育公园建设时就说，体育是城市大文化重要组成部分，服务于市民健身的体育设施要在全市均匀布局，用于专业化赛事的体育设施，要科学布局。新中国成立以来，上海体育场馆不断地发展壮大，它不仅见证了我们这座城市的沧桑巨变，也为上海体育事业的蓬勃发展做出了难以磨灭的贡献。

记忆中的动画片

孙悟空、阿凡提、葫芦兄弟、黑猫警长、九色鹿、雪孩子、舒克和贝塔、邋遢大王……这些经典的动画形象曾是几代中国少年儿童记忆中最美好的一部分。在中国动画片无比辉煌的几十年间,上海美术电影制片厂的动画片几乎占据了半壁江山,水墨、剪纸、皮影、木偶等中国元素的轮番出现,让少年儿童在大饱眼福的同时,也润物细无声地提升了他们的艺术情操。

"水墨动画"的横空出世

2014年9月,上海美影厂制作的动画电影《黑猫警长2》在全国上映。作为美影厂的王牌动画片形象,黑猫警长诞生于1984年,已有30多年了。当年,《黑猫警长》一经播出就红遍大江南北,赢得无数小朋友甚至成年人的喜爱,成为中国动画史上的经典。

然而,《黑猫警长》只是中国动画片"黄金年代"中的一朵小花,在那个动画片的瑰丽花园中,曾经百花争艳、绚烂无比。自20世纪20年代万籁鸣兄弟在亭子间里制作出第一部动画片起,中国动画已走过近100年了,《大闹天宫》《铁扇公主》《哪吒闹海》震动世界影坛。新中国成立后,动画片迎来了第一个黄金时期,令全世界惊叹的"水墨动画"横空出世,《小蝌蚪找妈妈》《大闹天宫》《牧笛》《小鲤鱼跳龙门》《骄傲的将军》《渔童》《孔雀公主》为中国动画赢得了国际声誉。

记忆中的动画片

中国动画史上第一部水墨动画片《小蝌蚪找妈妈》

娄鹤是一位律师，也是一个动画迷，在紧张的工作之余，他常带着女儿重温儿时看过的那些动画片。14分钟的《小蝌蚪找妈妈》是他百看不厌的一部片子，娄鹤之所以喜欢这部动画片，主要是整体画面太吸引他了，其中特色鲜明的中国元素对于没有什么美术基础的他来说，让他得到了艺术上的熏陶。拍摄于1961年的《小蝌蚪找妈妈》是中国动画史上的第一部水墨动画。那时候，刚刚从美专毕业不久的蒲稼祥走进了上海美影厂，正好参与了《小蝌蚪找妈妈》的创作。曾任美影厂导演的蒲稼祥记得，当时已是国家副总理的陈毅同志一直很关心上海美影厂，也是上海美影厂建立后第一位进行实地视察、指导工作的国家领导人。上海美影厂到北京举办美术电影展览会时，陈毅同志提出了这样一个问题："美影厂能不能让齐白石的水墨画动起来？"

为了实现陈毅副总理的嘱托，上海美影人开始了艰苦卓绝的探索。《小蝌蚪找妈妈》的原型出自齐白石的水墨名作《蛙声十里出山泉》，然而要把名家画作变成活动的影像绝非易事。与一般的动画片不同，水墨动画没有轮廓线，水墨在宣纸上自然渲染，一个个场景就是一幅幅水墨画，由于要分层渲染着色，制作工艺非常复杂，一部短片耗费的时间和人力是相当惊人的。参与《小蝌蚪找妈妈》制作的蒲稼祥起先是学习齐白石的笔法，等熟悉之后就用毛笔画一些动画形象的动作，等到他能把动作表现出来后才开始用铅笔进行创作。曾在美影厂担任摄影师的楼英当年也参与了这部动画片的制作。回想起那时拍摄水墨效果的场景，他不无感慨地说：

"制作水墨动画十分费功夫,先要把每一层的颜色分开,然后通过摄影的一些特技手法再把颜色组合起来,接着再模仿水墨画这种效果。这种视觉效果的成本很高,一般的动画一层人物拍一遍就可以了,而水墨动画则起码要拍三四遍,然后把这三四遍的颜色叠在一起,才能有一种比较好的水墨效果。"经过反复试验,水墨动画在技术上突破了难关,静态的水墨画活了起来。蒲稼祥当时负责创作《小蝌蚪找妈妈》里的小鸡,对他来说,最难的是既要保留原汁原味的齐白石的风格,又要创造出新的角色。为了呈现出小鸡的性格,他就去观察小鸡是怎么做游戏的,然后把它们活泼机灵的特质融入创作中。

水墨动画片可以称得上是中国动画的一大创举,它将传统的水墨画引入动画制作中,那种虚虚实实的意境和空灵美妙的画面大大提升了动画片的艺术格调。因此,《小蝌蚪找妈妈》一问世便轰动全世界。当时,美影厂对水墨动画投入巨大,制作班底也异常雄厚,除了特伟、钱家骏这样的老一辈动画大师,就连国画名家李可染、程十发也曾参与艺术指导。正是因为不惜工本的艺术追求,水墨动画在国际上赢得了交口称赞,没有任何一个国家敢于同中国人竞争,日本动画界甚至称之为"奇迹"。继《小蝌蚪找妈妈》之后,水墨动画《牧笛》《鹿铃》《山水情》等更是进一步将水墨动画推向了巅峰。

从水墨动画迈向多元化

曾任上海美影厂导演的孙总青参与制作了很多经典动画片,《山水情》是她最为珍视的一部作品,因为《山水情》是一部要有很深的艺术底蕴才能看得懂的动画,所以静下心来时,孙总青把这部动画看了无数遍。拍摄于1988年的《山水情》成了中国水墨动画片的绝唱,也成了中国动画彻底商业化之前的最后一部艺术精品,这部影片创新了很多表现方式,使得它成为水墨动画至今无人超越的典范。参与《山水情》制作的楼英介绍说:"当时我们想了一个办法,用真实的摄影机在连续高速摄影下拍摄水墨渲染的过程,再把它组建到我们的镜头里。经过测试以后,

《山水情》

我们就请画家在玻璃上作画,而摄影师则把画家的人影隐掉,然后就能看到宣纸上水墨渲染的过程。"《山水情》里没有对白,只有古琴声,整部动画表现的是天和地以及师生间、山水间的一种很深刻的关联性,彼此交融,互相渗透,其诗一样的气质、幽远清淡的画面已达到了天人合一的境界。这样的哲思正是让孙总青对《山水情》念念不忘、无法割舍的原因所在。

中国动画片走向商业化以后,一时间精彩纷呈,除了题材、立意、形象、布景等设计之外,还运用了剪纸、木偶、水墨画、皮影、折纸等中国传统工艺作为表现形式。木偶片《阿凡提》、剪纸片《猴子捞月》、水墨风格剪纸片《鹬蚌相争》、简洁幽默的《三个和尚》、风格古雅的《南郭先生》、幽默有哲理的《崂山道士》,还有《孔雀的焰火》《小熊猫学木匠》《假如我是武松》《天书奇谭》《除夕的故事》《水鹿》《女娲补天》等都成为一代人难以磨灭的记忆。在这些动画中,有一部动画片可谓"另类",那就是优美感人的《雪孩子》。和大多数动画片大团圆的结局不一样,雪孩子最终的结局令人唏嘘。动画迷王文琳就特别喜欢雪孩子陪着小白兔在冰上滑雪、跳舞的那一段场景,通过这样唯美的场景,王文琳感受到了世界的美好,而故事的结尾却让她的心灵受到了强震。电影制作人张振在看完《雪孩子》后伤心地哭了,他为雪孩子的最终命运感到难过。一部优秀的动画片一定是能够让人看完后久久难以忘怀的,而《雪孩子》这部动画片把雪孩子真挚的情感流露到了极致,曾经被雪孩子感动到流泪的小朋友

《雪孩子》

们一定是从内心深处感受到了人类情感中的无私与纯洁。

永恒的经典:《大闹天宫》

上个世纪七八十年代,中国动画创作达到前所未有的高度,而拍摄制作于1961—1964年间的动画巨片《大闹天宫》则是难以超越的经典之作。这部动画在造型、设景、用色等方面借鉴了古代绘画、庙堂艺术、民间年画的特色,又将中国传统戏曲的表演艺术融入其中。把孙悟空搬上银幕是中国动画片鼻祖万籁鸣的夙愿,他请国画大师张光宇来做造型设计。为了设计出人见人爱、过目难忘的美猴王形象,张光宇几易其稿,反复琢磨,最后为观众们呈现了这样一个美猴王形象:脸型上大下小,白色做底,中间有个大红鸡心,上面配两根较粗的绿色眉毛,好似一只大桃子,十分醒目,旁边两腮长满棕色猴毛,嘴角两旁有湖蓝色细弯线,以突出猴腮向内吸进。它身穿鹅黄色上衣,配黑色斜襟腰围,橘黄色底上有几个黑色圆点的豹皮短裙,红裤子、黑靴子,脖子上围一条灰绿色围巾,定稿后的孙悟空形象得到了万籁鸣导演的"神采奕奕、勇猛矫健"的八个字的赞美。

孙悟空千变万化,但它是如何真的动起来的呢?原来万籁鸣带着创作班底从中国戏剧中寻找元素和养料,整个剧组都得学京剧,每个人必须学会翻云手、舞花棍、大小亮相等京剧表现的招式。当时,刚刚进入美影厂的蒲稼祥也有幸成为剧组的美术设计,他被派到了京剧院去学习。蒲稼祥回忆说:"那时候没有摄像机,连照相机我都没有带去,我只带了速写本。往往是我还没有画完呢,京剧动作已经变换了,后来我干脆就不画了,可光用脑子记又记不全,好在我记住了京剧动作的变化规律。"就这样,蒲稼祥和他的同事们对着镜子画台本要求的动作和表情,有的效法孙悟空与二郎神凶狠开打,有的学着仙女们翩翩起舞,他们从镜子中仔细端详自己的动作和表情,然后把它画下来,不断表演,不断修改画稿,直到导演满意为止。《大闹天空》中孙悟空的出场就有一点京剧舞台的影子:小猴子从水里跳出来以后,用两个月牙叉将水帘叉开,好似京剧舞台拉开幕布一般,极具想象力。

在设计土地公公的时候,蒲稼祥也曾伤透了脑筋。当时,他对土地公公的出场方式没有好的构思,突然有一天,蒲稼祥想起了他家附近的一位值班老爷爷。他回忆说:"我家住在华亭路上,那个时候华亭路路边有一排卖旧货的摊子,晚上有位值班老爷爷。这位老爷爷每到12点以后就打喷嚏,声音很响,而且一打十来个,天天把我吵醒了。我在画土地公公的时候就想起了他,我就设计出了土地公公一看到太阳就会打喷嚏的出场方

《大闹天宫》

上海故事：一座城市的温暖记忆

《大闹天宫》中孙悟空的形象设计稿

式，导演看过后很满意。"孙悟空与哪吒激战正酣，忽然从自己颈头拔下三根毛，嘴巴一吹，变出三个孙悟空，众悟空围攻一个哪吒，这样的镜头在银幕上只有五秒，却要画出一百多张画稿。当时采取的方法很像今天说的承包，把全片按段落分给大家，只阐明每场戏的导演意图，而具体细节全靠个人才华的发挥。当时，蒲稼祥分到的一个段落，创造《西游记》里没有的一个人物——南天门看守者马天君。马天君这个人物类似于小丑，于是蒲稼祥就参考了京剧中武丑的一些动作，再加上了这个人物一副小人得志、骄傲得要命的样子。当蒲稼祥画完草稿图以后，他把马天君的形象拍下来，拿到放映间去播放，让万籁鸣导演品评马天君的动作是否对路。后来，每每回想起万籁鸣导演学着马天君的走路样子从放映室里走出来的情形，总会让蒲稼祥捧腹不已，当时得到这样一个大导演的肯定，蒲稼祥的心中自然是无比高兴的。《大闹天宫》是一项繁复浩大的工程，在没有电脑的年代，参加创作的原画、动画人员共有二三十人，全凭着手中的一支笔，愣是把41分钟的上集和72分钟的下集绘制了出来，仅绘图就投入了近两年。

今天，《大闹天宫》和它所代表的一个时代已经留在了一代代人的心中，是中国动画史上的丰碑。随着电视机的普及，一些动画系列片也逐步

《邋遢大王奇遇记》

《邋遢大王奇遇记》设计稿

兴起，这些动画片不论情节、色彩都有着明显的中国风格，《葫芦兄弟》《邋遢大王奇遇记》《舒克和贝塔》等时至今日依然是经典。

中国动画人的创新举措

上世纪八九十年代，在国外动画片的冲击下，中国动画开始由生产风格化的动画长片和短片转向了将重点放在制作动画系列片上。当时中国的动画人积极开拓创新，制作出了系列片《邋遢大王历险记》《葫芦兄弟》《三毛流浪记》《黑猫警长》等。就在那个当口，刚刚从美院毕业的马忠带着对动画片的好奇和痴迷走进了上海美影厂，成了一名动画师。马忠一进厂便师从著名动画片导演孙总青，让他不解的是，自己满怀着对动画片的向往，以为马上就能参与到动画片创作中，结果却是从演员做起。真正的演员需要通过形体动作来传达情绪或气氛，而孙总青却让马忠格外注意练习手部动作，力求夸张。她告诉马忠，动画片有一定的夸张成分，动画师只有把手势动作做到位了才能画出惟妙惟肖的人物形象。于是，马忠便认真地学习表演，一遍一遍地表演给导演看。经过一段时间的严格训练，马忠终于从一个只会画画的门外汉变成了真正的动画师。他和孙总青参与了《邋遢大王奇遇记》的创作。当时的孙总青负责创造不爱干净又贪玩的"邋遢大王"的形象。一开始，孙总青怎么也抓不住"邋遢大王"的影子，让她犯了难，好在孙总青的儿子与"邋遢大王"年龄相仿，是个非常调皮、可爱的小家伙，于是，她就仔细观察儿子，总觉得他和"邋遢大王"之间有一丝共通点。终于，在一个夏日的午后，调皮的儿子放学回家，眼前的那一幕激发了孙总青的灵感。孙总青说："他穿着大领子的汗衫，一个袖口挂在下面，一个肩膀露出来，一个袖口在上面，我觉得邋遢大王就是这样的。后来我跟钱导说，应该把袖子拉下来，把一个肩膀露出来，更显得邋遢大王衣着不整，而且邋遢大王出汗了就把衣服拉下来擦，显得既天真又大大咧咧、特别随意。"孙总青的建议得到了导演的首肯，从此，一个肩膀露在外面的邋遢大王便定格在了镜头里。1987年，电视动画系列片《邋遢大王奇遇记》播出后，那句"不干不净吃了没病"至今仍然是流行

记忆中的动画片

美术设计师对着镜子画动作和表情

语,"邋遢大王"与大黄狗、小花猫误闯"地下老鼠王国"的故事成了一代中国小观众的集体回忆。

作为同一时期的作品,《葫芦兄弟》同样堪称经典,上世纪七八十年代出生的人很少有没看过《葫芦兄弟》的。然而,很少有人知道"葫芦娃"故事是怎样被遴选出来的。作为当时上海美影厂文学组的编剧,贡建英深知一剧之本对动画片创作的重要性,贡建英每天要看很多资料,从杂志、小说到出版物,找寻一些好的作品,然后千方百计地联系作者。最远的一次她就跑到了云南的小山区,她是去拜访一个彝族的业余作者。她和同事又是坐火车,又是坐长途汽车,兜兜转转花了几天几夜才找到了作者的家,这样的经历在编剧组的成员中却是稀松平常的事。《葫芦兄弟》的故事也是这样从千千万万个故事中筛选、整合出来的,从一开始就凝聚着创作者的心血。贡建英说:"民间有一个叫《七兄弟》的故事,原来人物形象没有这么清晰,后来导演说每个人物的性格都要鲜明一些,这个可以喷火,那个可以隐身,于是七兄弟就有了不一样的技能。"有了"葫芦娃"故事的雏形后,经过成百上千次不厌其烦的改动,终于形成了13集系列剪纸动画片《葫芦兄弟》,讲述的是七只神奇的葫芦、七个本领超群的兄弟为救亲人前仆后继,与妖精进行不懈的周旋,四方脸、粗眉大眼、头顶

237

《葫芦兄弟》

《黑猫警长》

葫芦冠、颈戴葫芦叶项圈，勇敢正直的葫芦七兄弟曾陪伴一代人度过了很多美好的时光。葫芦七兄弟也成为中国美术电影的经典形象。

在动画制作人孙武的眼里，葫芦七兄弟对于那个年代的小男生来说，特别符合他们的相处模式和情感体认：一群小兄弟、小伙伴，大家经常聚在一起玩，特别具有兄弟情，面对困难大家一起解决，遇到纠纷过不了多久也就好了；而这些葫芦兄弟的技能，也成为小男孩们津津乐道的话题。然而，从《葫芦兄弟》等作品之后，中国动画就很少有优秀的作品问世，80年代末期到90年代初期，国外动画片大量涌入，撼动了上海美影厂在中国一枝独秀的地位，中国动画几乎没有能拿到国际上与别人媲美的作品。

国外动画片的热潮迭起

1981年，中国引进了第一部国外动画系列片《铁臂阿童木》之后，越来越多的国外动画进入中国市场，《蓝精灵》《聪明的一休》《米老鼠和唐老鸭》等商业动画以其生动的人物形象、有趣的故事情节、精良的制作技术迅速吸引了中国孩子的眼球，对中国的动画产业带来了巨大的冲击。动画制作者马忠见证了中国动画片从高处跌落下来的整个过程。他是局内人，眼看着自己的很多同学都转行了，于是马忠也辞职从上海美影厂出来，闯荡深圳，跌过很多跟头，一路摸爬滚打。那时候，广东、深圳成立了大批动画公司，主要为国外厂商进行代加工，那时有人跟他打趣地说，在中国大陆从事动画制作的人比熊猫还少，代价再大也要把他们挖走，那些动画公司恨不得把美影厂的创作人员"一锅端"了。

从90年代起，中国动画片的创作力也迅速凋萎，再没能产生一部经典作品，一大批优秀的外国动画片却登陆中国。长篇动画连续剧《米老鼠和唐老鸭》《圣斗士星矢》《变形金刚》《猫和老鼠》《灌篮高手》等让那个年代的小孩子应接不暇。

中国大陆于90年代初引进《圣斗士星矢》。这部剧集的内容以超神话为背景，自遥远的神话时代起，在智慧和战争女神雅典娜的身边围绕着一群充满了希望与勇气的少年战士，这彻底颠覆了孩子们心中传统中国动画片的风格。动画制作人孙武说："《圣斗士星矢》里有很多希腊神话，还有十二宫、十二星座什么的，这对于当时的小朋友来说，既神秘遥远，但又是那么炫酷。我们对这样一种陌生的动画形式，一下子没有了招架能力，基本上百分之一百地变成了它的'粉丝'。"《圣斗士星矢》讲的是一个爱与勇气的故事，爱可以使人强大，勇气可以完成理想，在这当时极大地影响了正值青春期的少年，往往看得热血沸腾。马克小时候就是动漫迷，曾经一度想要成为一名漫画家。今天，他经营着一个以脱口秀为主的幽默社团，作为一个团队的领袖，动画片中的英雄似乎对他有很大的启示："先是瞬牺牲了，然后是冰河牺牲了，接着是紫龙牺牲了，后面是一辉又牺牲了，最后只留下星矢。所有人都把希望和责任交给了星矢。星矢就一个人往前冲，这种感觉还是蛮抓人的，这种友谊和团队会令人感动。"

几乎与《圣斗士星矢》同时的是《变形金刚》的横空出世，这是历史上最成功的商业动画之一。在亚欧美等多个国家都兴起了一股"变形"热，让"变形金刚"成为全世界家喻户晓的名词。当时《变形金刚》是每周五播放的，孩子们一下课便迫不及待地奔回家收看。掘土机、大吊车、

《圣斗士星矢》

记忆中的动画片

大力神组合、机械恐龙组合,一时间挂在了孩子们的嘴边,不时地被说道说道。与以往的动画片不同,《变形金刚》除了片子本身以外,在玩具市场和音像市场上取得的成功是空前巨大的。它的衍生产品的吸引力不亚于动画片本身,那时候很多孩子最大的心愿就是拥有一个变形金刚玩具。电影制作人张振有个叔叔是北京人,有一次从北京给他带来了一件礼物,是一个正版的大黄蜂变形金刚。张振收到礼物后开心得不得了,简直是爱不释手,天天拿在手里把玩,见到小朋友就秀给他们看。然而好景不长,在一次校运动会上,张振因为一时贪嘴,用宝贝大黄蜂和同学换了五块钱买了零食,等他再次见到大黄蜂的时候,他完全不敢相信自己的眼睛。张振说:"过了差不多两个月,我又碰到了这位小朋友,然后就问他我的那个变形金刚还在吗?他说在啊。我过去一看,真是非常伤心,那个大黄蜂已经破旧不堪了。那一刻那我觉得自己做了一件非常令人懊恼的事情,这件事我一直记在心底,那一刻的感受,我到现在还记得。"

一代代的孩子在动画片的陪伴下跌跌撞撞地长大了。到了90年代末,一部励志青春偶像动画片《灌篮高手》出现了,它描写了一个名叫樱木花道的高中生的篮球之路。跌宕起伏的剧情,贴近生活又妙趣横生,结合多种当时流行元素,准确地击中了许多青春期少年的心。《灌篮高手》带来

《灌篮高手》

的"篮球风暴",一时间形成了一股"篮球热",无数的少年幻想着自己是《灌篮高手》中的角色,走上了篮球场。樱木花道、流川枫、赤木刚宪、三井寿、宫城良田等角色成为众多年轻人心中的偶像,很多学生甚至会把学校篮球队里的同学,按照身高、长相、性格等定位为"宫城良田""流川枫""樱木花道"等。让少男少女们最值得怀念的就是樱木花道们的最后一场重量级比赛,那场荡气回肠的比赛,深深地触动了他们的心灵,那种肆意挥洒的青春和汗水,那种坚不可摧的友谊和团队精神,是孩子们最渴望的。

《灌篮高手》带来了汹涌的青春活力和一颗澎湃的心,动画片里对高中生活的描写是每一位渴望成长的孩子所无比向往的。20多年过去了,当年的孩子已经长大,但动画片封存了那一段青春岁月。每当熟悉的歌曲响起,童年仿佛从未远去。有人感慨地认为,80后的童年远比00后的精彩,那个年代优秀的动画片纷繁迭起,激荡人心,好的动画片是要用心浇灌的,对孩子有怎样的期望,就会有怎样的动画片。今天,中国电视荧屏上的动画片依旧热闹,而我们期待的是中国的动画片能再续当年的辉煌和荣光。

记忆里的中国好声音

他们的声音曾经点亮无数张的银幕,他们是译制片的幕后英雄,他们用"中国好声音"烘托起译制片的辉煌岁月,他们是可敬又可爱的配音艺术家!

漫长而曲折的初创时期

1979年,一部叫《佐罗》的法国电影让人们记住了两个男人,一位是法国电影演员阿兰·德龙,另一位是佐罗的中国配音演员童自荣。阿兰·德龙英俊的外表和敏捷的身手迷倒了无数的观众,而童自荣潇洒自如的声音却影响了整整几代人。20世纪70年代,由老厂长陈叙一领导的上海电影译制厂为中国电影观众打开了一扇瞭望外面世界的窗,毕克、邱岳峰、尚华、于鼎、李梓等一批优秀配音演员的作品点亮了当时无数张银幕,他们的声音给那个年代的观众带来了很多的欢笑和温馨。

当我们回首那些经典译制片和他们背后的好声音时,相信与经典译制片一同走过匆匆岁月的人们,对于译制片,心底深处仍然怀着无比的留恋。陈叙一可谓是上海电影译制厂的缔造者和中国电影译制事业的开拓者。1957年4月1日成立上海电影译制厂时,第一任掌门人就是他。50年代初期,上海引进了一批苏联和东欧社会主义阵营的电影,上海有关方面当即决定在上海美术电影制片厂下成立一个译制片组,陈叙一就是开山鼻

当年位于永嘉路的上海电影译制厂

祖。在一无厂房、二无设备、三无经验的情况下,刚刚成立的上译厂只得寄居在上海美术电影制片厂一角里,工作环境十分简陋:隔音墙是用麻布包上稻草做成的,放映间是用旧车棚改造而来的,录音室是用阳台搭建出来的,再加上一台30年代的老放映机、一台苏制光学录音机,这就是上译厂的所有家当了。"上译人"在老厂长陈叙一的带领下就这样开始了漫长而艰苦的创业之路。

著名配音艺术家曹雷和赵慎之就对上译厂初创时期艰苦的环境记忆尤深。那时候的大夏天,配音演员们全都挤在用阳台搭成的录音棚里,闷热无比。为了不影响配音效果,一到实录,录音棚里还必须把电扇关掉,再加上配音演员的全情投入,配音结束后,大家往往汗流浃背。为了保证录音工作的顺利进行,有时候工作人员还会去搬一些冰块搁在大木桶里,靠着冰块融化时散发出的一丝凉意进行降温。大家往往是谁配好了音,谁就抢着到大木桶边上乘凉。天气的原因还不是录音时遇到的最主要问题,周围环境对录音工作产生的影响也不可小觑。为了避免白天室外噪声的干扰,配音演员们常常要等到夜深人静的时候才能开始工作。说起那时候配音工作中的小插曲,曹雷有些意犹未尽:"我记得录音棚旁边有个加油站,时常会把空的汽油桶'咣'地

记忆里的中国好声音

20世纪70年代上译厂译制团队

扔到地上,那边咣的一下,我们这边就得重来。还有,录音棚是在阳台上搭起来的,简直就是漏音棚,所以只能等到半夜最安静的时候来录音。"

在那个特殊的年代,陈叙一带领着20多人的上译厂团队,几乎每一天都在录音棚里,勤勤恳恳地耕耘着,有时候紧急任务来了,还要夜以继日地赶配音。

译制片填补了文化荒漠

"文革"结束以后,看外国译制片成了老百姓最重要的文娱活动,回想起当时的"译制片热",曹雷激动地说:"人们对文化的需求已经到了无以复加的地步,简直是疯狂,我记得有一部电影是凌晨三点钟放的,当时影院门口就已经挤满了人,人们仿佛都得了'文化饥渴症'。"舒雪芬就是从那时起疯狂地迷恋上了译制片的,看电影对她来说是一种精神上的饕餮盛宴,什么《音乐之声》,什么《罗马假日》,她看了不下15遍,《王子复

245

上译厂鼎盛时期的九员女将

仇记》她也看了整整7遍。有时候她前脚刚从电影院里走出来,后脚又紧接着去买另一场票了,反反复复地看。那些年,电影院门口的霓虹灯常常高悬着"满座"两个大字。那些年,电影看了一半,银幕上还常常会出现"跑片未到,请等候"的公示,因为在同一时期,几家电影院都在播放同一部热门电影。有一天,舒雪芬连看了四场电影,而且是在不同的电影院看的,她赶场子似地从虹口区赶到了徐汇区,再从徐汇区一路奔波,当赶上第四场电影时,她已经筋疲力尽了。

那时候,电影票成了供不应求的东西,甚至成为人际交往的"敲门砖"。据上译厂配音演员潘争说,因为当时母亲刘广宁在上译厂工作,家里总是比一般人家多出些电影票来,这时候,他们就拿电影票作为请求别人帮忙的报酬。从70年代末到80年代中期,随着上译厂"黄金年代"的开启,邱岳峰等一批配音艺术家得以直面观众,并获得了社会地位和来自广大观众的尊重。1976年,上译厂搬迁到了永嘉路383号的小楼里,80年代中国译制片的辉煌就是在这幢小楼里创造的,《佐罗》《追捕》《虎口脱险》等一批经典译制片在这里诞生。在译制片的最鼎盛时期上译厂集结了九员女将,她们分别是王建新、刘广宁、苏秀、程晓桦、曹雷、孙丽华、丁建华、李梓和赵慎之。

记忆里的中国好声音

外国经典电影带来的心灵震撼

如今在很多人的记忆中,中国改革开放的第一扇窗是在银幕上打开的,中国改革开放的第一袭风是从电影院里扑面而来的。电影译制片可以说是第一扇通过艺术形象打开的窗口,人们能够通过这个窗口里看到了外面的世界。1978年,这是不平凡的一年,在人们的记忆中,这一年发生了很多大事情:中美建交,中国进入了改革开放的伟大纪元,而同年,在邓小平访问日本之后,日本电影《追捕》《望乡》等陆续上映,轰动一时。《追捕》当年获得文化部优秀译制片奖,而上海电影译制片配音大师邱岳峰、毕克、丁建华等人的声音也成为无数中国观众魂牵梦绕的记忆。他们的声音都非常有特点,与电影中的人物形象水乳交融,跟原片的风格浑然一体。《追捕》中的著名配音演员毕克是为高仓健饰演的检察官杜丘冬人配的音,当电影一上映,大家都说毕克的声音与高仓健的气质极其贴合。在很长的一段时期,高仓健那种冷峻硬朗,少说话、不爱笑的形象,成为中国女性心目中的男子汉。影片中扮演真由美的女演员中野良子,当时更

电影《简·爱》的两位配音演员

是成了众多男青年心目当中的"女神",她的温柔、多情有一种直击心灵的美感,因而被不少男青年们奉为"梦中情人"。1979年,当扮演真由美的日本影星中野良子第一次来到中国时,她被热情的中国影迷们惊呆了。无论走到哪里都有人认出她,追着她叫"真由美",据说当时中野良子在日本还不算是个大明星,来到中国却发现,自己有了众多"影迷"。中野良子还专程到上译厂,找到丁建华,感谢她赋予真由美这个角色如此纯洁的声音,使她收获了那么多热爱她的观众,从此她们也成了好朋友。

在很多人的记忆中,李梓和邱岳峰为《简·爱》的配音可称为经典。他俩的声音都是从灵魂深处产生的,特别的贴切和感人。刚刚经历过十年"文革",当真由美和杜丘、简·爱与罗切斯特、叶塞尼亚和奥斯瓦尔多、王子与灰姑娘出现在银幕上时,给人们带来的是一种久违的情感复苏的暖流。

"配音王子"童自荣和"女王专业户"曹雷

1979年,改革开放的第二年,一部法国电影《佐罗》在中国上映。那一年的中国观众记住了两个男人——被称为"法国第一美男"的佐罗的扮演者阿兰·德龙以及为佐罗配音的童自荣。阿兰·德龙扮演的那个替天行道、劫富济贫的黑衣侠客佐罗成为无数中国青少年膜拜的英雄,而童自荣极具魅力的声音也成为几代人挥之不去的集体记忆。说起为佐罗配音的经历,童自荣说配音不仅是嘴上的功夫,也是全身心的体验。电影《佐罗》当中,阿兰·德龙身兼总督和侠客的双重身份,他则是靠在录音棚里不断地换鞋来走近这两个不同的角色的。为侠客配音时,童自荣就穿一双很重的皮鞋或者皮靴,这时,他就能获得一种讲话有分量和有威慑力的感觉;为假总督配音时,童自荣在认真揣摩人物特征后就换上一双拖鞋来体现这位假总督懦弱无能的形象。1989年,阿兰·德龙来上海参观上译厂,见到了自己在中国的"代言人",其实阿兰·德龙的嗓音是粗犷低沉的,是童自荣让银幕上的他说上了一口精致飘逸的中国话,也使得他红遍中国,一下子拥有了几亿观众。当年只有20岁出头的刘家桢就对童自荣的声音痴

记忆里的中国好声音

童自荣（右）在指导年轻配音演员

迷不已，很多人说，刘家桢的声音与童自荣很像，这让刘家桢特别高兴。虽然童自荣和他分属不同的工作单位，但童自荣等前辈对配音工作孜孜以求的敬业精神对刘家桢成长为一名成功的配音演员，产生了不小的作用。

2017年上海书展上，童自荣带着他的新书《让我躲在幕后》再一次走到了热爱他的观众的面前。虽然此时他已年过七旬，但他仍然为自己热爱的配音事业忙碌着。他热爱配音，也曾坦言："我知道我是幸运的，世上没有多少人能真的一辈子干着自己喜欢的事情。"童自荣也说："我是个平凡的人，既不是侠客佐罗，也不是天鹅湖王子，更不是《大圣归来》里的妖怪大王。"这位配音艺术家把最美好的年华和最华丽的声音奉献给了观众，他虽不是银幕上一个个形象的"代言人"，但他用极富个人魅力的声音征服了无数观众的心。

上译厂里不仅有童自荣这位"配音王子"，还有一位被大家称为"女王专业户"的曹雷。曹雷出生在一个文艺气息浓郁的家庭中，父亲曹聚仁在30年代就活跃于上海文坛，抗战中又是著名的战地记者，还是一个戏剧爱好者，热爱戏剧的父亲希望女儿曹雷长大后能成为一名演员。在她上小学一年级的时候，父亲就为她写过一篇《我要当个演员》的演讲稿，演讲稿里写的一句"我哭人也哭，我笑人也笑"成了曹雷艺术之路的

上译厂创立初期简陋的工作环境

启明灯。曹雷毕业于上海戏剧学院，做过话剧演员，主演过电影《年青的一代》和《金沙江畔》，后来由于身体原因，她不得不从台前走到了幕后，做起了配音演员工作，想不到却意外地走进了另外一个广阔天地。在上译厂，她是有名的"女王专业户"，她为电影《爱德华大夫》中的康斯坦斯、《茜茜公主》中的苏菲皇太后、《穿普拉达的女王》中的米兰达配过音，也为电视剧《大明宫词》中的武则天、《汉武大帝》中的窦太后、《苍穹之昴》中的慈禧配过音。说起"女王专业户"的称号，曹雷笑言："我配过俄罗斯的两个女沙皇，一个是叶卡捷琳娜女王，一个是伊丽莎白女王。我配过英国的伊丽莎白女王，也配过伊丽莎白女王的母亲，还配过拿破仑的母亲。"

配音工作有苦也有乐，当年那个"冬凉夏暖"四处透风的录音棚常常被配音演员们诙谐地称为"漏音棚"。由于刚开始译制片厂配音条件和设备落后，一部译制片从原版引进到中国影院播出往往需要一个多月的时间，十多个环节。为了心爱的电影配音，大家忘我地工作，童自荣曾经因为在路上背台词而差点命丧车轮下，曹雷因为工作紧张而不能陪伴在临终的母亲身边，李梓因为没有时间给家里做饭只能让自己的女儿从上小学起就学做饭，照顾哥哥和弟弟。每每一说到家庭，大家都会有太多的感叹和遗憾，而正是由于老艺术家们的敬业精神才给中国电影观众留下了那么多难以忘怀的经典作品。

上译厂的灵魂人物陈叙一

如果说配音演员是幕后英雄，那么这群英雄里有一个共同的"首领"，那就是老厂长陈叙一。在《棚内棚外》一书中，配音演员刘广宁的儿子、"译二代"潘争把陈叙一说成是"集艺术管理、翻译、导演三大核心能力于一身的灵魂人物"，他带领上译厂走过了40多年风风雨雨。在苏秀的眼里，"没有老厂长就没有上译厂整个80年代的辉煌。他是一位事业家，他的日程表没有朝九晚五这回事，他是24小时全身心的投入"。陈叙一出生于上海的大户人家。当年的上海被称为是中国离世界最近的城市，一方水土养一方人，在上海这座城市的文化浸淫下，他对国外的电影艺术有一种天生的感悟，经他翻译的剧本台词不仅精确到位，而且韵味十足，还能

陈叙一老厂长和配音演员们欢度春节

把电影中每个人物的气质、情感都表达得非常完美。经典译制片《虎口脱险》一剧中有句歌词"tea for two"一开始被译为"情侣茶",配音导演苏秀和陈叙一讨论下来,觉得用中文唱出来十分别扭,便将"情侣茶"巧妙地改作了"鸳鸯茶",这便有了后来影迷心目中的经典台词:"鸳鸯茶,鸳鸯品,你爱我,我爱你。"剧本翻译要有味,配音演员要有神,这是老厂长陈叙一的座右铭,也是他给每位配音演员的忠告。当年的这些配音演员,深受陈叙一厂长的精神的感染,无不将自己最真挚的情感投入在配音事业中。配音演员是"幕后英雄",要用声音去塑造一个别人已经塑造好的形象和灵魂,要在幕后把所有的角色再演一遍,当时的演员都会工作到走火入魔的状态。有一次,当一群配音演员在苏秀家聚会时,刘广宁突然之间大吼一声,原来她是在琢磨《尼罗河上的惨案》里那个凶手杀人的感觉呢!为日本电影《望乡》中的阿崎婆配音的赵慎之对配音工作进行过到位的总结,那就是:"唯有把自己深入到角色中,才能展现出贴合人物形象的声音,必须跟着人物走,跟着戏走。"

在老配音演员们的心中,陈叙一就是上天送给上海电影译制厂的宝贵礼物。曹雷记得在老厂长弥留之际,他的手还在抽动,陈叙一的女儿一看就明白了,父亲是在敲配音的节奏,只是不知道他脑海里想的是哪一部剧本。正是这位老厂长,用自己的人格魅力和对译制片事业的满腔热爱凝聚起了"黄金一代"。

在缅怀中奋进

几十年过去了,这些看译制片的往事成了几代人的共同记忆,而被观众所喜爱的一些老配音演员们,那些"中国好声音",也陆续离开了我们。2014年1月5日,曾经为叶塞尼亚配音的李梓,这个曾经征服无数观众的中国好声音永远地离开了我们。她是风情万种的吉普赛女郎,她是"望乡"中正义的记者,她是倔强的简·爱,她是13岁的英俊少年,她和她那一代的译制片配音演员是无数人的青春记忆。同年年底,90岁的配音艺术家赵慎之也永远地走了。时光荏苒,业已作古的配音大师们带走了一个

记忆里的中国好声音

曾经无比辉煌的时代,但是,他们给我们留下的都是美好的记忆,他们的声音曾经点亮无数张银幕,他们用富有感染力的语言艺术,浇灌了一代人枯竭的心灵。

自1957年上海电影译制厂成立以来,经过几代"上译人"的不懈努力,共翻译制作了50多个国家的1 000多部故事片,多次获得代表中国电影、电视艺术最高水平的华表奖、金鸡奖和飞天奖。然而,从20世纪90年代到现在,随着老一代译制片大师的逝去,随着电视、多媒体产业的异军突起,曾经无比辉煌的上译厂经历了很长一段时间的低谷期。不过有幸的是现任的上译厂厂长刘风又带领着年轻一代的"上译人"在二、三线城市闯出了一片新的天地。刘厂长认为二、三线城市以及广大的农村地区的市场很大,人们在观看电影时仍然对配音版的电影有需求。上海电影译制厂演员周帅也认为,在国内,不是所有人的英语程度都已经达到了看原片就能明白整个故事情节发展的水平,很多人仍会看字幕,但是在看字幕的同时就有可能错过演员的一些精彩表演,因此,看配音版的电影不失为一种好的选择。也有很多人认为,译制片之所以从辉煌中走向平淡,导致观众流失的主要原因是当前高质量的译制片十分稀缺。著名电视主持人刘家桢也认为,如今的配音演员只要能继承老一辈配音演员的职业道德、职业

老配音演员们(从左至右:刘广宁、陈晓桦、赵慎之、曹雷、苏秀、童自荣)

精神和创作态度，中国的译制片市场一定会重新焕发出强大的生命力，到时，观众会重新坐到电影院里看译制片。如今，上译厂在开拓二、三线城市电影市场的同时，也在努力挖掘和培养新一代的配音人才，他们特别重视动画片的童声配音演员，在上译厂的配音小明星培训班里聚集了很多稚嫩的面孔，这里有两百多名少年儿童，年龄都在三至十二岁之间。上译厂交流培训部副总监张冰说："我们现在的译制厂特别需要儿童的声音，国外的动画片基本都是用儿童的声音来制作的，但是因为我们没有这样的培训，没有合适的演员，所以一直是用大人的声音来代替童声的。我们希望能够有更多的孩子参加到动画片的制作中来。"

上译厂的转型之路虽然很艰难，但是只要一代代的"上译人"不忘初心，开拓创新，秉承老一辈配音艺术家的创业精神和专业底蕴，有理由相信，上译厂一定会在艰难而曲折的转型之路上迎来美好的明天。

我爱星广会

1982年1月24日的上午，第一场由上海人民广播电台举办的星期广播音乐会拉开了帷幕。从此，几乎每个星期天，上海的听众都能从收音机里欣赏到世界古典名曲和喜爱的音乐，上海的大街小巷也时常回荡着星广会上优美的旋律。长期以来，星广会成了很多上海音乐爱好者的精神乐园，同时也吸引了许多门外汉走进了音乐厅，品尝了一道道的音乐大餐。

星广会创新的播出形式

"星期广播音乐会"是广大听众星期天最亲密的伙伴。曾经，每到星期天上午9点，不论人们走到哪个弄堂里，只要有喇叭的地方，就会有飘扬起的"星期广播音乐会"上的音乐声。

要了解星广会的来龙去脉，就不得不提它的前身——"星期唱片音乐欣赏会"。1949年5月，上海电台创建时期就有了这一档节目，上海市民孙同洁从小就听父亲说，上海是一个文化底蕴深厚的地方，在上海能够听到最好的古典音乐。他父亲热爱古典音乐，当年从清华大学毕业后就选择到上海来发展，"星期唱片音乐欣赏会"是吸引他的重要原因。上海市民钱天华也记得，小时候，每到"星期唱片音乐欣赏会"播出时，全家人就一起守在收音机前仔细聆听，在长辈的感染下，钱天华从小喜欢上了古典音乐。

改革开放以后，上海老百姓对提高自己的文化生活水平有了更多的期

俞达与东方歌舞团商讨节目

盼。上海市民缪迅就是伴随着改革开放成长起来的一代人。他记得80年代全社会的文化氛围特别浓郁，那时既是文学的黄金时代，也是诗歌和音乐的黄金时代，年轻人的精神生活特别丰富，听音乐是他们共同的爱好。上海市民参与文娱活动的热情不断高涨，开始学着唱一些不同类型的歌曲，也开始走进音乐厅去聆听高雅音乐了。星广会就是在这样的大背景下显露出了雏形。曾任"星期广播音乐会"栏目责任编辑的徐敏霞女士介绍说："80年代初期，一些当年被电台关掉的栏目被逐渐恢复，栏目组就希望能搞一个新颖的广播形式来吸引听众。当时就有人提出可不可以在固定的时间段内，搞一场传到广大市民耳朵里的现场音乐会，再加上节目主持人对节目和演员的生动介绍来确保固定的收听率，基于这三方面的考虑，搞一台星广会的想法便一拍即合。"

1982年元旦，《新民晚报》正式复刊，刚当上记者的沈次农工作十分繁忙。一天，星广会的首任编辑俞达找到了他，希望能在《新民晚报》上刊登一篇有关星广会的报道。俞达告诉沈次农，星广会将以现场直播的形式，向听众广播音乐会，因此在开播前希望通过当时已经家喻户晓的《新民晚报》来发出这条消息。现场直播在当时是一个新生事物，从星广会演职人员的角度来说，能够参与这样一个前所未有的工作自然是很兴奋的。当时参与节目演出的人员个个精神饱满，他们知道直播过程中是不可以停下来做任何改动的,一旦在演出有了瑕疵就会留下遗憾,所以无不把自己的才艺展现得淋漓尽致,而技术人员在直播前也把线路、器械查了一遍又一遍,确保现场设备万无一失,就这样,一个原本只是播放音乐的广播电台变成了音乐会的举办者。当时,徐敏霞和周以太是电台编播小组的成员,他们参与了早期星广会的幕后工作,从中收获了一生中最难忘的记忆。

作为一名编辑,周以太原本以为他的工作就是在办公桌前改改稿子,却没想到这份工作竟然相当具有挑战性,不仅要和各种文艺团体打交道,牵扯到大量的组织工作,还要自己去寻找音乐会的相关素材。很快,他就迷上了这种新颖的模式。星广会第一场音乐会举办前夕,电台上下对准备工作十分重视,周以太写完主持稿后,先交给科长审,审完了以后再由部主任审,等到部主任审完后还要交给电台领导审。一次,老台长高宇先生亲自审读了周以太的主持稿,当稿子转了一圈回到周以太手里时,纸稿上那么多"触目惊心"的红笔修改意见着实把他吓了一大跳。回忆起举办星广会的经历,曾经的苦与乐一下子涌现在了徐敏霞的眼前,当时星广会定在每周日上午9点播出,而周六晚上通常是音乐厅举办音乐演出的时间。为了保证星广会的顺利播出,栏目组工作人员只能等到演出结束后才可以开始进行紧张的准备工作,因此,每个周六深夜的加班加点便成了常态。但是,当这一创意新颖的节目开播第二年,"星期广播音乐会"收听率就高达65.5%,"星期广播音乐会"成为市民街谈巷议的热门话题,对栏目组来说,他们的付出也获得了应有的回报。

星广会的"购票热"

星广会上演奏的曲目都是精挑细选过的,每当节目播出以后,上海的音乐爱好者总会兴奋上一段时间。有的聚在一起议论,有的私下哼唱几句,对于喜欢音乐的人,通过星广会这个平台去了解音乐,走进古典音乐,走近音乐大家,在当时来说是确实是机会难得的。刘晓琼年轻的时候

乐迷收藏的星广会节目单

就是一个十足的音乐迷,她至今还保留着那些年音乐会大量的节目单,对当年去音乐厅买星广会门票的经历仍历历在目。让她印象最深的是一天早上,她5点钟就急匆匆出门,冒雨赶到了上海音乐厅买票,到那里一看,早已人山人海,但所有人都很自觉地围着音乐厅排队,秩序井然。曾任上海音乐厅党支部书记的王远良说,当时,电台里只要介绍星广会的播出信息,上海音乐厅的门票就会一票难求,上海市民的热情还不只体现在疯抢门票上,就连音乐厅大门口卖节目单的摊位,往往也是人满为患。5分钱一张的白底黑字的节目单基本上印多少都会被抢购一空。

"星期广播音乐会"主要的演出舞台是上海音乐厅。上海音乐厅原名南京大戏院,建于1930年,1950年更名为北京电影院,1959年又更名上海音乐厅。20世纪80年代之前,上海音乐厅还是以电影放映为主,星广会的开播使得更多市民走进了音乐厅的大门。那时候,一提起星广会,大家就会想到上海音乐厅,而一说起上海音乐厅,第一反应就是想到星广会。去音乐厅的感受与听广播不同,在演出现场,乐队指挥、演奏者与观众能产生心灵上的互动,尤其是观众更能在这个氛围里得到心灵上的愉悦。演出结束后,有些观众还可能在散场的队伍中与同好不期而遇,一场音乐会不仅热络了同是音乐爱好者的感情,老熟人们之间还会一路上继续热聊音乐，意犹未尽。王远良介绍说，由于星广会的影响力逐日扩大，星广会还吸引了很多行动不便的残疾人士。王远良曾经问过一个残疾观众是怎么来的，他告诉王远良，他家住在宝山，是和同伴一起打车来的，即便出行不便，即便路途遥远，即便行程花费不少，可依然阻挡不住他倾听音乐的火热的心。这位残疾听众对王远良说："现场听音乐会的感觉就是不一样，这种氛围，通过广播传播去总归有点失真，在现场，听众的掌声、欢呼声是原版的。"

感念星广会

以上海音乐厅这样一个舞台为立足点，又有广播电台助力的星广会自然成了乐坛的一大亮点，包括上海交响乐团、歌剧院和上海音乐学院在内的上海所有的音乐团体都曾在这里登台，年轻的音乐家们也十分珍惜这样一个施展才华的天地。

曾任"星期广播音乐会"栏目主持人的肖亚说："'星期广播音乐会'对老上海人来说是无人不知，无人不晓的。上海音乐界几乎就是通过'星期广播音与会'这个窗口把影响力传播得更广，当时的宣传平台不像如今这么丰富，所以各个乐团、各个社会团体以及音乐界的专家们，对我们这个栏目都倾注了很多心血。"那时候，能通过星广会把音乐传播出去就有点类似于今天上维也纳金色大厅的感觉，对于从事音乐艺术的人们来说，是一种很大的荣耀。大提琴演奏家黄甦1982年参加了第21期星广会，当时还是大学生的他能够参加这样一个节目，并在音乐会上独奏世界名曲是极其难得的机会。黄甦记得当时演奏的第一首曲子是埃尔加的《爱的致意》，还演奏了《天鹅湖》中的选段，参加星广会的前一天晚上，他甚至激动得没有合眼。回想起参加这次星广会的经历，黄甦说："我们都是怀着对音乐的崇敬，用一种奉献精神来对待星广会的，包括电台的工作人员，当时可能都没有报酬，就只有一包点心，但大家完全是为了一个共同的目标：把艺术作为一个对人民传达情感的渠道。当时我没有报酬，但我还买了很多门票送给亲朋好友，希望他们来参加。"

星广会主持人肖亚

感念星广会的艺术家何止黄甦一人,著名指挥家曹鹏认为,上海能培育出这么多高品位、高素质的知音,与星广会在八九十年代的普及推广大有关系。上海交响乐团曾多次参加专场演出,开始的时候,曹鹏的团队仅仅向观众介绍一些通俗易懂的世界名曲,后来,随着观众音乐鉴赏能力的提高,便开始讲解、演奏了不少深奥的交响曲。他说:"每一期星广会的现场都有一千多名听众,他们仔细聆听台上的演奏和讲解,从那个时候起,一批一批的交响乐爱好者就这样慢慢地培养出来了。"随着星广会影响面的持续增长,曹鹏团队更期待在这个舞台上做一些高雅音乐的普及工作。

勇于创新的星广会

与其他音乐会相比,星广会更贴近普通市民,它就像是爱乐者们的知音,36年来始终陪伴在每个听众的身边。小提琴演奏家韦妹妹曾带领上海巴罗克室内乐团七次登上星广会的舞台,他们的这种小型的"家庭式"室内乐专场音乐会也逐渐被上海的听众所接受。最让韦妹妹感到高兴的是,

小提琴演奏家韦妹妹

她回国的这几年，听众对室内乐并不那么陌生了，他们欣赏室内乐的水平越来越高，这与她刚回上海时的情景截然不同。

由"曲高和寡"变为"喜闻乐见"，星广会早在80年代中期就开始了普及经典音乐的探索和实践。据周以太介绍，1986年发生的一件事情，对于星广会的发展模式产生了相当深远的影响。在第126期外国交响乐选粹专场上，乐团从四部不同的交响乐中各抽出一个乐章，向听众作重点介绍，这场音乐会的影响很大，中央电视台专门安排了全国直播。那一天，上海市民缪迅也在现场，当他听过贝多芬的命运交响曲后，心情久久不能平静，回家后他有感而发写了一首小诗。正是有了听众的热情支持，星广会也不断推陈出新，在纪念巴赫诞生300周年之际，推出的巴赫音乐会专场是星广会第一次做的纪念国外音乐家的专场音乐会。

一些忠实的乐迷不会忘记90年代初的那一场星广会特别专场，这场当时轰动上海的音乐会是钢琴家孔祥东和周挺为病重在床的恩师、著名钢琴教育家范大雷举办的专场。在音乐会上，两人分别演奏了恩师最喜爱的曲子，并且深情回忆了和恩师相处的点点滴滴，希望借助音乐的力量帮助范大雷战胜病魔。当演奏到被范大雷当作生命支柱的拉赫玛尼诺夫《第二钢琴协奏曲》时，中山医院病房内的范大雷已经处于弥留之际，他在医生

20世纪80年代星广会实况

的监护下听了电台的直播。当时,这位大师禁不住用那只枯槁的手在床沿来回打着拍子,这天晚上,他还哼唱出第一乐章的钢琴声部。上海市民钱天华当天在现场聆听了整场音乐会,说起当时的情景,他的心情仍然激动难平:"星广会曾经最出彩的一场就是孔祥东和周挺专场,他们的先生范大雷就是听了直播的拉赫玛尼诺夫的《第二钢琴协奏曲》后才离开的。这场音乐会,我觉得所表达的意义已经到达了一个极致。什么是音乐?音乐在人生当中起到什么样的作用?在人与人的沟通当中起到什么样的作用,我觉得这一场是极致的,是怎么也写不出来的故事。"上海市民钱蓓记得,当时这场演出安排在了商城剧院,实际座位并不很多,能买到门票进去着实不易。在观看演出的时候,她也被感动得不行,两个学生用他们的演出回报恩师的画面,回想起来,仍让她心潮起伏。

多年来,星广会举办者继往开来,追求卓越,经常会推出各种主题鲜明的音乐会。那些难忘的场面,成了星广会听众永久的记忆。上海市民蒋润根有一次因为老朋友的赠票,碰巧走进音乐厅星广会现场听了男高音歌唱家施鸿鄂的演唱,此后,他对星广会越来越痴迷,但凡有机会,他总会想尽办法去买票。上海市民缪迅所在单位团支部要搞活动,团支部书记就以星广会演出过的作品为题,举办了一次有奖竞猜活动。

星广会的重新亮相

星广会的发展也并非一帆风顺。1994年,由于星广会无法获得足够的资源支撑,从而停止了现场演出和直播部分,只保留栏目名称,作为电台的常规节目,播出其他音乐会的实况录音,而这一停就停了将近十年。直到2004年,万众瞩目的"星期广播音乐会"终于在上海音乐厅平移改造后,再一次回到了大众的视线。为了使得这个节目能有更大的发展空间,上海音乐厅专门高薪聘请了香港的乐团,还请来了当时任香港舞蹈团艺术总监和香港艺术节联合节目总监的刘镇强先生专门帮助音乐厅策划节目。

重新回归的星广会定位更为清晰,"走进经典音乐从星期广播音乐会开始"成了人们耳熟能详的标识语。十余年来,他们还始终保持30元、40元、50元的低票价,坚持为更多的观众提供物超所值的服务。2006年开始,在星广会电视同步直播中,还启用了音乐博士王勇作为主持人。王勇对于古典音乐有深厚的学术积淀,配以他深入浅出的介绍,让广大听众

主持人王勇

更有机会走近经典音乐。上海市民蒋润根就对王勇的主持风格印象深刻，他觉得，王勇的讲解让一般市民不再与高雅音乐有很深的隔阂。尽管星广会是一个普及性的音乐会，但在10多年的主讲过程中，王勇依然会静下心来为第二天的播出做足功课。王勇说："关键的问题不在于对曲目的了解程度，而是怎么样用更加合适的语言去传达给听众。当听众是第一次走进星广会，我希望自己的讲解对他来说是有吸引力的，吸引他以后经常来。如果他已经是进阶型的听众了，我也希望他在听了我的解说之后，能够得到更多的资讯，使他对于音乐有更深层次的探索。"这或许就是星广会吸引人的地方。

星广会走向多元化

这些年，星广会已经从室内走向室外，从收音机的实况直播到电视、网络同步直播，与听众的互动方式也发生了从1.0到2.0的跨越，以此吸引了更多年轻的乐迷听众。在传统音乐厅现场音乐会的基础上，星广会名家课堂、音乐沙龙、户外的辰山草地音乐会等衍生品也都相应而生。音乐爱好者在音乐厅接受艺术的熏陶，在音乐厅外，他们又会在各个场合得到音乐知识，乐评人许锡铭就是其中的一位。退休之后，他就去老年大学上课，上网查找星广会的演出信息，比较一下哪些曲目是老年人喜欢的或者熟悉的，哪些曲目是入门型的，然后他就让班长组织老年伙伴们一起去现场听。

多年来，星广会一直致力于音乐普及活动，虽然每一场音乐会不可能覆盖全部的听众，但通过星广会的平台，调动市民对于音乐的热情，这就是星广会的使命所在。如果说乐迷们在音乐厅体验到的是视听盛宴，那么在草坪音乐会上，他们感受更多的是音乐带来的快乐。2012年，作为"星期广播音乐会"30周年庆典的一出重头戏，辰山草地交响音乐会在佘山附近的辰山植物园举行，听众们在草坪上或坐或站，青草的香气和跳跃的音符相映成趣。沈舒强参与策划了辰山草地交响音乐会，他听说解放前在上海的一些公园内虽然也曾举办过小型的音乐会，但从未举办过大型的古典

我爱星广会

辰山草地音乐会

音乐会，而在柏林、维也纳、纽约等城市每年都会举行大型的户外古典音乐会，因此，他们尝试着做了这样一次演出。虽然在举办过程中遇到了很多困难，但最后的结果却非常成功，可以说辰山草地交响音乐会开启了上海户外音乐会的先河。

随着星广会从广播实况直播到电视、网络同步直播，这个音乐盛会与听众的互动方式也发生了本质的变化，有了电视的参与，每场演出就由电视台和广播电台同步直播，对听众而言，这就多了一种与星广会近距离接触的方式。到后来，星广会又开始了网络播出，覆盖面就更广了。2015年年底，星广会节目组还开辟了微信群，方便与听众进行高效及时的沟通，比如在"我的莫扎特"专场时，节目组就在选定曲目后，将这个节目单通过公众号分享给所有的听众，由听众投票决定演出哪些曲目。今天，通过官方微博和订阅微信公众号，乐迷们就能轻松获得星广会每场演出的曲目和每个乐曲背后的故事。近几年，越来越多的年轻人也用自己的方式给星广会这个品牌平添了勃勃生机。苟雨诗是星广会志愿者中的一员，他们身体力行地把经典音乐介绍给更多有相同爱好的人，在他们的倡导下，一大批志同道合的朋友也加入了星广会志愿者的行列中，热爱音乐、分享音乐、普及音乐，是他们最快乐的体验。

历时30多年，虽然星广会的播出形式和演出形式不断与时俱进，但不变的是普及经典音乐的心以及对广大乐迷的热爱，曾经伴随着星广会成长起来的音乐爱好者，也一定会把它当作此生中最美好的记忆。

名著人生

在"书荒"的年代里,一本本名著滋润着人们的心灵,一本好书是可以让人回味无穷、受用一生的。有人说,与书结缘、有书相伴,人生不会寂寞。在书籍的世界里,我们不仅可以更好地审视自己,还能与各路名人名家沟通灵魂。

艰难岁月里与名著相伴

每个星期四的早上,上海五里桥街道的老年读书会都会准时进行,大家聚集到一起,每次讨论一个主题,每次都由一位读书会的成员来讲解。上海市民吴畏毕业于第四军医大学,她说自己学生时代为了应付考试,读的多是一些专业书,很少有机会去看文学作品。等到快毕业时,"文革"却开始了,那个时候,想要读到中外名著就非常困难了。有一次,吴畏偶尔经过学校图书馆,意外地发现图书馆底楼的角落里堆了一堆书,她如获至宝,就在书堆当中一本一本地翻看。后来吴畏跟随丈夫来到了上海,在一个医务室里当医生,在那里她又碰上了读到名著的机会。吴畏是一个很和气的医生,服务态度又好,所以很多病人都喜欢她。在她服务的病人中有一位正在接受劳动改造的干部,负责打扫图书馆的卫生。他为了表示对吴畏的友好,每次来看病的时候总会悄悄地塞一本书给她,在这位干部的悄悄"输送"下,吴畏看了很多名著,像《苦难的历程》《战争与和平》都是在那一时期看完的。

沈嘉禄手抄的名著

不过,从小酷爱读书的沈嘉禄就没那么幸运了。20世纪60年代,他要用饿肚子的代价去换取精神的食粮。资深媒体人沈嘉禄回忆说,那时候社会上没有什么书可读,精神生活十分贫瘠。后来,他了解到学校图书馆的大量藏书都堆放在了库房里,对此他无比憧憬,班里几个比较调皮捣蛋的同学跟他说,他们能把书拿出来借给他,但代价是一本书借给他一天需要付1角钱。沈嘉禄说,当时两个大饼、一根油条也是1角钱,于是他就只好把吃早饭的钱省下来给了那几位同学。就是在这样的情况下,他把巴尔扎克的十几本小说都看完了。沈嘉禄就这样在精神饥渴的年代里艰难地读着一本本来之不易的名著,终于有一天,他在表哥那里挖到了宝。回想起那次的经历,沈嘉禄仍然觉得又好笑又脸红,他说:"表哥的一位同学来看望他,给他带了一些书,其中有一本是《鲁迅诗歌集》。当时我看到后也非常激动,在我的再三请求下,表哥答应把书借给我,让我带回去抄。当时我比较着急,眼看着还书的日子就要到了,于是我就把诗歌集里内容比较多的几页撕了下来,放在家里慢慢地抄,结果被表哥发现了,因为这事,我被他狠狠地训了一顿。"

看书时,只要是沈嘉禄觉得精彩的部分就会把它们都抄下来。在沈嘉禄的抄书生涯当中,有海涅、莱蒙托夫的诗,有巴尔扎克、雨果、莫泊桑的小说，他最疯狂的举动就是把整本手记本的《茶花女》抄了下来。一本《茶花女》大概有20万字，而手记本也有5万字，当沈嘉禄看了几页手抄本后非常激动，想跟同学多借几天，却被拒绝了。没有办法，沈嘉禄只得赶时间，为此他还大着胆子把手抄本带进了课堂，当他抄到最后一页，眼看就要大功告成时，门被推开了，几个工宣队员冲了进来……这些事情如今看来很不可思议，却是沈嘉禄非常重要的人生经历。后来随着藏书积累到一定程度，他索性办了一个"私人图书馆"。后来沈嘉禄发现，同学借去的书时常有去无回，为此他专门还刻了个图章，上面刻了一个字——"还"，把这个字印在书上，提醒同学按时归还。

想尽办法找书看

借书不还可能是很多人经历过的事情，曾经是沈嘉禄同事又是朋友的胡展奋就坦然承认当年自己是个"雅贼"。回忆起那时候"偷书"的经历，胡展奋还有点不好意思。他说："很多人偷了我的书，我也偷了不少人的书，比如说我的书被他卡住了，那么我只能卡住他的书，再拿他的书去和别人做交换。我觉得我们当时的读书人都是'雅贼'，没有读书人敢说自己的书本本来历都是清清白白的，总有一本是暧昧的。"生于50年代的胡展奋从小就喜欢读书，他少年时代，大量的名著都是在一位小伙伴家的亭子间里读完的。那时候，他住在江宁路五福里的石库门房子里，他有个邻居叫陈巍，他俩天天在一起玩，建立了深厚的友情。当陈巍看到胡展奋成天躲在阁楼昏黄的灯光下看书时，终于有一天他忍不住告诉胡展奋，说他父亲的书比他的多得多了。陈巍的父母亲都是做老师的，家里接待外人也比较谨慎，但出于小伙伴之间的友情，他向胡展奋打开了他家的书橱。在那个"书荒"的年代里，胡展奋在小伙伴家如饥似渴地读着那些外面极难看到的名著。

当时，想要借到一本名著是件不容易的事，大家为了能得到一本好书，会想尽各种办法。市民杜金海回想起自己当年读名著的情景也感触颇多，她一位同学的父亲早年在印制厂工作，"文革"期间被抄家，大部分

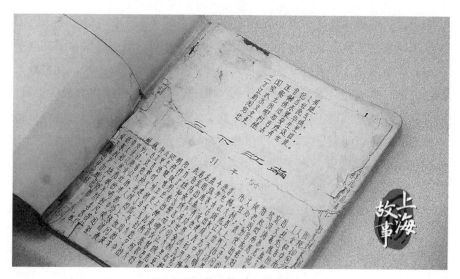

秦来来保留的手抄本《三下江南》

的书都被抄走了。然而,放在厨房一个角落的书却幸好没有被发现,杜金海为了能读这些书,就给她的同学织毛衣,以此来联络感情。那时候,有些书借给别人看还要偷偷摸摸的,杜金海的同学为了防止被别人察觉到什么,不仅把书包裹起来,还在上面覆盖上《毛泽东选集》。就是在这样的环境里,杜金海如饥似渴地读完了《红与黑》《简·爱》《呼啸山庄》等世界名著。资深媒体人秦来来回忆起那段"偷偷摸摸"读名著的日子,印象最深刻的就是大家因为私底下交流各种名著而建立起来的信任感。如今,回首那段岁月,秦来来把名著阅读总结为三个阶段,他说:"'文革'之前我们到处借书读;'文革'当中我们觅书读;'文革'以后我们可以买书读。在'文革'这一特殊时期,有些书是不能公开的,借书就像搞地下工作,当时流传的手抄本,就是由某个人创作的,别人若觉得好,就抄写下来,一传十,十传百,就这样流传出去了,当时比较有名的有《第二次握手》《一双绣花鞋》《三下江南》。"

在很难找到原著来读的时候,那就只好自己动手去抄手抄本。在上海音像资料馆工作的石左虎很早就掌握了四国语言,业余时间还翻译了几本外国著作,当年他初学英语的时候居然想动手抄英汉词典。那时,石左虎还是初中生,他几乎跑遍了上海市内的所有新华书店,却找不到一本英汉词典。后来，石左虎的老师听说了他的经历，便悄悄地把英汉词典赠给了他。

与书结缘的美好经历

那时不仅家里珍藏着几本名著的人很吃香，就连看名著看得多的章丽琼也因为哥哥、姐姐总有办法弄来几本书而使得她变成了小姐妹里的红人。章丽琼的一帮小姐妹天天围着她，让她讲故事，于是章丽琼就把《悲惨世界》《红与黑》《安娜·卡列尼娜》《复活》中的故事说了一遍又一遍。章丽琼不仅因为读名著而拥有了很多朋友，而且还为她带来了甜蜜的爱情。她的丈夫当年知道她爱读书，所以想尽一切办法找来各种她想要看的书。章丽琼的丈夫原先是她的中学语文老师，当他得知章丽琼最崇拜的是斯巴达克斯，特别想看小说《斯巴达克斯》后，就千方百计地借到这本书，以家访的名义把书带给了她，回想起这段往事，章丽琼至今仍感到十分有意思。

曾经是"振兴中华读书会"主要参与者之一的陈振民出生于20世纪50年代初，那时陈振民还居住在老式的里弄房子里，躲在阴凉的地方看书是他童年暑假里最美好的事。白天，随着太阳的移动，屋内的阴处也在移动，于是陈振民就不断地跟着太阳转移位置读书。到了傍晚，陈振民就在滚烫的地上洒上水，然后就是一把躺椅、一杯水、一把蒲扇、一本书的休闲时光了。陈振民曾任上海市精神文明办副主任，他记得，儿时"少年之家"图书馆也是他吸取养分的好地方，那里有几千册的藏书，《苦菜花》《迎春花》《朝阳花》《吕梁英雄传》《草原烽火》等，都是在那里读到的。可是到了"文革"开始后，这些名著对陈振民他们这代人关上了大门。那时，陈振民只有14岁，无所事事的他总喜欢和同学到学校里溜溜转转，有一天，他发现了一个门口贴着封条的地下室，在好奇心的驱使下，他们揭开了封条走了进去，却意外地发现了难以计数的好书。他们像搜索宝贝似的在书堆里翻寻，陈振民当时就带走了巴金的《家》《春》《秋》，茅盾的《子夜》，还有很多苏联时期的文学作品，比如高尔基的《我的大学》、奥斯特洛夫斯基的《钢铁是怎样炼成的》。至今，奥斯特洛夫斯基的那句名言时常回荡在他的脑海里，让他受益无穷——"当你回忆往事的时候，不会因虚度年华而悔恨，也不会因碌碌无为而羞愧"成为他这一生的座右铭。陈振民的父亲当时在出版行业工作，所以家里也有很多藏书，但在那个非常时期，那些书很可能会成为"定时炸弹"。为了免去后顾之忧，父亲让陈振民去废品回收站把书卖掉，当时，陈振民是含着眼泪把这些书带到长春路上的废品回收站的。他记得，有一位中年人就站在那里，看当到陈振民的书后，当即表示愿意出高价买下，那是一位儒雅的读书人，出于对书的爱护，陈振民就答应了他。

五里桥老年读书会成员陈晶龙老人是读书活动的积极分子，年轻时曾经两次被评为"振兴中华读书会"的先进个人。说起读名著的经历，陈晶龙说："对我影响最深的就是奥斯特洛夫斯基的《钢铁是怎样炼成的》，那时候我们还是青年，有这样一个英雄人物作为我们的榜样是很好的。到1959年，国家刚刚进行大规模的建设，我响应国家的号召，到上海一个铁路建设工地去支援工作，那时是冬天，天气特别的冷，我想起《钢铁是怎样炼成的》里保尔在铁路工地工作时也是冷天，那时候我觉得保尔能挺过来，我也可以，是保尔的精神鼓励了我。"陈晶龙老人前年生了一场大病，在困难的时刻，又是这本书给了老人巨大的信念，支撑他与病魔作斗争，他觉得《钢铁是怎样炼成的》影响了他的一生。对于杜金海来说，也有一本名著在他最艰难的日子里成为他心中最大的精神支柱，那就是《简·爱》。回忆起那时的艰苦岁月，杜金海深情地说："我们这一代在生活上碰到的坎坷还是蛮多的，但每当我碰到坎坷的时候，就会不自觉地想到简·爱，她在寄人篱下的环境里还能顽强地生活，所以我一直用这个故事鼓舞自己。"

那些疯狂买书的记忆

"文革"的结束使思想被禁锢了将近十年的人们一下子升腾起了对读书的渴望。38年前，张建平走进上海译文出版社报到，38年后，他恋恋不舍地从工作岗位上退休了。张建平记得,改革开放不久,文化部决定恢复外国文学的出版工作,当时在全国只有两家出版社能够出版外国文学著作,一家是北京的人民文学出版社,另一家就是上海译文出版社。得到文化部的指示后,上海译文出版社出版了第一本外国文学名著《斯巴达克斯》。让出版社全体员工没有想到的是,这本书一上市,就立马遭到了疯抢。经历了"书荒"年代的人们一听说有文学名著要上市,总会在新华书店门前排起长队,有时甚至要排通宵。那时,就连在上海译文出版社工作的张建平想要买到一本《斯巴达克斯》,也不是一件容易的事情。有一天,张建平和几个朋友相约来到淮海中路的新华书店买书,可没过多久,店员就把大门关上了,原来是加印的《斯巴达克斯》到货了。于是,被关在里面的读者幸运降临,每人都可以购买一本《斯巴达克斯》,等买到书以后,店员让张建平等从后门悄悄出去。当时,张建平还想再买一本《斯巴达克斯》,于是他也只得加入长长的排队买书的队伍之中。在改革开放初期的那些年里,新华书店的门口经常排着见首不见尾的长队,那时,秦来来就曾经为了买到名著天还没亮就去排队,由于当时供给每个新华书店的图书数量有限,这对读者来说更加造成了一种紧张的感觉。秦来来记得那天排队的人实在太多了,就连豫园派出所民警也来到现场维持秩序。这样的场

新华书店门口排队买书的人

面,秦来来现在回想起来记忆犹新:"这是我这一生当中或者我们这一代人的读书活动的一个高潮啊。"人们争先恐后地买书、看书,用阅读来充实自己,这一不可再复制的场景在当时来说,却是再普通不过。

当时上海译文出版社精选了35本中外经典小说,一版再版,总共发行了150万册。在南京东路新华书店购书的读者最多的一天就有1.6万人,有的人买起书来不是一本一本地买,而是一叠一叠地买,而张建平也成了这套书出版发行的见证者。他介绍说,这35本中外经典小说叫"外国文学名著丛书",直到现在这套书在网上的旧书店里还卖得挺火。当时,这套书的名气很大,因为它在很大程度上缓解了"书荒"。那时候由于大家都在抢购这些中外名著,使得市场上的供应已经远远满足不了大众的需求,甚至连印刷的纸张都成了紧俏物品,用"洛阳纸贵"来形容,真是一点也不为过。由于当时出的书少,看的人多,因此,爱书人中间还自发形成了一个换书市场。沈嘉禄介绍说:"上海人蛮聪明的,他会利用自己有限的资源实现了共享,书店门口会自发地形成一个交换市场,大家拿着自己看过的书,在那里交换。我有一本书,交换之后就可能看了五六本书了,我觉得这一幕非常温馨,上海人读书读到这个程度,应该说也是空前绝后的。"

从十年"文革"里走来的那一代青年人,当他们走到改革开放的门口就像走出茫茫沙漠一样,把书店当成了生命的绿洲。那时候,如果谁有在新华书店工作的亲戚朋友也是一件很幸运的事情,秦来来儿时就有一个小伙伴的母亲是延安路新华书店的营业员,因此他就经常托小伙伴的母亲买书。

阅读使人终身受益

20世纪80年代,中央新闻纪录电影制片厂在上海拍摄了一条新闻,记录的是那些年的每个清晨,上海图书馆还没开门时,门口就排起了长长的队伍的情景。因为到新华书店买书不易,再加上买书也是一笔不小的开销,所以上海大大小小的图书馆也就成了很多爱读名著的人们热衷去的

图书馆是人们热衷去的地方

地方。

当时在徐汇女中旁边的校办工厂工作的胡展奋就在身边找到了这样一个读名著的好地方。工厂负责人知道胡展奋喜欢看书,就让他中午去图书馆休息,当时"文革"刚结束,来图书馆的人还不多,于是胡展奋就自得其乐地看了很多好书。复旦大学历史系教授金光耀当年是在恢复高考后的1978年考入复旦大学历史系的,复旦的图书馆对于他来说简直就是一座知识的宝库、文学的宝库。金光耀在考入复旦前,并没有看过什么文学名著,进入大学后,在研读大量专业书的同时,他还没日没夜地看了很多文学名著。回想起那段经历,金光耀说:"我们对知识的渴望实际上和我们成长过程中的知识饥渴是联系在一起的。"

1981年,孙嘉明从黄山茶林场回到上海,同年考上了复旦大学社会学系,他的读书欲望也是在大学校园和书店里得到满足的。那时候,他经常去福州路买书,收集书籍成为他的一大爱好。经过了30多年的积累,孙嘉明拥有了自己丰富的藏书,最近他正在整理这些书,打算把它们全部捐献出来,送给有需要的老师和同学。孙嘉明教授是这样说的:"我现在的主要工作地点在美国,接触的也是英文,而且这些书分量很重,我没有办法把它们带去美国。我想把这些很有价值的书分享给我的同事、同行,让

孙嘉明做的剪报和读书卡片

它们在合适的人手里，再一次焕发出它们的生命力。"

在一批批的中外名著重新走进人们的读书生活之后，上海译文出版社还出版了一套用于收藏的精装本世界名著——"外国文学名著珍藏本"。这套书一经推出就广受好评，它不仅满足了人们阅读和收藏的需要，更成为当时赠送给朋友的最佳礼品。

千里姻缘一书牵

当年，"文学墙"的出现是一个新生事物，文学青年可以在这个园地谈名著、聊文学，因为到这里来的大部分是青年人，所以还有一部分人也在这里找到了爱情。胡展奋有一位朋友很喜欢诗歌，有一次，他把英国诗人济慈的诗抄下来，贴在了"文学墙"上，有一位女孩子看到后就堵住了他，向他要济慈的诗来读，这样一来二去的，很自然地就有了浪漫的爱情故事。七八十年代上海兴起的这股读书热的确影响到正在谈婚论嫁的男女青年们。那时候的年轻人结婚讲究的是"三十六条腿"，而从小就爱读名著的卢其芬对丈夫的要求居然是要有一张书桌和一盏台灯。她渴望结婚后能在书桌旁安安静静地看书,而她的爱人也实现了她的梦想。沈嘉禄和他的太太也是在一套名著的牵引下开始走上爱情道路的,《战争与和平》成了他们之间永恒的信物。陈振民也是如此,正是因为他把一部名著里的故事讲给一个女孩子听而找到了他的终身伴侣。就是那一本本的文学名著给了那个年代的人一份精神上的富足和希望,支撑了许多年轻人的日日夜夜,为他们未来的人生道路点上了一盏明亮的灯。

高考 1977

高考，在大多数国人的心中，有着丰富的含义。有人说，高考是一场千军万马过独木桥的战役；有人说，高考是一次最庄严最具仪式感的成人礼；还有人说，没有经历过高考的人生是不完整的。1977年，在历史的长河中是一个再普通不过的年份，但是，当这一年与中国恢复高考结合在一起时就有了特别的意义，就像电影《高考1977》中的那句台词说的"恢复高考比高考本身的意义更伟大"。1977年的高考，改写了一代人的命运，站在几十年后的时间坐标上，回溯那场意义非凡的高考，依然会让经历过、见证过1977年高考的人们心旌荡漾。

一声惊雷：改写一代人命运的决定

上海籍电影导演江海洋是通过高考改变了命运的人，《高考1977》又是成就他职业生涯最重要的一部作品。40年过去了，当年还是怀揣着抱负、意气风发的年轻人，如今已是双鬓染霜。江海洋通过电影镜头，唤起了一代人的记忆，而那些参加过1977年高考的人，无论他们今天的境遇如何，只要提起那一年，他们的心中就无法平静。

江海洋记得，《高考1977》第一次在美国公映时就引起了轰动："很多观众看完电影后太激动了，开车回家路上开着开着就开不下去了。电影让他们想起了太多的往事，非得让自己哭干净了，把这么多年自己的人生、自己在美国的遭遇哭干净了。"

高考1977

《高考1977》触动了无数人的心弦，40年前的恢复高考是无数人命运的转折点，从历史上来看，高考对于古老中国的教育制度还是一个新兴事物。1905年，清王朝出于发展新教育、培养实用人才的需要，废除科举，引进西方考试制度，中国现代高考制度得以正式建立。中华人民共和国成立以后，在1952年建立起全国统一高等学校招生制度，为新中国培养出第一批大学生，但是到了1966年，教育部宣布，高等学校招收新生的工作推迟半年进行。

1966年，作家王小鹰已经在读高三，对大学生活充满了向往。她清晰地记得，当时隔壁住着一位清华大学的大姐姐，王小鹰对她崇拜有加，梦想着也能考入北大，仍然与大姐姐做门对门的"好邻居"。可她苦苦等了半年，依然没有等到高考恢复的消息，"北大梦"一下子就破灭了。王小鹰将那个时候的心情描述为"心往下坠，但是脸上还得表现出非常支持"。当时学校组织毕业生上街游行，欢呼废除高考，欢呼铲除修正主义的温床，但王小鹰的心里却特别惆怅。

那时在社会上"读书无用论"甚嚣尘上。77级高考阅卷老师张景岳记得："在弄堂里，特别是夏天，经常能听到有人在大喊大叫读书一点意思都没有，话音未落，马上群起附和。'文革'一开始，学校里马上就不考试了，小学直接升到中学，学制也缩短了，小学五年中学四年，发的课本也和以前不一样了，比如物理、化学、生物原本都是自然科学，却合并成工业基础、农业基础，被学生简称为'工基''农基'。"王小鹰主动报名去了安徽黄山的农场，而留在城里的年轻人，有一部分成了工人。77级毕业生康健本来应该1967年参加高考，可到了高二的时候，大学停止招生，因为种种原因，他并没有像同龄人一样参加工作，直到1972年尼克松访华带来了一股外语热，广播里开始播出外语教学节目，这给苦闷中的康健带来了一丝希望。于是，他开始没日没夜地自学外语，当时的广播教学有英语、法语和日语，康健就三门功课一起学。然而听广播也需要最基本的条件：一是要买教科书，二是要买听广播用的干电池。对于向家里要这份额外的开支，已经是大小伙子的康健觉得非常难以启齿："我就把家里的废品，比如鸡毛、鸭毛、肉骨头或者是鸡内金，统统拿去卖掉，就用这钱去买书，去虬江路买便宜的干电池。"

就这样,在高考取消以后,无数人失去了课堂,奔赴田间地头、工厂车间、部队营房,日子久了,当初的豪情渐渐消退,有的人干脆结婚成家,过起了小日子。陆志明和周抗美当年都是到云南西双版纳插队落户的知青,两个年轻人最终走到了一起。陆志明说:"我们结婚的时候是1976年,那一年是我们国家最艰难的时候,几位国家领导人先后离开了,我们也不知道以后该怎么办。就知道自己年纪大了,要成家了,1976年我们结婚,1977年就有小孩了。"和陆志明夫妇一样,打定主意扎根边疆的知青不在少数,他们结婚生子,成为普普通通的农民,完全融入了当地人的生活。谁也没有想到,随着1976年"四人帮"的覆灭,"十年动乱"宣告结束。1977年,邓小平复出主持工作,那一年的1月,周抗美回到上海生孩子,突然间她听到了一个令人震惊的消息。

平地再惊雷:不胫而走的好消息

生完孩子不到两个月,周抗美的母亲就告诉她,社会上流传着要恢复高考的消息,她坚决支持女儿女婿参加考试。然而周抗美却犹豫起来,一来这则消息有待证实,二来儿子刚刚出生,无论如何她也抽不出精力复习迎考。但这则消息着实让陆志明感到又兴奋又焦急,自己年纪大了又有了孩子,还能参加高考吗?他对形势做了判断,认为恢复高考是早晚的事,越早做准备越有利。于是,周抗美把两个月大的儿子交给了母亲,她把对儿子的牵挂强压在了心里,带上儿子的照片返回了西双版纳,和丈夫一起提前复习功课。

1977年4月,陆志明夫妇就开始为了一个不确定的未来做准备,他们远在云南边陲,没有老师,没有教材,已有十年没有系统学习了,夫妻俩只好连蒙带猜。

1977年年初,气氛悄悄发生着"化学变化",恢复高考的传言就像影子一样穿梭于人群中,周围的人都在热切地讨论着它,描绘着它的样子。然而当人们满怀期待地伸出双手上前拥抱它时,却辨不清它真实的方位,远在安徽大山深处的一群青年工人也嗅到了命运即将发生转折的气息。

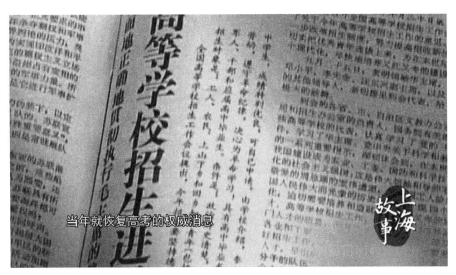

《人民日报》上发布了当年恢复高考的消息

资深媒体人胡展奋当时在安徽深山的一个工厂里当工人，恢复高考的消息像一颗深水炸弹在青年工人里炸开了花，虽然表面上风平浪静，实际上每个人早已心潮澎湃。他记得当时上海不断有人写信来，说可能要恢复高考了，工厂里的年轻人摩拳擦掌，都认为自己会成功。高考的意义就在这里，它拉开了知识就是力量的序幕，对于知识的渴求就像深埋在心底的一颗火种，只要有机会，这颗火种迟早是要燎原的。神州大地，人们翘首盼望着一声春雷炸响。

1977年8月4日至8日，邓小平在北京主持召开了科学与教育工作座谈会，邀请了30多位著名科学家和教育工作者参加会议，重点讨论高校招生这个热点问题，当时参加会议的武汉大学副教授查全性站出来主张立即恢复高考。那时的查全性还只是一个名不见经传的年轻教授，他的言论一石激起千层浪，会场立刻炸开了锅。立刻恢复高考是很多学者想说又怕说出口的话，尽管查教授的发言道出了大多数与会者的心声，却明显又出乎大家的意料，全场鸦雀无声，与会者不约而同地将目光移向邓小平。小平同志当即表态说：现在的招生办法不行，要把它改过来，看准了的，不能等，不能再耽误一代人！

就在各种猜测漫天飞的1977年10月，国务院批转了教育部根据邓小

国务院《关于1977年高等学校招生工作的意见》的文件

平指示制定的《关于1977年高等学校招生工作的意见》。文件规定：废除推荐制度，恢复文化考试，择优录取。10月21日《人民日报》上发布了当年就恢复高考的权威消息，与此同时，各大广播电台也反复播出这个消息。纪录片导演冯乔当时在崇明农场，得知恢复高考的时候已经是《人民日报》发布消息的第二天了。

那些对高考政策的疑虑

　　1977年的高考破除了年龄、婚否、出身限制，成为更多年轻人逆转命运的极好机会，然而经历过十年"文革"的人们对全新的高考政策还是心存疑虑。刘观德因为家庭出身问题屡屡受挫，即使忽然有好消息降临，他总是下意识地衡量一下自己是否有资格。刘观德为了报名的事情多方打听，当他终于得知"唯成分论"已经彻底破除，很多和他一样"家庭出身不好"的考生并不会因此受到影响，他悬着的心才放了下来，顺利报名参加高考。

　　对高考政策的疑虑，不仅体现在考生身上，也体现在当时各大企事业单位的领导层。出于种种原因，他们对于职工参加高考普遍抱有一种复杂的心情，当时"安心生产比高考更重要，不同岗位都可以发挥光芒"的说法十分普遍，企事业单位大都不希望人才一夜间流失了。

十年没有系统学习了，我能行吗？没有复习资料，怎么准备高考？对于当时大多数有志参加高考的考生来说，这是两个摆在眼前的大问题。他们开始翻箱倒柜寻找中学课本，中国有史以来少有的一场读书热潮就此上演。在朗朗的读书声里，全国570万名考生将在12月一同走进考场，对于他们来说，那个冬日的阳光特别灿烂。

紧张备考的日子

离高考只有四五十天时，一套1963年出版过的"数理化自学丛书"横空出世。当出版社把书稿发到印刷厂时，工人们的热情空前高涨，三班人马6部机器24小时日夜运转，"数理化自学丛书"的《代数1》终于赶在1977年恢复高考前的一个月面市了。张景岳回忆说："大家全部都去买，复习资料的供应紧张到要通宵排队。什么叫洛阳纸贵，真的是身价百倍。"

数理化自学丛书

当时，老师也立马吃香起来，特别是数理化老师，大家都登门求教。

90岁的戴乐怡老奶奶正好是那一年高三毕业班的班主任，她的女儿姚臻当时在崇明农场工作，也报名参加高考。戴奶奶说："我那个时候忙学校的事都来不及，家里的事我基本上是不管的，由我的老母亲来安排，每天很早去学校，很晚回家。"尽管姚臻的父亲是大学教授，母亲是高中语文教师，她还是靠着"数理化自学丛书"进行考前复习。这套丛书涵盖了初高中阶段数学、物理、化学的绝大多数知识点，能为当年的考生们解燃眉之急，因为一书难求，有幸拥有这套书的人就成了众人羡慕的对象。姚臻的朋友黄悦那时候也在崇明农场工作，她的复习资料全靠姚臻一个字一个字地手抄给她。

那段时间，黄悦和姚臻经常一起复习，互相促进，然而难题很快就来了。当初黄悦下乡的时候分配到建筑工程队的水泥班，专门负责在工地上拉建筑材料，既要工作，又要应付高强度的复习，让她感到十分疲惫。幸运的是她遇到了一位好领导，黄悦动情地说："他是崇明当地人，是我们的连长，他感到知识很重要，所以很支持我，把我安排到工具间，这样我就有更多的时间去复习功课了。"

但是这样的幸运并不会降临到每一个人的头上。冯乔当年在崇明农场工作的时候被分配到武装部，任务是看管八门高射炮，算得上是一个比较重要的工作。在复习备考的日子里，原来对他比较好的连队领导突然变脸了，开始对他凶巴巴的，而且经常罚他去做很苦的工作。冯乔不明白这位领导是舍不得他，还是要压一压他，但他暗下决心，一定要走高考之路，出去闯一闯。不过，他时常为没有复习时间而发愁，当时年轻的冯乔并不知晓同学中还上演过"打电报骗假期"的戏码，他完全靠着靠刻苦刻苦再刻苦来争取复习的时间，就这样，冯乔在高炮阵地上咬牙坚持了两个月。

1977年的恢复高考不单让千百万的青年迎来了新的人生，成了他们命运的转折点，而且整个社会风气转向了尊重知识、尊重人才。当时，全国各地都掀起了一股读书热，在上海的各个图书馆，许多读者早上进来，晚上等图书馆关门再回去。当年有一句非常激励人的口号，叫作"把失去的时间补回来"。中学毕业后一直留在上海的康健就是这股热潮中的一员，高考报名之后，他更加用功学习。功夫不负有心人，到高考前夕，他已经

每天早上都有人在图书馆门口等排队

能背下整整一本法语词典，能一字不漏地默写下135篇法语课文，他打定主意报考法语专业。

此时，远在云南西双版纳的知青陆志明夫妇，却没有上海那么好的学习条件，没有书本、没有老师，也没有地方咨询。虽说是连蒙带猜，但陆志明夫妇依然一本书一本书地啃，一道题一道题地做，没有老师讲解，他们就按照书中提示的步骤，一步一步由浅入深地理解知识点。

两场"战役"的开始与结束

时间过得飞快，转眼秋去冬来。1977年的全国高考开始于11月28日，结束于12月25日，各省、市、自治区自行确定具体考试时间，570万名年龄参差不齐的考生，走进了关闭已10余年的高考考场。考生中，年龄最小的14岁，最大的40岁出头，在全国各地，父母与子女、老师与学生同进考场的场面屡屡出现，这是世界历史上规模最大的招生考试，也是中国高考史上唯一一次在冬季举行的考试。在高考的那几天里，无数人一大早就奔向汽车站，奔向希望，在他们的记忆里，那个早上似乎是和"赶车""追车"联系在一起的。

冯乔回忆说:"我有一个同学,他第一天考得特别顺利,回家很累就睡了。第二天早晨睡过头了,一醒来脸也没洗,牙也没刷,就奔了出去,赶上了那班出发的车。他后来深情地说,正因为他赶上了那班车,他的命运才发生了变化,如果那一班车没有赶上,他以后的命运一定不会是现在这样的。"在电影《高考1977》中,导演江海洋就反反复复用了"追车"这个意象的镜头。

那一年高考的作文题目可以看作是当时政治的风向标。安徽的作文考题《从"科学有险阻,苦战能过关"谈起》、内蒙古的《谈实事求是》、云南的《攻书莫畏难》都委婉地表达了对知识与科学的追求。上海的考题《知识越多越反动吗》、浙江的《路》也都在鼓励人们进行反思。对于一心报考法语专业的康健来说,则比别人多了一道外语口试关,这是让很多考生碰了一鼻子灰的难关。康健记得他跟陪他进去的老师说自己很紧张,还记得有考生紧张到连一句英文也说不出口,这让康健更加紧张了。他的外语口语全靠自学,这是第一次派上用场。康健说:"加试题好像是说巴黎公社的意义,听着好像很难,但其实不是很难,因为我们的广播教材里面有一段说巴黎公社的,这篇课文我背得出来。"康健有惊无

高考考场

险地通过了外语口试，随着外语口试的结束，1977年的高考也随之落下了帷幕，经历过这一番风浪的考生们回到各自原来的工作岗位。然而他们的心情却很难平静下来，等待高考结果的这段时间，就像黎明前的黑暗，非常受煎熬。

高考结束后，另外一场战斗打响了。戴乐怡老奶奶当年被抽调参与了上海高考语文阅卷工作，当时阅卷都是没有任何酬劳的，只管饭吃，但根本没人计较，能够参与的老师都感到非常荣耀。阅卷的老师们心里很清楚，他们面对的不是普通的试卷，而是考生近10年的心血，必须给他们一个公正的结果。戴奶奶说："参与阅卷的每个人都非常认真，稍有差错对考生的影响很大，大家都觉得不能随随便便地加以否定，所以都很认真。"

为了保证结果的公正，当时制定了严格的阅卷纪律，张景岳作为高中数学老师，参与了安徽省高考数学卷的阅卷工作。那一年，参加高考的考生几乎都是在不到两个月的时间里仓促上阵的，考生的年龄和文化，反映在答卷上的水平参差不齐，这就需要考验阅卷老师的经验和耐心了。张景岳记得有的考卷整整齐齐、清清楚楚、思路清晰、答案正确，一看就是老高中生做的，但也有不少做得乱七八糟的，有的干脆就交白卷。一个交了白卷的考生还自我解嘲，写了一首打油诗："小子本无才，老子硬叫来，白卷交上去，鸭蛋滚滚来。"

紧锣密鼓的阅卷工作在1978年春节之前才结束，那一年的高考最后没有公布成绩。文化考试通过之后，还要进行体检、政审，最终拿到大学录取通知书的才是幸运儿。过了1978年1月，很快就是春节，这个春节对于所有77级考生来说都是一种煎熬。

和考生的心情截然相反，参加完封闭阅卷的张景岳回到上海家中过春节。大年初一那天，他收到一个意外惊喜，那天下午，邮递员送来了《文汇报》，报纸翻开一看，一篇叫《哥德巴赫猜想》的文章占了好几个版面，张景岳和哥哥一起读，一直读到最后，越读越兴奋，因为终于有文章把一个钻研业务有成就的知识分子当成主角歌颂了。《哥德巴赫猜想》的发表，预示着春天的到来。果然，在1978年春节之后，第一批录取通知书就送到了那些幸运儿的手中。一场考试，让众多考生拥有了公平竞争的机会，虽说这是一个人人生的转折点，但更是一个国家的命运拐点。

25∶1：27万幸运儿喜获录取通知

1977年的高考录取率为25∶1，570万名考生中有27万名考生幸运地拿到了大学录取通知书。这场高考还催生了许许多多悲喜交集的故事，一些考生的命运在悄无声息中发生了改变。在这届考生中有一个奇特的现象，那就是考生们之间的年龄上差别很大，其中老三届中不少考生已经结婚生子。从云南考到上海的陆志明夫妇就是带着孩子上完了四年的大学课程。有人说，1977年的这场高考不仅恢复了高考这种考试形式，而且恢复了社会的公平公正，高等教育面前人人平等。通过恢复高考，尊重知识、尊重教育、尊重人才的良好社会风气重新树立了起来。

在煎熬中度过了1978年春节，幸运儿们终于陆续收到了录取通知书。隔着40年的光阴，很多考生对当年的狂喜依然历历在目。"门房间的老伯跑过来叫，刘观德，你快来，你有通知了，当时我激动死了，跑到门房间去把那通知拿来一看，那时简直想哭，真是激动人心啊。"说起这一幕，刘观德仍然很激动。"一直熬到2月20日，突然喜从天降，大学录取通知单告诉我，我被华东师范大学（当时还名为上海师范大学）中文系录取了，22日我就在农场的招待所里睡了最后一个晚上，我还写了一篇日记《农场的最后一夜》。"冯乔这样说。

相对于大多数考生的狂喜，也有人是例外的，王小鹰当年拿到录取通知书的心情就很复杂。王小鹰考取了华东师范大学中文系，这个结果离她理想的大学仍然有一段距离，因为她想上的是北大。1978年的时候，王小鹰已经从安徽农村上调到上海机电设计院，尽管她还只是一名描图工，但这个工作却是众人羡慕的铁饭碗，好多同事和朋友认为这时候再去读书有可能得不偿失，但王小鹰毅然辞去工作，奔向大学校园。其实77级高考时没有重点与非重点大学之分，也不公布高考分数，志愿只能填三个，考试口号是"一颗红心，两种准备""接受祖国挑选"，大多数人的真实心态是只要有书读，不管什么学校都可以。

高考1977

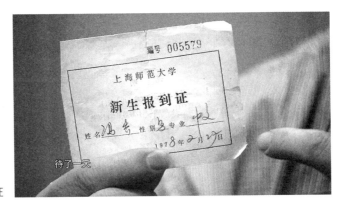

冯乔的大学新生报到证

77级大学生入学报到

眼看着一封封的录取通知书飞到别人手中，报考了外语专业的康健的自信心受到了挫折。通过了文化考试，又通过了体检，他却迟迟等不来录取通知书，一直等到3月，依然没有消息。当他渐渐接受落榜的事实，决意再考，并每天在家中熬夜复习时，一个意想不到的转机出现了。原来，在1978年年初第一批考生被录取后，各地纷纷向教育部反映招生名额太少，这引起了中央的重视，教育部决定扩大招生。规定从1977级新生起，允许高等学校招收通用和急需专业的走读生，并要求注意招收1966届、1967届高中毕业生，康健就这样幸运地走进了大学校园。

对陆志明夫妇来说，通过高考回到久别的上海，回归久别的校园，这种欣喜之外还多了一层含义：他们的儿子已经半岁多了，一直留在上海外婆家中，做父母的终于能与儿子生活在一起了。高兴之余，小两口却犯了难，夫妻俩双双考进上海华东师范大学，户口也随之迁回到学校，可儿子的户口不能跟随他们迁移。那时候的城镇居民实行粮油凭票供应，粮油关系与户口捆绑在一起，没有户口就意味着没有口粮。这可不是开玩笑的事，陆志明为此多方奔走，他跟云南方面取得联系，最后孩子的户口落在了他在西双版纳农垦分局的一位同事家里，一落就是四年。20世纪80年代开始，上海逐渐恢复独生子女补贴，但因为孩子的户口在云南，他们依然无法享受这个补贴，带着孩子念书，也使得陆志明夫妇格外艰辛，好在夫妇俩坚持了下来。

被激励的青春

直到今天，上大学仍然被莘莘学子认为是改变命运的重要途径，也注定高考是一条严酷的羊肠小路，在录取率只有4.8%的1978年，更意味着95.2%的考生落榜。黄悦和她的朋友姚臻都落榜了，她们熬过了一段失落的日子，约定半年后再考。远在安徽山区的胡展奋也经历着同样的煎熬，当年全厂考取大学的只有一人，厂子里一下子弥漫着一股悲观的气氛，年轻人都觉得自己不可能在短时期内掌握那些课程，他们彼此安慰、抱团取暖。

尽管当年高考录取率只有4.8%，570万考生中绝大多数没能考上大学，但高考的恢复使得每一个人可以有做大学梦的权利和希望。不少人虽然高考落榜，但由于受过高考总复习的煎熬，养成了坚毅的个性，得到了一笔精神财富。

1977年高考落榜的黄悦依然坚持读书，功夫不负有心人，1978年秋天，黄悦接到了上海化工学院的录取通知书。高考的失利同样也激励了胡展奋，他去图书馆自学，阅读了大量的书籍，这大大地丰富和开阔了他的视野，胡展奋坚持自学10年，直到20世纪80年代末，他凭借10年苦学的功力，走进了复旦大学。江海洋也在1978年参加了北京电影学院的招生考试，圆了自己的大学梦，后来成为中国第五代导演中的一员。

自1977年恢复高考后，中国的青年一下子看到了充满希望的人生，当年物质生活虽然贫乏，但青春的激情却四处洋溢。当时社会上最流行的两句口号，一是"为实现四个现代化而读书"，二是"把失去的青春夺回来"。在

当年的大学课堂

77级的大学生中,读书呈现出一种饥渴状态,早上6点刚过,图书馆还没有开门,学生们就已经在门口排起了长队,涌入的人群甚至把玻璃给挤碎了。

王小鹰说:"大学晚上9点钟就熄灯了,我们就把农村里的优良传统用到大学里来了,把盘子放在那儿,把书垫得高高的,把蜡烛点起来看书。有一次蜡烛烧完了,烧到书里面去了,幸亏那本书有塑封,如果是纸质的早就烧起来,险些酿成大祸。"康健说:"那个时候读书气氛好到什么程度呢?外语系有个听音室,大家很早就去排队,先到的就进去把录音机占着。"

1982年春,1977年考录的27万本专科大学生毕业。他们成了改革开放后所选拔、培养的第一批优秀人才,为求才若渴的中国社会注入了一批新生力量。1977年的高考造就了这样一群大学生,他们是一个经历过上山下乡磨炼的群体,又是一个改变命运的幸运群体,时代造就了他们,国家选择了他们。

"我劝天公重抖擞,不拘一格降人才。"经过11年的中断,1977年高考的恢复成了拨乱反正的风向标,表明一个可以通过公平竞争改变自己命运的时代来临。高考制度的恢复使教育回归了正常秩序,更带动了整个国家由乱而治。高考1977连同一系列改革措施,让中国社会迎来了科学和知识大放光彩的春天。

情洒小三线

20世纪60年代中期,上海积极响应中央关于加强备战、巩固国防的战略部署,在安徽南部和浙江西部山区建立了以军工生产为主的综合配套后方工业基地,俗称上海小三线。一大批来自上海的技术骨干和有志青年先后奔赴后方基地,加入到了小三线的建设高潮中,这一支当年曾被称为"好人、好马、好刀枪"的青年队伍,凭着一腔热血谱写了一首首小三线的青春之歌。

"进山,分散,隐蔽"
——深山中的小三线建设

20世纪60年代初,国际形势日趋动荡复杂。1964年,中共中央和毛泽东主席做出了一项重大的战略决策,搞三线建设,也就是在我国西部地区进行一场以战备为指导思想的大规模国防、科技和工业等基本设施建设,这被俗称为大三线。王昌发原是上海后方基地管理局党委书记,1969年到后方基地工作,到1988年才回上海,他经历了上海小三线建设的全过程。他介绍说:"当年,为了进一步加强备战、巩固国防,中央把东北和华东沿海的省份作为一线,大西南、大西北作为三线,一线与三线当中属于二线。1965年,毛主席又提出了小三线建设的思路,就是在一、二线的腹地,各省市建设一个自成体系的三线,俗称小三线。这样可以使大三线和小三线环环相扣,在我国形成支持长期战争的

上海小三线分布图

工业基地。同年，上海市委决定在安徽南部和浙江西部山区，建立上海的小三线。"

上海小三线建设从1965年开始，先后共投资近7亿元人民币，在安徽南部的徽州、宣城和池州3个专区以及浙江西部临安县的山区中建立了以生产57高炮等军工产品为主的综合配套的后方工业基地。当时，成立了81个机关企事业单位，由设在安徽省屯溪市的上海后方基地党委，后称上海后方基地管理局统一领导。1965年到1971年，是上海小三线的基本建设时期，奔赴皖南山区的拥有"好人、好马、好刀枪"的主力军，主要由冶金、化工、轻工和仪表等系统的中专技校生、各单位代培训的艺徒以及支内职工等组成。年逾八旬的原上海后方基地管理局党办副主任朱岳林，31岁时他参加上海小三线建设，年近半百回到上海，在后方基地坚持工作了近20年。他回忆，当时参加上海小三线建设的有不少八级技工和老工人，技术水平都相当高，后来都成了小三线建设的骨干力量。

上海小三线筹建时期，选址定点严格遵循"进山、分散、隐蔽"的方针，许多工厂都建在层峦叠嶂、森林茂密的山区里。因此，各筹建厂家配合上海市建筑公司和相关包建单位，首先要解决的是"三通一平"——通路、通电、通水和平整场地的问题。年逾九旬的原上海井冈山机械厂厂长尤寿宝在大三线工作了三年之后,于1969年奔赴皖南,成为上海小三线建设大军中的一员。上海井冈山机械厂位于安徽省旌德县,由上海无线电二厂包建,主要生产军用配套雷达。他回忆起在当年深山中建厂的情景:"工厂选址要靠山,而且要深,我们要跑到里面7公里半选个点,我们是住在外面的,每天要走7公里半走进去走出来,要两趟。先要搞三通,就是要道路通、电力通、自来水畅通。"原上海燎原磨具厂电视中学语文老师杨志松回忆搞基础设施建设时的艰辛:"挑石头,挑黄沙,扎钢筋,钢筋上面的铁锈还要铲掉,下雨天也好,刮风天也好,都要出工,都要到工地上去。"

在"一厂包建,全行业支援"的氛围下,上钢五厂包建了定点在安徽省贵池县的上海八五钢厂。当时投资4 000万元,干部职工4 000人,主要生产57高炮炮身等特殊钢。关于隐蔽和分散的要求,建厂时的老职工们都有切身的体会,当时八五钢厂车间的房顶都被油漆成草绿色,车间的分布也很分散,围绕全厂。由于车间和宿舍分布的地域都比较广,因此食堂

建设中的八五大桥

情洒小三线

八五钢厂的浇钢作业

也很分散,甚至有一个食堂距离主厂区有30多公里。1969年10月,上海八五钢厂破土动工,虽然建设条件十分艰苦,但在当时在"抢时间、争速度"的精神鼓舞下,1970年4月28日便生产出了第一炉钢水,当年的生产者直到今天对那一幕往事记忆犹新。原上海八五钢厂党委书记陈锁锁回忆说:"第一炉钢出来时,热气腾腾的,当时在现场围着好多人。"原上海八五钢厂电视差转台筹建负责人徐国新说:"速度非常快,我们1月份去,五一劳动节炼钢车间的第一炉钢就出来了。"

1969年珍宝岛自卫反击战发生后,上海小三线进入了加强军品生产的发展时期,整个后方基地形成了一个独立的、综合性的生产管理配套系统。那时,随着电力、通信、动力等基础设施的完善,小三线的工厂可以通过自己的电话线路直接与上海联络,生产车间也都通上了煤气,包括57高炮在内的十多条生产线已全部安装完毕。从1971年到1979年,上海小三线的军工产品处于一个稳定的大生产和大发展时期,54家现代化的生产工厂在山沟沟里拔地而起。工人师傅们为了高效地完成军品生产任务,还不断通过技术革新，节省原材料，降低生产成本，以减少国家对小三线企业的财政补贴。原上海立新配件厂职工倪汉虞回忆："雷达发射管的许多零件都需要用铜，老师傅想，如果这种305雷达一直生产下去，许多铜浪费了蛮可惜的，于是动脑筋，经过技术革新以后，省了百分之四十至五十的铜材。"负责财务工作的原上海八五钢厂副厂长徐平也依然记得那段从靠国家补贴到扭亏为盈的艰苦岁月。从1971年开始，厂里就号召各个车间、部门要降低成本，节省开支，把增产节约作为一个中心任务。从1973年、1974年起上海八五钢厂已经扭亏为盈，已经可以不再依赖国家的补助。军品生产进入稳定发展阶段后，初建时期的道路已不能满足需要，于是，许多工厂发动干部职工自己动手修路，八五钢厂还在长江支流的白洋河上建造了第一座大桥。当时只能造两层普通民房的厂基建人员，居然能够造出至今仍在使用、能通过10吨卡车的大桥，不能不说是个奇迹。

"好人好马好刀枪"
——上海青年的青春之歌

从1965年开始，来自上海各机关企事业单位7万多名干部、职工和家属，先后投入上海小三线建设，而他们中间大多都是20岁出头，第一次离开上海、离开父母的年轻人。原上海八五钢厂职工徐国新记得，他们乘坐的轮船离开十六铺的时候，他的父亲沿着黄浦江边上一直跟着船的方向走，直到轮船远去了才回头，这一幕让他非常难忘，想起来就心酸。

轮船载着建设者们美好的向往，沿着长江逆流而上，然而轮船一到达码头，眼前的景象却让这些来自上海的年轻人感到很惊讶。原上海八五钢厂广播电视服务部技术人员蒋小康记得，凌晨船到达安徽池州码头后，原本在他想象中应该灯火辉煌的码头却是一片漆黑，很远的地方一根树干上吊了一盏灯，周围黑乎乎的看上去都是煤堆。原上海燎原磨具厂电视中学语文老师杨志松记得自己当时进入小三线建设的山区时的感受："山上有农田，有竹林，还有不少的坟堆。我当初看到这样的一副样子，我想这一辈子就要待在这里，终老一生了。"当时，毛泽东主席曾说过"三线建设

情洒小三线

683场运输车队

搞不好，我睡不着觉"。这句话着实激励了无数建设者积极投入到小三线的会战之中。原上海自强化工厂职工刘杰还记得当时不少年轻人的朴素愿望："当时就有很多年轻人有了这样的想法，为了让毛主席睡好觉，要提早、更快、更好地把小三线建设好，让毛主席睡好觉，让毛主席不要骑毛驴而是乘车子过来看看小三线建设得怎么样。"

皖南山区处于丘陵地带，属亚热带湿润季风气候，夏季酷暑难当，时常会发生山洪暴发，为了抗洪抢险，年轻的职工们拼尽全力。原上海八五钢厂广播电视服务部技术人员蒋小康回忆，有一次长江发大水，一个水泥仓库将要被淹，他们装卸班接到命令去卸水泥，12人花了不到6小时，整整卸下了30余辆卡车装载的四五千包、每包50公斤的水泥。冬天的大雪封山，也让原上海宁国水泥厂职工胡展奋感到绝望：电话线被压断，防滑链失效，内外交通断绝。当时小三线的所有物资都是从上海运来的，交通断绝也就意味着物资供应中断，那些日子里，职工们就只好以咸菜、酱菜来下饭。

在军工生产发展时期，广大干部职工虽然在生活上面临着各种困难，但在工作上，他们依然立足本职岗位，努力为完成"放高产"目标和军品生产任务日夜奋战。原上海市运输公司683场驾驶员刘益平回忆，那时凌晨4点就要出车,干到晚上9点,一天工作十几个小时,吃的都是淡馒头,但大伙儿却干劲十足。原上海自强化工厂职工刘杰记得,那时青年党团员们去码头装运散装水泥,就用铁锹一车车装,等到干完回来,鼻孔里都是水泥。

人言世上有三苦,撑船打铁磨豆腐,而奋战在1 000多摄氏度高温前的八五钢厂的炼钢工人则用钢铁般的意志,浇铸着一桶桶火红的铁水。原上海八五钢厂政治部主任倪国钧回忆说:"天热得不得了,炉子不停地烧。我们用的是电炉,铁水放出来,下面翻沙翻好,一个个钢锭模子做好,然后铁水浇进去,浇好以后要脱模,还要进行处理。这个活真苦,因为炉子里面有1 000多度,因此工人烘得脸都红了。"原上海八五钢厂广播电视服务部技术人员蒋小康自豪地追忆:"第一根炮管也就是从我手里打出来的。"对于运输部门的卡车司机来说,从1976年开始,683场经历了小三线运输的最繁忙时期,运输中往往都是一个人一辆车,颠簸崎岖的山路,考验的是每个驾驶员的技术和吃苦耐劳的精神。刘益平回忆,他曾经历过半夜里汽车抛锚,当时也没有手机,只能等路过的车辆到车队报信,他只能在原地等待救援。他记得,那晚肚子饿极了,只能吃一块从上海带来的已经脏得像煤炭一样的糖糕充饥。

"开门山,开窗山"
——小三线艰苦生活回望

在皖南和江西的山区白手起家、艰苦创业,小三线人的生活条件在相当长一段时间内是很艰苦的,但上海的建设者们一不怕苦、二不怕死,愣是创出了一片新天地。山里的物质条件很艰苦,业余生活也十分枯燥,有人将小三线的生活戏说成"开门山,开窗山,年龄二十三,工资三十三"。

一到安徽当地,上海青年们发现自己住的是六面透风的芦席棚,外面下大雨,里面下小雨,到了冬天,雪珠也会飘进来,即便盖了厚被子也难以抵挡寒冷。第二天早上起床,头发硬硬的,已经结冰,直到太阳出来才慢慢化掉。胡展奋还记得,他们到后的第一天晚上,顶棚上老鼠乱窜,让他一夜无眠。除了宿舍简陋，伙食也很差，米饭不够，就把山芋打成粉，做成糕，或是用山芋干烧汤。生活用水也需要用水泵从附近山沟的小湖泊中抽上来，由于水质混浊，还需要用明矾净化。当时上海小三线建设基地的所有物资都是从上海运来的，原上海后方基地管理局党办副主任朱岳林介绍："后方小三线的物资供应由上海商业一局、商业二局负责，粮油等这些统购统配的指标，由上海划到安徽。"因此，日常生活用品如香烟、肥皂、糖，甚至一根葱、一瓶酱油都是上海配给运送过去的，而当时安徽境内的交通不发达，加之夏季有洪水和冬季有大雪，物资供应有时难免会出现困难。

每逢佳节倍思亲，对于远离家乡，远离家人的上海建设者们来说，对家的思念又是那么强烈，尤其是只身在他乡的第一次过年。20岁前从未出过远门的蒋小康记得第一次在安徽过年时，自己忍不住哭了，"那个时候发了一张票，叫节日就餐券，凭一张票换一份菜，这盆菜叫三鲜汤。里面就一片肉皮、一只蛋饺、一只鱼圆、一块熏鱼、一些黄芽菜，一边吃一边两眼泪淋淋，这个时候就想到三线生活的艰苦"。小三线人的思乡之情，溢于言表，每当有人从上海回来，肩上扛的、手里拎的都是一个个为朋友同事捎带的旅行袋，当时人们带得最多的、最具时代特色的就是炒麦粉。炒麦粉一般是用面粉炒的，条件好一点的人家还会放一点糖、芝麻或是猪油，吃起来就更香。原上海自强化工厂职工陆昌基晚上睡觉前还会把家人带给他的饼干桶放在床边，一边吃，一边心里会有一种无言的温暖。"抵万金"的家书传递着亲人的谆谆嘱咐，也是人们最盼望的，蒋小康那时每天除了工作，最盼望的就是每天中午吃饭的时候到收发室去看自己有没有信，"自己一封信写回去以后，天天盼，日日盼，就是盼家里来一封信，家里来了一封信大家都开心死了"。

1971年到1979年，是上海小三线的稳定发展时期，生活设施也逐步开始走向完善，在厂房建设完毕后，职工宿舍等生活设施的建设开始进入日程。原上海八五钢厂政治部主任倪国钧回忆起住房条件的逐步改善："我们住的房子，开始的时候是茅草搭的简易楼棚，后来干打垒，再接下来是砖瓦房，我们的房子一梯三户，两个门洞。"即使在艰苦的条件下，许多小三线人依然满怀对知识的渴望，对艺术的追求。胡展奋至今还记得自己当初在酷暑季节躺在水缸里看书的情景,他回忆当时:"我向老乡要了一个水缸,水缸里面注一半水,我跳进去泡在里面,看《史记》,看《中国通史》,那个环境看的书很少,但是让我能读透一本书。"读书写作也改变了原上海燎原模具厂工人杨志松的命运,他的一篇小说《忻山红》,红遍上海小三线。他也由一名合镗工成为一名教书育人的厂校教师。

为了改变单调的娱乐生活,工厂内首先出现的是有线广播。那时上海八五钢厂的有线广播已覆盖整个厂区和家属区,成为人们精神生活的一部分,也是唯一的信息来源。有线广播在当时的厂区,既传达着中央的声音,报道厂里的好人好事,还给众多上海工人播放沪剧,真可谓是沪语申曲满山坳。整个厂区就好像是山沟沟里的小上海,每天早晨,还有雄鸡报晓的功能。每星期放映露天电影的日子,也成了大家期盼的节日。每到放电影的那一天,当地农民和工人们一起挤满了广场,正面坐不下了,很多人只好坐到反面去看,虽然看到的图像和字幕都是反的,但大家也不在乎。由于电影拷贝要一个个单位轮流,有时人们甚至穿着大棉袄和棉鞋,

广播电视服务部的三伙伴

八五钢厂广播电视服务部的三伙伴

棉鞋踩在雪地上,一直等到深夜电影开场。每星期只能看一场电影,已无法满足人们对文化生活的需要。1972年,上海八五钢厂开始筹建电视差转台,历时3年,于1975年正式开播,整个建设过程极为艰苦。工厂工人们都不是无线电科班出身,只能半路自学。原上海八五钢厂广播电视服务部技术人员蒋小康回忆:"天线需要转向,那时我就一个人爬上去。铁塔,没有好的扶梯,都是电焊焊的横七竖八交叉的铁架子,我就爬到上面,下面的人都在叫,你当心点。我不恐高,我也和他们开玩笑,没关系,摔下来算我烈士好了。"有时设备修理时间晚了,修理人员就只好睡在6平方米的机房里。原上海八五钢厂电视差转台筹建人徐国新记得晚上睡觉时,只得用篱笆围住机房,而野猪就在外面一边叫,一边嘭嘭撞篱笆,把他们吓得不轻。

"为我厂男青年寻找对象"
——小三线人的甜蜜爱恋

由于当时上海小三线职工男女青年比例严重失调,不少工厂职工中男女比例达到3:1甚至7:1,婚姻问题成了当时最现实的困扰。那些渴望爱情生活的男青年,思想上开始出现波动。当年八五钢厂团委在《青年报》上刊登的一则"为我厂男青年寻找对象"的启事,字里行间透露出团委对男青年婚姻问题的关心和解决这一问题的迫切心情。厂里提出,凡是上海到全国各地去的女知青,只要能够和八五钢厂的男青年结婚,就可以分配房子,给女方安排工作。这一举动在上海乃至全国都是没有先例的,因此引起了很大的轰动。原上海八五钢厂政治部主任倪国钧记得,十天中,一下子来了470封女青年的来信,前后一共收到1 000多封来信,最多的时候每天的来信达100多封,最后共解决了600多位男青年的婚姻问题。

1979年以后厂里男多女少的景象开始改变,食堂里出现了一群群女青年的身影。男职工们也极尽殷勤,买饭、看电影占座,一起吃饭、一起看电视,男女青年的心越来越近。原上海自强化工厂女职工张宝凤回忆:"当

> **八五钢厂团委启事**
>
> **为我厂男青年寻找对象**
>
> 成婚后可调入我厂工作
>
> 我厂是上海冶金局和上海后方基地管理局双重领导的全民所有制单位,在安徽省贵池县境内。全厂有五千多名职工、三千多名家属。现在,厂里有二百多名二十七周岁以上的男青年还没有对象。为了解决这些青年的切身问题,决定公开为我厂男青工寻找对象。我厂生活设施俱全,工资待遇一级工是三十三元,两级工是三十九元,另有奖金等,婚后每年可以利用积休假回沪休息。这次要求寻找对象的都是上海支内多年的青年。
>
> 凡上海市区、郊区或其它省市在全民所有制和集体所有制单位工作的女青年(须城、镇户口,吃商品粮的),如有诚意,均可写信到本厂。如恋爱成功,结婚后可以调入我厂工作(已经有关部门同意)。
>
> 来信请寄安徽省贵池419信箱团委收(邮政编码247175)。姑娘和家属均可来函了解情况及索取登记表,信中请写明通讯地址、本人情况和对对象的要求,并附近期照片一张。

八五钢厂团委在《青年报》上刊登的启事

初没有什么地方可以去,唯一一条碧叉河,周围比较空旷,现在说来是山清水秀,就像外滩一样。外滩有墙,我们碧叉河是没有墙的,所以一对对恋人相当多。"

爱情的雨露滋润心田,青山变得生气盎然,流水宛如细语绵长,恋爱中的男女青年,在皖南山区的生活越发多姿多彩。蒋小康谈了恋爱之后,星期天便会搭厂里的车到十多公里外的地方,下河用网兜捞虾,每次基本能捞到四两虾,正好可以烧一碗。上海的女青年和小三线工厂的男职工谈恋爱有时还需要坚强的意志,因为可能面临分居两地的境地。年已60多岁的陈丹晴当年正在和丈夫陆昌基谈恋爱,但陆昌基这时却要被派往位于皖南的上海自强化工厂工作,在她的同事都不看好他们这段感情的情况下,留在上海的陈丹晴还是坚持等着陆昌基回来娶她。那段时间,陆昌基有机会就加班,积累了一些假期就往上海跑去看望陈丹晴,而陈丹晴则在家里替陆昌基织毛衣寄托思念之情,1982年,这对有情人终成眷属。

那时,八五钢厂的陈友耕手上有不少珍贵的调休单,本来他可以用那些调休假，回上海看望妻子，可他因为在广播电视技术服务部的工作脱不了身，所以只能是妻子到安徽的厂里来看他，陈友耕至今还珍藏着这些调休单，以此见证他们的爱情。

小三线建设的转型与尾声

　　党的十一届三中全会以后，全国各地的中心工作开始调整为"以经济建设为中心"。上海小三线也在产品生产部署上也作了调整，转而开始生产民用产品，包括钢材、水泥、汽车、家用电器、轻工机械、煤矿机械等。随着生活基础配套设施日趋完善，后方基地物质供应也得到相应保障，上海八五钢厂开始办学校，从托儿所、幼儿园、小学、中学一直办到技校，此外还建造了医务室、菜场，解决了职工生活上的后顾之忧。艾青说："为什么我的眼里常含泪水？因为我对这土地爱得深沉。"奋战在小三线的上海人，也帮助和影响了一批当地人和第一批小三线人的后代，原上海八五钢厂职工何乃军回忆说："当初到了八五钢厂，我蛮开心的，看到一些上海的叔叔阿姨，都是老三届，他们穿得很时尚，又很朝气，上海人这种品质，这种文化背景，对我影响蛮深的，因为我是外地来的，所以有今天这样子，很感动。"

　　在各省市的小三线中，上海小三线的规模最大，人数最多，产品品种也最全。1984年8月，上海小三线步入了最后调整时期，大批干部职工和家属分期分批返回上海，到1988年4月，在皖南的80家企事业单位全部移交给了当地政府，至此，上海小三线完成了它的历史使命，退出了历史舞台。离开时，上海的小三线人依依不舍，他们曾经在荒山野地修建起道路、工厂和生活设施，他们将人生最美好的年华献给了小三线，正如胡展奋所说："这是上海奉献精神的一次大体现，在那些如此荒僻的地方，实现通路、通水、通电的'三通'，以至于整个皖南山区工业的起飞都和上海的奉献有关。"

　　【上海小三线建设大事记】

　　1965年10月11日，上海后方建设领导小组成立。

1969年5月，57高炮生产线定点成功，新建18家工厂。

1970年，新40火箭筒及火箭弹正式投入批量生产。

1971年，57高炮生产线基本形成，59式57毫米榴弹炮投入批量生产。

1975年，59-4型改三米测距机和半自动跟踪仪试制完成。

1979年3月5日，上海市后方基地管理局成立，统一领导上海小三线工作。

1981年，建成54家工厂、27家配套企业，职工5.5万人，家属1.7万人。

1985年1月28日，《上海市人民政府安徽省人民政府关于上海在皖南小三线调整和交接的商定协议》签订。

1988年4月，上海小三线在皖南80家企事业单位全部移交安徽省人民政府。

上海医生在非洲

50多年前,一批来自上海的医生,踏上了非洲那片神秘、美丽而又贫瘠的土地。

1962年底,刚刚独立的非洲国家阿尔及利亚向国际社会发出了紧急医疗救助的呼吁。1963年4月,中国派出第一支援外医疗队飞赴该国,医疗

1963年4月第一支援外医疗队的三位医生(左起:胡曾吉、齐家仪、曹晋康)

上海故事：一座城市的温暖记忆

1974年赴多哥的上海医疗队成员合影

队里有4名医生来自上海，他们是上海新华医院的齐家仪、第一人民医院的吕学修、瑞金医院的胡曾吉和第二医学院的曹晋康。

  从1965年起，受卫生部委托，上海开始单独组建援外医疗队。由此，开启了上海对外医疗援助的新篇章，上海先后向索马里、阿尔及利亚、多哥三个非洲国家派出了医疗队。1967年，上海医疗队来到索马里。1974年，上海派出医疗队到西非国家多哥进行医疗援助，来自上海市第六人民医院的骨科医生于仲嘉为当地一名患手臂骨瘤的病患成功地进行了切瘤缩臂手术，这个高难度手术在多哥的医疗史上留下了里程碑式的纪录。1978年3月，在多哥的拉玛卡拉，上海医生没有开刀就治好了当时总统儿子的阑尾炎。55年来，上海的医疗队在非洲的医疗援助赢得了广大非洲国家的赞誉，只要提起上海医生，上至总统、官员，下到普通百姓都会跷起大拇指，把上海医生称为救命的天使。

中国医生的高超手术

  在制作这期节目时，记者采访了几位上海老人，他们是当年同一支援外医疗队的成员。1978年,刚过完春节,他们就告别家人,飞往遥远而又陌生的非洲,来到了西非国家多哥开展援非医疗。当时医疗队里全是上有老,下有小的中青年人,年纪最小的是龙华医院的针灸医生葛富培,34岁,年纪最大的是队长陈星荣,上海市华山医院的放射科医生,48岁。

多哥首都洛美是位于几内亚湾的一个港口城市,这里曾经是贩运非洲奴隶的主要港口,所以这里的海岸也叫做"奴隶海岸"。

中国对多哥的医疗援助是从1974年开始的,当时应多哥政府的请求,一支由上海医生组成的医疗队来到了这里,进驻到首都洛美的国家总医院分院,来自上海市第六人民医院的于仲嘉就是这支医疗队的成员之一。原来这个国家总医院分院只有5名医生,中国医生到来后情况发生了很大变化,他们做了很多这里以前不能做的手术,在多哥的医疗史上创造了里程碑式的纪录。

上海市第六人民医院骨科医生于仲嘉在当地成功进行了一例断手再植手术,病人术后虽然两臂长短不一,但仍可下地种田,正常生活,该手术在多哥一时传为佳话。于仲嘉回忆:"我在多哥做了一个手术,病人是胳膊上长了个肿瘤,我把肿瘤拿掉了,把手又给她接上去了,肿瘤切除,断手再植。"

拉玛卡拉是当时多哥总统的家乡,位于首都洛美以北400多公里的内陆戈壁,是一个非常贫困落后的地方,老百姓生了病很难得到很好的治疗。上海医生的到来,给当地的医疗卫生条件带来了翻天覆地的变化。由于上海医生治愈了一些特殊的病人,更是引起了多哥当地媒体的极大兴趣。1976年11月,多家媒体报道了上海医生为一位病人施行阴囊象皮肿切除手术的消息,这位病人发病至今已20多年,被疾病折磨得非常痛苦,当地百姓都认为这个病是看不好的,他们都当是肿瘤,而上海医疗队检查下来认为是这一个由丝虫病引起的象皮肿。上海医疗队为他做了切除手术,切下的部分重达13公斤。上海市中山医院内科医生、医疗队队长王申生回忆手术成功后的情景:"这个病人开好刀回去以后人家都呆掉了,这么大的一只肿瘤已经没有了,非常开心,就到处宣传,电视台就来补拍,再采访病人。"

多哥国家电视台的记者因为没有拍到当时手术现场,非常懊恼,他对上海医疗队队长王申生表示,多哥从来没有医生做过这样的手术,并再三关照,以后再有这样的手术,务必要通知他们。不久,医疗队又为一名当地农村妇女摘除了巨大的甲状腺瘤,这个甲状腺瘤已经在她的脖子上生长了30多年,医疗队在手术前通知了那位记者,于是当地电视台台长、新闻社社长等一行都来观看手术过程。手术在针刺麻醉下施行,手术成功后的报道影响很大,连邻近的加纳、贝宁等国家的人也慕名前来就诊。

在拉玛卡拉,虽然各方面的条件很差,但让医疗队员们感到欣慰的是他们在当地有很高的声望,多哥政府也让其他国家的人来医院参观。上海市第六人民医院骨科医生何鹤皋回忆:"当时外国人来参观后有两种评价,一种评价是你们了不起,在这么差的地方你们做了这么多手术,做了这么大的手术,了不起!另外一种是,哎哟,中国人在这么差的地方怎么能开这个刀?但是我想我们做得还是对的,在这种地方不给做手术怎么办?不像有的外国人讲你必须要条件好,才可以做,条件太差你也做手术,好像有点不负责任。我们觉得,首先要抢救病人,要给病人治疗。"

中国对非洲国家的医疗援助是无偿和无私的,当时不少先进的医疗设备和技术在国内都尚未普及,却已被医疗队带到了非洲。

显微外科是上海市第六人民医院的特色,缝合破损血管、断肢再植都是其拿手好戏。上海光学仪器厂生产的袖珍显微镜是手术时需要用到的重要设备,比如说开放性损伤,血管断裂,医生就要在这显微镜下面将其缝合,袖珍显微镜当时在国内还不多,却被用在了援非医疗中。

医疗队带去了新的医疗技术,还有人工关节。上海市第六人民医院骨科医生何鹤皋回忆,人工关节当时在国内刚刚开始应用,在医院支持下,援非医疗队带去了相关工具,他就在多哥做了第一例人工股骨头手术。

贫瘠土地上的医疗天使

说起"援摩",很多人会摸不着头脑,但这个词在上海的医务界中已经流传了40多年,是"援助摩洛哥"的简略说法。现在每年都会有几十名上海医务工作者组成医疗队赴摩洛哥参加医疗援助工作。

上海医生在非洲

1975年赴摩洛哥医疗队

　　1975年，受上级指派，张柏根率领一支12人的医疗队飞往万里之外的"非洲之角"摩洛哥，拉开了"援摩"的大幕。张柏根当时是上海市仁济医院副院长、也是"援摩"医疗队队长。他回忆道："我们到的医院事实上用我们中国话来讲是省中心医院，省的一个公立医院，是全免费的，所以来的是普通老百姓多，因为有钞票、富裕一点的人对他们来讲太低级了。"

　　非洲经济的落后，给上海援非医疗队的医生们留下了难以磨灭的印象。上海市中山医院内科医生、医疗队队长王申生回忆："那边是刀耕火种。就是冬天了，地上的草干了，一把火一烧，地下就是肥料，那么弄好以后，就拿个树枝弄弄尖，地里面戳一个洞眼，摆两颗玉米进去，脚一踩，好了就等它出来了。"

　　摩洛哥的医疗事业同样落后，援助摩洛哥医疗队所在的塞达特省有90多万人口，全省却只有8位医生，大多是私人开业医生，唯一的公立医院医生是省卫生厅长兼医院院长。医疗队入驻的医院以摩洛哥国王的名字命名，叫哈桑二世医院，医院里200名员工都是勤杂和护理人员，中国医疗队到来后几乎承担了当地全部的医疗救治工作，为全省90多万人提供医疗保障。

　　上海市仁济医院针灸科医生沈爱珍回忆："当时，忙得是翻天覆地，

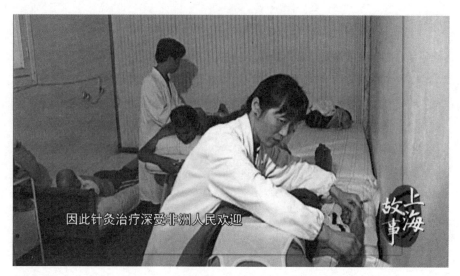

为非洲病人进行针灸治疗

忙到我瘦了二十斤，忙到我们一位翻译，姚季生老师是法语翻译，他也去做针灸了。"沈爱珍是针灸医生，也是全队中最忙的医生。当地的风湿病患者很多，中医的针刺艾灸对这类病症见效非常明显，在患者中有很好在口碑。张柏根回忆："当时最闹猛的确实是针灸，针灸在当地是相当受欢迎的，确实也治好了很多病人。"

中国的传统针灸疗法在多哥也很受老百姓欢迎，当时针灸主要用于治疗一些常见病和多发病，以及疼痛方面的疾病，比如落枕、急性腰痛，有时候通过针灸治疗收到了立竿见影的效果，所以在当地也引起了轰动。

因为针灸深受非洲人民的欢迎，在赴多哥10年后，龙华医院针灸科医生葛富培以队长身份率领一支针灸医疗队到摩洛哥的默罕穆迪亚中国针灸中心进行医疗援助。

上海市华山医院的林善铩医生是1972年援助阿尔及利亚医疗队的成员，在阿尔及利亚，除了上海医疗队外还有其他的中国医疗队，湖北医疗队的成员大多是从部队复员的卫生兵，没人懂外语。林善铩英文好，又是从一流医学院毕业的，因此上海医疗队把他派往湖北医疗队任内科主任兼翻译，但阿尔及利亚通用的是法语，为了做好医疗援助工作，英语不错的林医生又开始自学法语。一个半月后，林善铩可以用法语与当地人交流

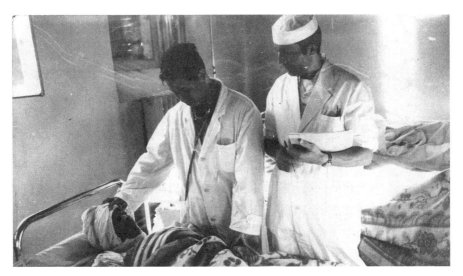

华山医院林善锬医生在阿尔及利亚

了,但他觉得还不够,又开始学习阿拉伯语。他说:"我觉得首先要把这几句阿拉伯土话听懂,比如头痛、肚子痛什么这些我要听懂,对吧?"

解决了语言沟通问题,由于医疗队人手少、病人多,医生们还要一身几任,堪称"全能战士"。林善锬既要负责门急诊,还要照顾好住院病人,既要当医生,还要会干护士的活儿。林善锬回忆:"七点半上班,我到九点半才把六十个住院的病人全部看完,到十点钟以后,我就开始出去看门诊。"此外,由于当地医疗条件差,医院里还常常有危重病人需要抢救,在国内可以医治的普通病症,在这里由于治疗不及时,病情常常变得很严重。对此林善锬回忆:"经常有抢救的,所以工作量是非常非常大的,我在那里一个感觉,我在华山医院从来不大看到的这些并发症,这里到处都是。比如说那时候我们在国内,肺炎大概总应该治好的,是吧?这里的肺炎大多数都是已经有脓胸,甚至于心包积脓,都变成这样子的,溃疡病呢都穿孔,幽门梗阻。"

林善锬在阿尔及利亚还遇上了霍乱大流行。由于在华山医院接受过医护工三结合训练,他不但做医生,还做护士,从1973年的11月开始,24天里,林善锬看了602个霍乱病人,亲手给病人进行静脉输液。除了一些送来太晚,已经输不进液的病人,大部分病人都被林医生救活了。林善锬说:"霍乱病人只要医治及时,2 000毫升盐水进去,大多数病人是不会死的。所以在那里,602个病人,在我手里头就死了31个,照理他们百分之四十要死掉的。"

给总统家属当保健医生

由于上海医疗队的高超医术和良好口碑,不单当地普通百姓把医疗队看作天使,受援非洲国家的总统和高官也十分信赖上海医疗队,邀请上海医生作为自己和家属的保健医生。

1974年中国医疗队在洛美创下了很好的口碑,多哥的报纸、电台等新闻媒体多次报导中国医疗队的事迹,引起了当时多哥总统埃亚德马的高度重视。他向中国政府提出,希望中国政府再派一支医疗队到他的家乡——拉玛卡拉去为他的家乡人民服务。中国政府答应了他的请求,又派出一支医疗队到多哥,于是多哥有了两支中国医疗队。

上海市中山医院内科医生、医疗队队长王申生回忆,有一次,多哥总统埃亚德马找到他,说拉玛卡拉的毕亚乡是总统府所在地和他的家乡,他的哥哥和妈妈还在那里,将来要是生病的话请上海医疗队能够提供帮助,最好定期去看看。于是,中国医疗队在当地除了为老百姓看病外,还多了一个任务,就是做总统亲属的保健医生。时间一长,医疗队员们成了总统家的常客,王申生回忆:"他的兄弟、姐妹,他的夫人都在这边,他的儿子也在这边,所以他的家里我是常客了。到总统府去,门卫都认识的,汽车过去,只要窗打开,一个头伸出来,招招手,门卫就对你敬礼,你就进去了。"

除了总统外,卫生部长和教育部长也是拉玛卡拉人。因此,为这些高官的亲属们看病也成了医疗队的重要职责,由于文化上的差异,看病过程中也发生过一些有趣的事。一天,医院里的护士带了一些人来找王申生医生,对当时的情景,王申生回忆:"他讲,王大夫,卫生部长的夫人带了小孩来看病,我说,好的,请他们进来吧。可当时却进来了一房间的人,我问哪一位是部长的夫人啊?他们讲都是的,我只好暗笑,我不晓得是这样一起接待的,那么你们一个个来吧,房间里坐都坐不下。"原来,多哥

上海医生在非洲

1978年赴多哥的上海医疗队成员合影

共和国的法律实行一夫多妻制,难怪王医生少见多怪了。

医疗队在拉玛卡拉对总统家属的呵护可算得上无微不至,总统儿子患阑尾炎,总统就发了两条指示:第一,一定要看好;第二,不准开刀。好在他的儿子是单纯性阑尾炎,医疗队运用保守治疗治好了他的病。这位小时候曾被上海医生治好阑尾炎的总统儿子现在是多哥共和国的总统,在接受新华社记者的一次采访时他说,他要带领多哥成为中国"一带一路"倡议在非洲的一个点。

援助索马里的中国医疗队也以其精湛医技在当地赢得了很好的口碑,吸引了许多富人也来就诊。一次索马里工业部长的夫人得了脑膜炎,也选择了中国医疗队。按理说工业部长是国家的高级官员,他有两个选择,在当地的医院里面,西方国家建立的医院更为高级,医疗设备、条件都比较好,根据他的条件,完全可以送夫人到西方医院去的,而中国医疗队所在的就是贫民窟的一个医院,基本上没有什么很高级的医疗设备。但是,工业部长表示,他相信中国医疗队能够看好他夫人的病,结果他还是把夫人送到中国医疗队来。上海市传染病医院传染病科医生刘永良连忙察看病人,感觉到事态非常严重。他回忆:"来的时候已经是奄奄一息了,濒危了,已经昏迷了。当时,我说我要进行一次腰上穿刺,腰穿穿出来的脑脊

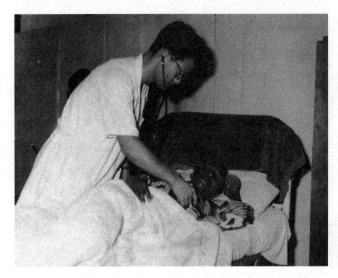

上海市传染病医院医生刘永良在索马里

液,正常的脑脊液是清的,她这个脑脊液已经是抽不出来,像脓性的脑脊液,我的初步诊断是对的,是化脓性的脑膜炎。当时我就建议去买青霉素。那时我们国内还没有用于静脉注射的青霉素,但是他们那边已经有这个青霉素,后来我就对她进行静脉滴。我守在她旁边,六个小时以后,效果开始出现了,体温开始有所下降,经过三天以后,人醒过来了。"

当时索马里的新闻媒体对此事进行了重点报道,说中国医生救活了一个已经濒临死亡的病人。这位工业部长也非常感动,他说,中国医疗队的确医术高,服务态度好,他从未见过哪一位医生会几个小时守候在病人旁边。后来,这位工业部长向中国大使馆赠送了一件珍贵的礼品,表示他对中国医疗队的感谢之情。

从此,这位工业部长一直把中国人当作朋友,把上海医生称为救命的天使,正是上海的白衣天使们多年的辛勤付出,赢得了广大非洲国家的信任。

1971年,在联合国大会第26届会议上,阿尔及利亚等23国提出"恢复中华人民共和国在联合国中的一切合法权利",10月26日上午,提案以76票赞成,35票反对,17票弃权的压倒多数通过,这76张赞成票中非洲国家投的赞成票超过总数的三分之一,此事后来有人形容是"非洲兄弟把中国抬进了联合国"。

援非医疗生活点滴

由于非洲国家社会经济发展条件的限制，中国医疗队在当地开展医疗援助活动困难重重，医疗条件、生活条件以及资金等各方面的问题都要靠医疗队员的智慧和祖国的支持来解决。

在医疗硬件上，援非医疗队曾遭遇了许多困难，首先遇到的一个难题就是当地没有血库，一旦有急救手术，就得临时找人来献血。上海市中山医院外科医生顾浩淼回忆："那边没有血库，开大刀需要输血的，比如全脾切除、胃癌切除要输血的，怎么办？只能新鲜的血当场抽，当我们要手术了，讲一声，兵营里的兵开过来无偿献血，等在手术间外面，要血就进去抽，就是这样解决的。"

从20世纪80年代中期开始，中国改变了以往援外医疗的方式，不再包揽医疗队的全部费用，除中医药品外，其他的药品、医疗器械的费用都由受援国自行负担，但这样一来，医疗队就常常会碰到物资短缺的实际情况。

2004年，上海市第五人民医院骨科医生吴静炯带领一支12人的医疗队开始了"援摩"医疗，目的地是摩洛哥的北方偏远小镇荷塞马。荷塞马离首都有10个小时的路程，其中的有三四个小时的路是在崇山峻岭里，一路都很荒凉，山上都没有树，旁边就是悬崖峭壁，一不小心车子就会翻下去。对于医疗设备短缺的状况，吴静炯回忆道："我们甚至在手术时都没有消毒的药水，没有手套，这使我们手术非常困难。最关键的是那里的穷困人很多，所以需要医疗队想办法，动脑筋去帮病人找器械。"有时，医疗队甚至不得不把前一位病人身上取出的骨固定器材用到下一位病人身上。吴静炯记得："碰到一位病人，他是胫腓骨骨折，就是把上午取出钢板的材料经过消毒、加工，用在他的身上，可想而知那边的器械是非常非常缺乏，这对我们工作也是很大的考验。"

工作条件差，医疗队员内部的纪律很严格。在上海市传染病医院传染病科医生刘永良的记忆里，每天早晨，汽车到宿舍来把医疗队员们接到大使馆，吃完早饭以后就到医院里面去，中午再回来吃饭，吃完饭以后，下午再去医院,吃完晚饭就回到宿舍,三点一线。每天的工作非常单纯。所以那个时候,要外出的话,纪律性是非常严的,也可以说医疗队员们基本上没有外出,一个月有一到两次,可以集体到外面去上上街。

当地的生活条件也很差,会经常断水、断电,那里的水质差,蔬菜缺乏,这些都是医疗队员要在高强度工作的同时所要面对的。吴静炯回忆:"第一口水喝下去,就觉得咸滋滋的,我觉得这水不能喝的,我就跟队员讲,这水不要喝,买矿泉水。为了健康,这点钱不能省。上海的慰问队来看了以后,马上把水带回上海去化验,这水真的对健康有影响。"

70年代援助多哥的王申生回忆说:"那边蔬菜很少的,蔬菜的价钱比牛肉价钱还要贵。"但这种困难通常难不倒聪明的上海医生们,几个月后,他们便开始自己种起了蔬菜。王申生回忆:"前面有一块空地,我们开始就种地了,蔬菜都自给自足,不光是自给自足,后来,我们还送点给大使馆去吃吃。隔壁住的是法国军事专家,看见我们眼红了,和我们来搞好关系,问我们要蔬菜,我们就给他们一点。"

工作强度大,生活条件差,有的队员因生病而不得不提前回国,但也有的坚持着到援外结束。吴静炯记得,队中有两位队员在当地由于扁桃腺发炎,发高烧到40摄氏度,不得不把把扁桃腺开掉,还有一位生了肾结石,在当地用的药不起作用,所以医疗条件是很艰苦的。

如今,虽然很多医疗队的老队员已离开非洲数十年了,但他们对当年非洲百姓的载歌载舞的热闹场面个个印象深刻,这也是他们在艰苦的工作之余,非洲这片土地带给他们的美好记忆。

原上海市华山医院院长、放射科医生陈星荣回忆说:"他们蛮开心的,天天要唱歌跳舞的,向多哥人民学习啊,乐观向上。"

上海市中山医院内科医生、医疗队队长王申生回忆道:"芒果树下面铺条席子,一台收音机放在旁边,哇啦哇啦唱唱,就这样搞。"

陈星荣感悟道:"君子乐呵呵,小人长戚戚,这就是在多哥学到的人生哲学。"

尽管遇到各种各样的困难,但中国医生们的精湛医技和热诚的服务态度赢得了非洲当地人民的高度赞誉,世界卫生组织也赞誉中国对非洲的医疗援助项目是"国际的典范"。

照片美化大师的绝活

在上海长达150多年的照相馆历史中，精湛的拍摄技术使得上海照相馆的影响力贯穿了整个中国照相馆发展的历史。在底片的整修和照片的着色上，上海各大照相馆也是独领风骚，上海王开照相馆的底片整修师马庆华、上海人民照相馆的照片着色师吴明珠等都是这个行业里当之无愧的大师。她们能将破损的底片完美修复，也将黑白照片通过着色变成一张张逼真细腻的彩照，她们用自己精湛的技艺和一丝不苟的工匠精神创造了一个个神奇。

从暗房走出的底片整修大师

2017年2月19日，图像处理软件Photoshop迎来了27岁的生日。Photoshop从1990年发布至今已经成为最流行的平面设计软件之一，很多人认为数字修图的发明改变了摄影的本来面目。然而，远在Photoshop之前，人工修图在摄影领域就早已有之。当时，修复底片可不像改衣服、改裤子这般方便，用手工改、用缝纫机改都行得通，更不像如今使用的各种修图软件，一键就能修复，还能随意添加各种效果。在那时，修复底片可是一件精细活。

开风气之先的上海，远在150多年前就有了照相馆。特别是20世纪二三十年代，上海作为中国最早受到欧美西风熏陶的城市，有一些留洋归来的年轻的摄影爱好者在这里开办了中国人自己的照相馆，也使得上海的照相技术走在了全国之前。曾经慕名去照相馆拍照的市民络绎不绝，而市民的热情也催生出了一代代暗房技师，他们以底片整修和照片着色的高超技术享誉业界，马庆华和吴明珠就是上海老一代暗房技师的代表，她们用纯手工的方式开启了一个暗房大师的时代。

回忆起自己学手艺的经历，上海王开照相馆底片整修技师马庆华介绍说："那时候基本上是一个师傅带教一两名徒弟，师傅先是拿报废的照片给徒弟练习修整，大照片和小照片的修复技术是不一样的。小的照片修复起来要更加细致和耐心，像证件照修复起来的要求更高，而大照片修复起来则要相对宽松一些，但是又不能太宽松，特别是修复结婚照，追求的是漂亮。"马庆华还介绍说，在不同光线下，人的影像是有区别的，摄影没有表现到位的地方，就要通过照片整修技术来加以弥补。

修整底片是一门技术活，最常见的是用工具把眼睛修大一些，把翘了的衣领整平一些，但马庆华在临近满师的时候要接受一个挑战——当时一张面部有严重缺陷的人像底片放在了她的面前。马庆华记得这张底片上的人像被人为地破坏了，有一样东西阻挡住了一只眼睛。她回忆说："当时，我就把没有被遮挡住的一只眼睛作为参考，画了眼线，还根据各部位的需要进行了调整，没有被遮挡的眼睛的眼核上有两点光，那么我也要在被遮

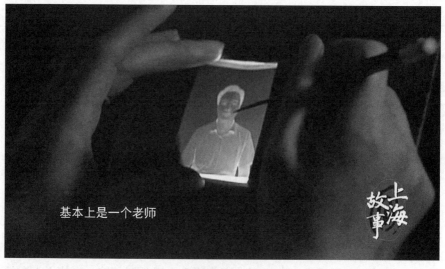

修复底片

照片美化大师的绝活

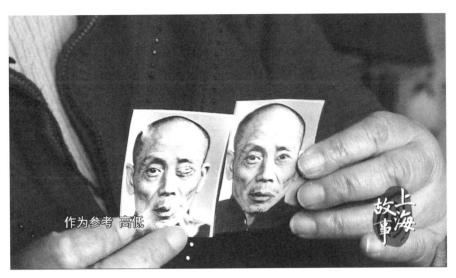

马庆华修复的面部有缺陷的人像照片

挡的那一只眼睛上画上两点光，关键是画得还要像他的眼睛，既不能画得太大，也不能画得太小。"如果攻克了这个难关，马庆华就可以满师，成为一名正式的底片整修技师。马庆华没有被难倒，很快她就想出了办法，她说："在人像被遮挡的阴影部分上我给它做了区分，一部分划归衣服，一部分划归人物的下巴和腮帮子，于是，我把底片上的黑色阴影部分轻轻地刮了开来。"最终，马庆华成功地修复了这张照片。从此，她在王开照相馆的暗房里一直干到了退休。

　　在工作中，马庆华总结出了很多底片整修的经验，光是要整修的眉毛就可以分为很多类型，妇女、儿童、年轻人、老年人的眉毛各有不同，马庆华在整修底片时特别留心各个人群的眉毛特征。通过在生活中的细致观察和在工作上的精益求精，经马庆华修复后的人像就特别传神。

　　和马庆华一样，上海的大多数暗房技师都是通过这种方式学到手艺的。陈林兴是上海人民照相馆的整修底片的高级技师，经过他的手，修复了很多珍贵的照片，他至今仍然保留着修整底片的全套工具。陈林兴说："底片的整修工作是很精细的，因此需要相对考究的工具。首先是一支又细又尖的铅笔，一定要用中华牌的HB铅笔，软硬适中，而这笔尖呢，一定要削得又细又长，这样不会遮挡修片人的视线。还要有一只配有充足光源的修底箱,通过光源能够清晰观察人物肖像的各处细节。"但初学修片技术时,要削出这样的一支铅笔就很不容易,十有八九会把铅笔芯削断掉。这一入门级的技术对于底片整修技师来说,可谓一道不深也不浅的考题。一把刮刀、一支铅笔、一支毛笔、一个灯箱、一双巧手就是底片修复师的全部家当。陈林兴在师傅的带领下,通过一段时间的艰苦磨炼,技术得以迅速提升,不久便成为这个行当最年轻的国家高级技师,许多难题在他手里迎刃而解。让陈林兴记忆深刻的是,有一次他修复了一张团体照,照片上有一个人的眼睛是闭上的,不可能再重新补拍。于是,这个难题就只能留给底片整修技师陈林兴了,他利用修片中的刮刀技术,把底片上这位客人的眼睛刮开。据陈林兴说,这是相当有难度的一个步骤,因为底片上有一层很薄的药膜,稍不留神就会把药膜刮透了,底片也就报废了,而且刮出来的眼睛既要有层次感,还要逼真。那时,好在陈林兴年纪轻,眼力、手工都能把握好,才让那位顾客在照片上睁开了眼睛。

底片整修大师的精益求精

以前,到照相馆拍照可谓是生活中的一件"大事",充满了仪式感,所以人们都希望拍下自己最快乐、最好看的瞬间。王开照相馆作为上海乃至全国照相行业的名牌,从1923年开办以来就坚持质量至上,不仅照相技术上乘,修整底片的技术也堪称一流,几代上海人都在这里照过照片。证件照、毕业照、结婚照、全家福……在这里留下了最美好的影像。

在王开照相馆拍摄的照片是不会褪色的。老员工张哲清说:"这里的秘密就是漂水漂得特别干净。王开照相馆专门有一个人负责漂水,照片洗好后把它放在清水里反复漂,就跟洗衣服一样,肥皂水洗没了,照片就能放很长时间,不会泛黄。"没有金刚钻,不敢揽瓷器活,正是经过这样严格的训练,王开的技师们才能完成很多艰巨的任务。照相馆的老经理陈铭楷还记得,当年他们不仅能用简陋的器材拍摄有上千人的团体照,还能把两三米长的底片在一夜之间修好。

在新中国成立后的相当长一段时期里,"王开"与"中国""人民""万

照片美化大师的绝活

王开照相馆老照片

象"一起并列为上海四大特级照相馆。人民照相馆的陈林兴因为手艺出众，除了日常的修复工作外，还会接到一些特殊的任务。如今，陈林兴既是国家级高级整修师，又是2016年首批"上海工匠"之一，在他手上修复了不少珍贵的老照片。陈林兴介绍说，有一次，上海人民照相馆的底片整修技师们特意赶到一大会址去修复党和国家领导人的老相片。那些照片拍摄时间久远，修复起来难度不小。陈林兴最近一次修复如此重要的照片是在2014年，毛主席的随身摄影师钱世杰老先生珍藏了很多毛主席的历史照片。当时，钱世杰老先生要出版一本回忆录，他拿了许多毛泽东的底片到人民照相馆，找到了陈林兴，在陈林兴的细致整修下，这批珍贵的照片又重新恢复了原貌。

说起底片整修工作，陈林兴的兴致一下子提了上来。他说："过去我们给新人拍好结婚照后，都会先给他们先看样张，然后根据新人的要求，在底片上进行修改，这就是最早的Photoshop呀。"陈林兴说："不要小看老式的Photoshop，眼袋太深，我们可以修掉，单眼皮我们也能修成双眼皮，很多新娘子的眼睫毛都是我一根一根画出来的。"最让陈林兴感动的是，有一次一对老夫妻带着两张"大头照"走进人民照相馆来求助于他。原来"文革"期间，这对老夫妻担心时髦的婚纱照会引来麻烦，就悄悄地将婚纱照剪成了新郎与新娘的单人头像照。在两位老人金婚纪念日前夕，老先生找到了陈林兴，希望能把两张大头照还原为婚纱照的模样，圆他们一个梦。陈林兴被他们的故事所打动，决定修复这张"没有婚纱"的婚纱照。所幸，老夫妻的婚纱照当初正是在上海人民照相馆拍摄的，同一时期婚纱摄影所用的场景、衣服款式大体相同，经过陈林兴千方百计地寻找，还真找到了与他们场景与衣服款式均相同的婚纱照。

"我们将老夫妻的单人头像照扫描进电脑，再到资料库里去找60年代拍婚纱照的常用礼服和背景，让老夫妻俩回忆辨别出最接近他们当时拍摄婚纱照的情景。"当陈林兴将复原后的婚纱照交到老夫妻手上时，老人激动的样子让陈林兴突然意识到，或许他可以用自己毕生所学唤起老上海人昔日的记忆。如今，来找陈林兴修复老照片的人们总是不断。

照片着色技师的执着追求

至今，底片修复的技艺还担负了整理珍贵历史资料的重任，但照片着色这个行当可就没那么幸运了，20世纪80年代进入上海人民照相馆从事照片着色的陆明可能是中国第三代也是最后一代着色技师了。

陆明从技校毕业后，就在人民照相馆实习，后来就一直留在了这里。陆明的师傅吴明珠是有名的照片着色技师，从60年代参加工作直到退休，她一直在从事着照片着色工作，属于我国第二代着色技师。而她师承的第一代着色技师大多为画家出身，他们有着扎实的绘画功底。据吴明珠介绍说，她的老师徐锦明本身是学油画出身，对色彩有着十分独到的理解力，因此做出来的照片往往像彩色照片一样鲜艳。在彩色胶片兴起之前，手工着色是摄影行业重要的技术，黑白照片出来后，经过着色师的二度创作，使得原来色彩单调的照片有了一种绘画的美感。吴明珠的师傅陈秉勤毕业于苏州美专，有着十分扎实的油画基础，做出来的照片是油画风格的，特别的漂亮。最让吴明珠记忆深刻的是陈秉勤着色的一张名为"西班牙舞"的照片，有点像油画但确实是照片，飞扬动感的裙摆显示出了他高超的着色技艺。他的笔触也特别细腻。陈秉勤喜欢拍风景照，拍完后就让徒弟着色，光是一朵白云，里面就有很多学问，照片上雪白的云在着色时不仅要

照片美化大师的绝活

吴明珠在为照片着色

吴明珠着色的照片

一点一点地把颜色渐变上去,还要拿棉花球把画出来的云朵擦白,于是照片上有层次感的云朵就显现出来了。陈秉勤经常带着徒弟到公园里观察不同时刻的云,他经常告诫徒弟说"要时时处处做有心人"。

在上海各个照相馆,照片着色技艺都是以师傅带徒弟的方式来传承。

因为得风气之先，起步较早，加之技师的刻苦钻研，上海照相馆的着色水平在全国都是首屈一指的。根据已有资料，上海的照相着色始于同治十二年（1873）初，到光绪二十六年（1900），创设的耀华照相馆更是发行了着色的仕女照片，受到了群众的广泛欢迎。从20世纪30年代起，油彩着色已经形成，即以透明度较高的油性颜料敷于黑白照片之上，一直到80年代，着色技术始终运用于照片上。吴明珠着色讲究光影的自然衔接、和谐过渡，甚至可以添加彩霞、云彩、柳树等装饰，经过她加工的照片，往往成为照相馆橱窗里的时尚样本。吴明珠经过多年的历练，自己摸索出了一套着好高低调照片的方法，并无私地传授给了她的徒弟们。说起吴明珠老师，陆明深情地说："吴老师告诉我们，高调照片着色时色彩一定要淡雅，要协调，使照片更加明亮、柔和；低调照片的颜色要用得浓重一些，把层次感凸显出来，关键是还要有质感。吴老师把她的经验毫不保留地告诉了我们，可以说她引领了上海滩着色领域的潮流。"吴明珠对待徒弟十分严格，每当徒弟着好色都要给她过目，她同意了才能过关，她不同意就要擦掉重做，正是师徒间的心手相传才让上海照相业的着色技术始终引领了潮流。

"工匠精神"薪火相传

在名牌技师的引领下，上海的各大照相馆渐渐形成了自己的着色风格，顾客可以按照自己的喜好选择照相馆加工照片。海派艺术人像大师吴兆华介绍说："开设在黄浦区的王开照相馆、中国照相馆，追求清透的着色风格，静安区的照相馆着色时有点往油画的方向发展，而徐汇区的美伦照相馆着色则比较浓艳，类似胭脂红，这主要看顾客的喜好了。"

当时，各地手工上色也有很多不同的风格。上海的技师大多使用水粉、水彩等植物性的颜料，画面非常细腻、透明，但是在很多内陆城市，大多使用一种油性的颜料，如果功夫不到家，画面通常显得呆板、匠气，然而位于上海静安寺的中国照相馆的着色技师周靓新却敢于挑战油画颜料。周靓新记得，当时她用"马头"牌油画颜料给照片上色，上色后的照片不仅不滋润，反而有点干燥，因此，她在颜料里放了一点调色油，涂上

"西班牙舞"有着油画效果

这一层后,照片的质感就出来了。不仅如此,周靓新还擅长给照片上儿童的皮肤着色。为了磨炼自己的技艺,她常常用儿子的照片来一遍遍地练习,这些当年的练习照周靓新至今仍然保留着。上海这些照相馆的着色技艺迅速得到了其他城市老百姓的青睐,不少上海人都有帮助外地的亲友到照相馆加工照片的经历。资深媒体人张景岳的姐姐1968年毕业后被分配到了江西农村的卫生站,没多久,她回上海探亲时就拿出了一堆照片,叫张景岳到国际饭店的中国照相馆去着色。当时,江西农村照相馆上的颜色红的地方太红,蓝的地方太蓝,黑的地方太黑,一看就太不逼真了,而上海照相馆的着色技术不仅历史悠久,而且还很成熟,因此全国各地的人对此都十分羡慕。

在彩色照片还远远没有成为主流的年代,多少上海人的童年记忆里,都有几张着色或黑白的全家福和艺术照。画师们会用颜料给照片精心上色,让每张照片都拥有独一无二的彩色效果,只要多加一些钱,当年的潮人一样可以拥有彩色照片。那时,一张十二寸着色的照片要9元多,相对于每月才三四十元的工资来说,这价格是蛮昂贵的。改革开放初期,彩色胶卷虽然已经在上海出现,但是距离中国普通老百姓的生活还是非常遥远。由于时代风气的巨变,结婚照、艺术照出现了井喷式需求,这些照片往往需要着色。吴明珠就收藏有一张改革开放初期在橱窗里展出的结婚照。她还记得给这张照片上色的情景，她指着一朵黄颜色的花说："中间的黄颜色要把它体现出来，这叫固有色，再暗的地方就有环境色了，旁边绿的叶子有点绿茵茵的，要把它测光测出来。"

80年代中期，婚纱照的流行让这些着色技师们忙得不可开交，往往是好不容易做好了上一批，紧接着就来了下一批，技师们只能没日没夜地加班。因为着色这技术偷不了懒，一笔下去，到不到位会立马显露出来，而完成每一张照片，其中也承载了顾客们的期待和嘱托，着色技师们自然不会懈怠。

然而随着彩色照相技术的普及，对大多数人而言，拍一张彩色照片不再是可望不可及的高消费，而依附于传统拍摄工艺的照片着色技艺也渐渐没有了用武之地。就在彩色胶片独领风骚数十年之后，数码照相机迅速普及的大潮就卷走了胶片原先不可替代的优势，随之而来的电脑修图软件如同一阵旋风把传统的暗房技术请出了历史舞台。20世纪90年代之后，上海的照相馆慢慢衰落，如今只留存了少数几个拥有传统品牌的老字号，单凭有限的创新和技艺传承仍不足以重建新的天地。在那个时代，那些凭借一双巧手，在暗房里创造视觉奇迹的人们却依然是一代人记忆深处的大师。时代在变化，在发展，但照片修复大师们的情怀依旧在延续，对于一项技艺的执着追求也是这个时代不可或缺的"工匠精神"。

空嫂20年

1994年12月13日,《新民晚报》在头版刊登了上海航空公司在纺织系统招收"空嫂"的消息,许多面临下岗或转岗的纺织女工纷纷前去报名,当时报名人数达15万人,经过层层面试甄选,最后选定了18位纺织女工,成了中国民航史上的首批"空嫂"。这18位空嫂中的吴尔愉后来还荣获了全国劳模的称号,成为航空系统的服务明星,不久,还成立了"吴尔愉乘务组",18位空嫂也成了中国航空乘务员里一道亮丽的风景线。

意外之喜:从纺织女工成为空嫂

1994年的年末,《新民晚报》刊登了一则上海航空公司在上海的纺织女工中招收空嫂的启事,虽然当时只计划招收14位空嫂,但是这条新闻却在上海市民中迅速地传播开来。有人说,这是中国版的《灰姑娘的故事》。

如今已是全国劳模的吴尔愉当年还是上海纺织印染机械厂的一名档案管理员。她还记得,当时只是抱着试试看的心态去报名:"恰巧是星期三,我的先生陪我去的,在长寿路的纺织局的一个大学里。我看到别人都围着那些发表格的人。我说,能不能给我一张表格,他瞅了我一眼就给了我。他问我是纺织系统的吗?我说是。"那位上航招聘的工作人员只是在人群中看了吴尔愉一眼,便成就了吴尔愉人生中的一段传奇,虽然吴尔愉报上了名,但是成千上万的纺织女工要去竞聘十多个空嫂的岗位,还要通过初

当年面试现场的空嫂（从左至右：周燕萍、吴尔愉、苗江梅）

试、复试、体检、政审这一道道的关卡，可见竞争是相当激烈的。

施松蓉也是这18位空嫂中的一员，当年她是上海第七毛纺织厂的一名车间党支部书记。如今，她已成了上海航空公司客舱部工会主席。她记得报名的时候，一位她并不认识的纺织局工作人员曾好心提醒过她，让她说话时嗓门要小一些。她还记得，参加面试时有一个规定，那就是不能化妆，必须素面朝天，这样才能让考官们看清楚这些女工们的"庐山真面目"。然而，施松蓉还是去了当时上海最好的美发厅把自己的头发、面孔修饰了一番，头发吹好了以后，还要精心呵护。而施松蓉参加面试的那一天是个下雨天，有人怕发型被淋坏，便戴上浴帽骑自行车去面试的场景给施松蓉留下了深刻的印象。也许所有来竞聘空嫂的纺织女工们都听过鲤鱼跳龙门的故事，不过当时施松蓉倒并不是要做一条非跳过龙门不可的鲤鱼，而是要做一条不是第一关就跳不过去的鲤鱼。因为百里挑一，录取的概率实在太小了，"其实在这之前，我只坐过一次飞机，对航空业的情况了解不多，而做空姐是自己年轻时的一种向往。我根本不知道这个工作有多辛苦，只知道要求很高。我当时想，淘汰是早晚的事，能够过了第一关，不跟同事们一起回去，也是我的一个小目标吧"。

施松蓉还记得，由于当年报考的人很多，因此，考官对应聘者不是单

空嫂面试现场

独面试,而是十多个人站成一排集体面试。所幸,施松蓉没有倒在起跑线上,没有在第一轮就和她的同事们一起回去。不过,当时考试的时候吴尔愉就有点悬了,因为她鼻子上一个小小的疤痕居然也没有躲过考官的火眼金睛,五位面试官还为此争论了好久。上海航空公司的张海鸣就是当年招考空嫂的考官,他回忆说:"吴尔愉远远地坐在那里,我们感到这个女孩很文静,虽然没有跟人讲什么话,但她始终面带微笑,给人的感觉很有亲和力,比较温馨。"吴尔愉真诚的微笑终于使得考官们最终为她打开了通往蓝天的大门。

赵金芬在面试的时候算得上是让人眼前一亮的美女,但她自己特别担心,当时另一位应聘者苗江梅就站在她的旁边,她想这么好看的人站在她的身旁,自己肯定录取不了。当时参加面试的人都素不相识,大家都在看谁好看。赵金芬被上航录取成为空嫂后,上海电视台的记者去她家进行了采访拍摄,从当年拍摄的影片中可以看到,这些成为空嫂的纺织女工当年的住房条件很一般,她们能被录取为空嫂,用老百姓的话来说,就像是草窝里飞出了金凤凰,这也表明了上海航空公司这次招收空嫂不存在开后门的情况。当年那个站在赵金芬身旁的苗江梅也在经历了一个小插曲后幸运过关。当年上航招收空嫂的身高要求是从1.62~1.7米,而苗江梅身高

1.72米，不合乎招聘标准，但是和她素不相识的体检医生特意让她在体检时不要站得太直。苗江梅回忆说："那时候的那位体检医生，我现在想想，他可能真的是比较偏爱我吧，他专门问我有多高，他可能感觉到我高出了一点吧，我说我一米七二，那位医生赶紧跟我说，再有人问你，你就说一米六九，千万不要说一米七二，你哪里有一米七二？他好像比我更为我感到着急。"和苗江梅非亲非故的体检医生硬是在体检表上把她的身高减掉了3厘米，可能是这位体检医生太想把这位美丽姑娘送上蓝天了。

产业转型：改写了"织女"们的命运

20世纪90年代，由于上海新兴产业冲击并逐步取代了传统产业，上海随即进入了产业结构大调整时期。作为劳动密集型产业的上海纺织业便首当其冲，当上海最老牌的大型纺织企业申新九厂的工人高举铁锤砸向纺织机时，上海纺织业压锭减产进入了高潮，无数的纺织工人走出曾经为之付出青春年华的工厂，走上了重新择业的人生之路。

"壮士断腕"，对于一座城市、一个行业来说是悲壮的选择，而对于一个下岗工人来说却是一段痛苦的人生经历。当年上海纺织局的党委书记朱匡宇回忆起1992年的纺织业大调整时，十分动容："当时我们就提出了用壮士断腕求新生的这种勇气来开展上海纺织业的这场大调整，就像一位母亲，她的脖子和头颅植根于祖国的土壤当中，整个人倒弓在那里，这反映了一个经受磨难的妇女的形象。她的一条手臂扒在胸口上，反映出一种决心，而且这还是一条断臂。另外一条手臂，撑起来，托起希望的明天，我们希望通过这场大调整，创造一个新生的纺织业。"这时候，有一个人萌生了一个想法：能不能在纺织工人中招收空中乘务员？这个人就是当年上海航空公司的副总经理范鸿喜，范鸿喜曾经也在纺织系统工作过很多年，对纺织工人很有感情。他说："我认为经过大工业锻炼的工人，有组织性、纪律性，能吃苦耐劳，仅仅是他们在空中服务的这种能力需要培训。能不能通过再培训使他们再上岗呢？这就是我的一个想法。更主要的是，我多次到国外接过新飞机，坐过美联航的，其他航空公司四五十岁的人都能当

纺织局欢送空嫂们

空乘,为什么我们的纺织女工不能培训以后当空乘呢?所以我是有信心的。"

不过要在纺织女工中招收空中乘务员会遇到一个年龄上的问题,当年中国民航招收空姐一般都要求在18～22岁这个年龄段,年轻漂亮成为空姐录用的首要条件。范鸿喜却认为,相比18～22岁女孩子天真活泼的美,纺织女工身上更有一种成熟温馨的美,这些纺织女工经过培训,经过历练,将会成为乘务员队伍中一道亮丽的风景。范鸿喜的这一突破性的想法为纺织女工下岗再就业创造了新的机会,更没想到的是这也为航空公司的空乘服务带来了新的气象。不久,上海航空公司招收空嫂的计划得到了中国民航总局的批准和支持,他们设定的招聘条件是28～36岁之间、已婚已育的女性。

这场招聘,仅在纺织局内部就吸引了5万名纺织女工前来报名,而全社会报名人数多达15万,最终只有18人被录用,空嫂岗位竞争的激烈程度比起现如今的"国考"可以说是有过之而无不及。当年担任上海纺织局党委书记的朱匡宇也是这场招收空嫂工作的主要领导者,他认为上航虽然只招收十几名空嫂,但这项工作的示范效应和社会影响力是巨大的,"别看只招十几个人,这对我们纺织业却有极其明显的积极效应。空嫂是人人

首批录用的18位空嫂

美慕的工作,纺织工人连天都能上,还有哪个行当不能做?如果上海的各行各业都能像上航那样,向纺织业伸出援助之手,接纳我们的兄弟姐妹,那么纺织业的调整何愁不成呢?"

刚开始的时候,上海航空公司计划在纺织女工中只招收14位空嫂,但前来应聘的很多纺织女工自身条件很好,上航实在难以割舍,最后录用了18人。考场内的竞争如此激烈,考场外,除了社会大众的关注,很多从事人力资源的企业经理们也敏锐地嗅到了"机会",纷纷赶来"淘宝"。因为经过层层筛选,没录用的纺织女工中有很多都是精华,原先很多纺织女工已经下岗或者面临下岗,她们似乎都成了"灰姑娘",而随着空嫂招聘后,"灰姑娘"的命运开始改变,许多人在其他职场上受到了欢迎和重用。

在产业大调整的关键时刻,上海航空公司虽然在纺织女工中只招了18位纺织女工当了空嫂,然而这对于社会上就业观念的变化产生了深远的影响。通过这场活动,全社会向纺织行业下岗工人提供了50 083个岗位,这就充分反映了招收空嫂事件在当时的社会影响力,给人的感觉是好像没有比纺织女工更棒的女工了,纺织业到后来一共分流了50多万人。虽然这50多万纺织女工在产业大调整当中失去了岗位,但是她们又在全社会的支持下，找到了再就业的机会。纺织女工当上了空嫂，她们抓住了人生的一个机遇，她们也发现了自己原来还长着一双隐形的翅膀，她们谱写了自己的飞天故事，她们的人生从此就改变了。

专业培训：勤奋就成蓝天梦

从面临下岗或转岗的"织女"成了人人羡慕的"空嫂"，接下来五个月的艰苦培训是对她们的一次考验。如果培训通不过，那就意味着之前的一切努力都将前功尽弃。上海航空公司的客舱部经理韩瑛，当年负责空嫂的招聘和培训工作。在她的记忆里，这些空嫂在刚进航空公司那会儿，还保留着很多纺织女工的习惯："感觉她们刚刚来的时候比较拘谨，一招一式根本没有现在的服务员的那种优雅、精致，一点都没有，就是一个简单的纺织女工的形象，用现在的话说，她们还是比较土的。"

丁杏娥当年担任空嫂培训班的班主任兼英语老师，与这些学生年龄相仿，在接到这个特殊任务之前，她曾经有过这样或那样的担忧，也曾经为这些学员预设过许多方案，但与她们相处之后，丁杏娥感动了，释

空嫂培训现场

然了。她感觉到，这是她当教师以来遇到过的一群最努力的学生，这一群已为人妻为人母的特殊学生从不缺勤迟到，烈日下练形体，对着镜子练微笑，十分地刻苦认真，最后，这18位学员全部通过了严格的考试。丁老师说："她们可能有种危机感吧，因为大家都知道，这次空嫂的机会是社会招聘来的，谁读得不好，通不过考试，就不能升空。"在培训过程中，英语对于这18个学员来说都称得上是最大的困难，而对于胡伟萍来说，更是难上加难。如今已是上航客舱经理的她说："原先我是学俄语的，从进上航开始才接触英语音标，26个字母我是知道的，但是对于音标，我还是白纸一张。刚刚接触英语时，每天默写单词老是要跟俄语搞在一起，我们的丁老师也是很严格的。我起先很羡慕别人一看到单词就可以读出来，但我也是蛮刻苦的，通过了英文考试，我们总共有十几门课，压力还是很大的。"

空嫂的培训要上英语课、形体课、军训课以及空中乘务员规范服务课程等十几门课程。空嫂们大都是高中、技校毕业后进工厂的，她们离开学校也有很多年了，但她们还是非常珍惜这个机会。在这18位空嫂看来，能够得到梦寐以求的岗位是她们人生最大的目标，为了这个目标，她们愿竭尽所能。学员中有好多人住在杨浦地区，但她们克服困难，每天早

1995年10月，空嫂参加首飞

上很早起来，抓紧在公交车上背单词，吃午饭时，互相提问交流，到家后做完家务活，基本都是9点多钟了，她们才再开始复习功课，一直到晚上十一二点钟。即使在这种情况下，也没有一个学员打退堂鼓。

回忆起那段接受培训的经历，曾经是上航乘务长的顾雯珠说："在选拔你的时候是别人把握，但是读书是靠自己把握的，所以，已经到了这个地步，你没有回头的路了，只是往前走。"

1995年7月29日，这18位空嫂再次成为媒体关注的焦点，经过近五个月的拼搏，她们终于以平均分85.3分的成绩全部顺利通过十几门功课的考试，终于领到了梦寐以求的登机证。到了10月，她们已经不是新闻里的空嫂、电视上的空嫂，而是站在乘客面前实实在在、满面笑容、服务周到的空嫂。

微笑服务：中国民航系统的典范

曾经是纺织印染机械厂档案管理员的吴尔愉，如今已经是中国民航优良服务的代表性人物了。她虽然成立了以自己名字命名的吴尔愉工作室，也是上航空乘服务和机舱安全的检查员，但她一上飞机，在乘客的眼里，还是一个满面春风、微笑服务的空嫂。在上航开创初期，董事长贺彭年就提出空中乘务员要"微笑服务"，后来上航微笑服务的示范者就是空嫂吴尔愉，她还创立了中国民航系统的第一个服务法手册《吴尔愉服务法》。不过，吴尔愉说在飞机上她也不全是微笑，她也流过泪。

1995年的某一天，那是由南方的一个小城市飞往上海的航班，飞行时间非常短，只有40分钟。当时，飞机上来了一位手拿移动电话的乘客，他穿着非常显眼的衣着，一直在打电话。吴尔愉的师傅让她去提醒这位乘客把移动电话关掉，吴尔愉多次走到他身边，耐心地提醒他，直到飞机快滑到跑道口时，那位乘客还是不理睬她，并且把目光转向了窗外继续打电话。当时，吴尔愉就拍了拍那位乘客的肩膀，请他把移动电话关闭，可他却突然站起身来，推了吴尔愉一把，硬说吴尔愉打了他，这时，吴尔愉反倒有点愣住了，但吴尔愉冷静了一下，立即向乘客道歉。

这样一个不愉快的小插曲,让吴尔愉意识到了自己与乘客在沟通上存在的缺陷,她想,当时完全可以用另一种方式去劝阻这位乘客。吴尔愉说:"当年,那个移动电话和他的着装体现了他的身份,他是需要我们来欣赏和关注的,恰巧我没有用欣赏和关注的这种方式来安抚好他。如果当时我说,这位先生,这件衣服穿在您身上特别帅气,请您帮个忙,您的电话请长话短说,谢谢您。我知道您的时间很宝贵,但我们的飞行只有40分钟,到了以后您再继续沟通吧,这样做或许就不会出现后面的问题。"一个能反思自己、不断总结经验的人,她的微笑一定是真挚的,她的服务也一定是温馨的。吴尔愉,一个曾经面临转岗的纺织系统职工,不久就成了民航系统一位耀眼的服务明星,这不能不说是一个奇迹。

以往,航空公司招收空姐总要选年轻漂亮的,不过空中乘务员光养眼是不够的,还要养心,要能将心比心地服务乘客。上海航空公司通过招收空嫂来倡导一种家庭式的温馨服务,把机舱营造成了一个和谐温馨的大家庭。上航客舱部经理韩瑛说:"吴尔愉飞了1 600个小时,也就是飞了一年半不到就已经收到了800多封乘客的表扬信,这是什么概念?也就是说平均两个小时就有一封表扬信,两个小时就是一个航班啊。空嫂们的生活经验比较丰富,她们有工作阅历,还有生活经验,在客舱服务方面,能给乘客一种家的感觉和家庭式的温馨服务。"说起微笑服务,吴尔愉认为:"我们的承受能力可能跟年轻人还不一样,此外就是我们的执着,我们珍惜今天拥有的这个岗位,因为来之不易,所以倍加珍惜。"

吃苦耐劳:空嫂的质朴与坚守

在整整20年的乘务岗位上,这群比普通乘务员更能吃苦耐劳的空嫂们赢得了乘客们的赞扬和好评,其中的14位空嫂一直飞到了她们退休的那一天。2009年的12月,上航年龄最大的空嫂曲中伟年满50岁退休了。15年前,当她成为空嫂的时候,她流过眼泪,如今当她从空嫂岗位上退下来的时候,她又流泪了:"平时一直在说,要退休了,要退休了,还有几班,还有几班,但是到了这一天,真正要落地,要下来的时候,这个心

空嫂20年

上航年龄最大的空嫂曲中伟执飞最后一个航班

情没有办法说,很难舍弃。"曲中伟进上航当空嫂这么多年从来也没有请过一天假,她创造了上海航空公司飞行全勤的记录,到今天都没有任何一位空乘打破过这个记录。对于满勤,用曲中伟自己的话说就是"对于请假不能放松,一放松,人就会懈怠,工作是要靠毅力的,那么不请假也就习惯了"。

吃苦耐劳是空嫂们最大的特点,她们在纺织企业工作过,以前都是三班倒,应该说这是一个比较艰苦的行业,所以她们碰到困难,尽管压力很大,但都能够克服过去,从心理上、生理上、体力上去克服。曲中伟如此,她的姐妹们也同样如此,上航客舱经理胡伟萍说:"我为什么不对客人好一点呢?年长的,我就真的当他们是自己的父母,同龄的,就当成兄弟姐妹和朋友,乘客在航班上就待这么几个小时,大家和谐相处就很好,如果有什么不愉快的,我就跟他好好沟通,然后让他顺心。"说起这18位空嫂,上航公司总经理冯昕啧啧称赞道:"这18位空嫂对整个上航的服务品牌的创立、提升社会影响力做出了很大的贡献,而吴尔愉则是她们当中的一个杰出的代表。她们不单是上航的一块金字招牌,就是在整个民航界,她们也享有非常高的声誉。"

20年前,18位纺织女工走进了航空公司当上了空嫂,20年后,她们

20年后，空嫂们再相聚

风采依旧，当她们一个一个地从蓝天上退下来，卸下这身美丽的制服时，内心一定是十分感慨的。"让我再飞一会儿"是那些已经离开飞行岗位的空嫂们最朴实的心愿，当我们抬头仰望天空，看着一架架飞机在空中飞行时，请让我们记住这些美丽的空嫂，她们的追梦精神、她们的坚守与执着，是对这座城市最美好的注解。

上海裁缝

无论是过去还是现在,上海一直被称为是中国的"时尚之都"。在中国百年服装发展史中,上海裁缝和那些缝纫爱好者一起把上海人的服装带到了一个五彩斑斓的时代:海派旗袍让上海女人演绎出了千变万化的美丽与性感,改良西装赠予了上海人一份摩登与时尚感,而在全民做衣服高潮迭起的背后,则是上海女人用一针一线温暖了家人。

"百年上海的旗袍传奇"褚宏生

2016年8月22日,在人头攒动的上海展览中心书展现场,一位坐在签售台上瘦小精干、满头银发的老先生引起了大家的注意。这位98岁高龄

褚宏生

褚宏生为影星蝴蝶做的蕾丝旗袍的仿制品

的老人既不是作家也不是明星,他只是一个普普通通的匠人——"百年上海的旗袍传奇""最后的上海裁缝"褚宏生。

褚宏生15岁就从苏州来到上海学习裁缝手艺,从此和旗袍结下了一生的缘分。18岁时,他为电影演员胡蝶制作的一袭蕾丝旗袍引起极大的轰动,从而使他一举成名。1980年后,这位老人还在上海举办了旗袍高定秀,蜚声中外。80年的职业生涯中,褚宏生只专注于一件事——做手工旗袍。

巩俐、张曼玉、董洁、孟庭苇等女星都曾因为褚宏生的旗袍而大放异彩,潘红、陈道明甚至成龙的父亲都是他的座上客,再往前,宋美龄、王光美、胡蝶……这些无人不知的名字全都出现在他的订单簿上。褚宏生被公认的绝技是只需要看一眼照片,他就能知道顾客的身材尺寸,并能为她做出合身的旗袍,而这门绝技的背后,是他数十年如一日对手工制衣的坚持。说起最初学习裁缝手艺,褚宏生直言不讳地说自己有过思想斗争。当时,很多人都劝他去学习汽车修理技术,但父母告诉他,做裁缝的刮风下雨都在屋子里,风吹不到,雨淋不着。1933年,15岁的褚宏生在上海"苏广成衣铺"拜师学艺,开始了制衣生涯。据褚宏生回忆,"苏广成衣铺"在爱文义路(今北京西路)485号,是当时名声很大的服装店,店员就达五六十人,在那时,精通做中式服装的裁缝被称为'本帮裁缝'"。成为一名手艺高超的"本帮裁缝"是在"苏广成衣铺"当学徒的褚宏生的梦想,从最初的量体、缝纫,再到打样、绣工、盘扣,褚宏生跟着他的师傅一道工序一道工序地学习。少年懵懂,那时的褚宏生并未意识到做一件旗袍要吃那么多的苦,一件旗袍,要量衣长、袖长、前腰、后腰等20多个尺寸,制作一个小小的盘扣,至少要花费三个小时,就连如今看似朴素的裙摆滚边,在传统的技法里也要滚上三四道,工艺极尽繁复。制作一件普通的旗袍至少需要一周,而制作一件绣花的旗袍,少说也得三个月。而聪明好学的褚宏生在铺子里当了三年的帮工,到第四年便开始独立制衣了。

"苏广成衣铺"名望高,生意广,当时文艺界、戏剧界的知名女星都会来店里做旗袍。让褚宏生年纪轻轻就名声大噪的是为当红女星胡蝶制作的蕾丝旗袍。那个时候,制作高档的旗袍通常选用织锦缎、丝绸这些常见的面料,而蕾丝属于进口面料,且不说价格昂贵,制作工艺也极其复杂。褚宏生的这一大胆的想法并没有得到师傅的支持,师傅反而认为用西式蕾丝做中式旗袍难登大雅之堂,为此还把他教训了一顿。但褚宏生坚持己见,或许是他有着一股子"初生牛犊不怕虎"的冲劲,或许是他对几年来积累下来的制衣手艺的自信,又或许是因为他拥有一般裁缝无法比拟的想象力,他最终设计制作出了一件白色蕾丝镂空旗袍,这是他入行后独立完成的第一件作品。这件由当时中国最红的电影明星穿着亮相后,很快就在上海形成了一股风潮,褚宏生也因此声名鹊起。如今,这件旗袍被珍藏在纽约大都会的艺术博物馆中,这是世界对这位中国裁缝的最高礼遇。

在褚宏生的记忆里,这一辈子做过多少件旗袍他已经记不清了,胡蝶、王光美、宋美龄、陈香梅、韩菁清都穿过他做的旗袍,师傅当年搭在他脖子上的皮尺,这一挂就是80年。时光飞逝,如今,服装早已进入工业化生产的时代,褚宏生却坚持手工制作。他说:"机器踩出来的衣服硬梆梆的,体现不出女性柔美的气质,人手才能缝出圆润的感觉。"在这个成衣泛滥的年代,褚宏生依然用一针一线一把剪刀,守护着这份工匠精神。

如今,"苏广成衣铺"已经不复存在了,而代表海派旗袍定制最高水准的长乐路成为中外人士慕名前往的地方。在老上海斑驳的光影中,穿旗袍的女人是一道独特的风景。今天，穿着新式旗袍的女人，更是诠释了旗袍的韵致。这些年，每周五是褚宏生最开心的日子，因为他的徒弟周朱光会陪着他去和平饭店参加上海之夜的旗袍聚会，在花团锦簇、素雅清丽的衣香鬓影中，褚宏生仿佛又回到了申江水暖、豫园花香的旧时光影中……

上海女装的繁盛时期

褚宏生制作的那件白色蕾丝镂空旗袍，不仅恰如其分地体现出了胡蝶的柔美与娇艳，更是中西方时尚观念在他手里的一次大融合、大荟萃。20世纪二三十年代，上海被称为"东方巴黎"，这座城市不光有着精致独特的生活品味，也引领着服装时尚的最新潮流。东华大学服装与艺术设计学院包铭新教授认为："当时上海的商业就很发达，各种文化在这里碰撞与激荡，这些条件使得上海相当时髦，上海作为'时尚之都'的地位，不光在亚洲，就是在欧洲以外的地方都是无可争辩的。"

上海是中国最早受到欧美服饰文化影响的城市，巴黎的很多时尚服装经过海运，不出一个月就会出现在上海的街头，然而，在街头巷尾出现最多的上海女性服装还是经过改良的海派旗袍。因此，穿着展现曼妙身材的旗袍从十里洋场翩然走过的上海女性一时成了全国各地的时尚人士争相效仿的时髦对象。当年，旗袍已经不是富家小姐的专属，街头上，时髦女郎

20世纪30年代时髦的上海女性

穿着丝绸旗袍摇曳生姿，女学生的蓝布旗袍青春素雅，就连上海老姆妈和纱厂女工在旗袍的装点下也变得柔和起来。

其实，从20年代中晚期开始，旗袍就作为当时上海三类时髦女装的一种，与西式裙装以及以西式外套为主的时装一起风行上海街头，旗袍与西式服装穿着搭配的30年代，也成为上海女装最为华美、繁盛的时期。东华大学服装与艺术设计学院卞向阳教授说："旗袍更类似于西式连衣裙的穿法，它可以搭配西式的外套、皮鞋，或者围条围巾，尤其是到了30年代以后，大家都去烫头发，抹口红，穿丝袜，中西合璧成为一种日常配搭。"30年代大行其道的海派旗袍也非旗袍的源头，它是传统旗袍的改良版，上海文化在西方文明和中国传统文明之间，敢于打破陈规，形成了独特的海派服装文化，使得海派旗袍更加突出女性的曲线美，因此，受到了上海女性的喜爱，很快就赢得了女装的统治地位。

上海人对流行的敏感、对西方文化的接纳、对手工技艺的讲究以及对款式的精巧改良，使得上海的服装形成了既与巴黎同步又有独到风格的海派服饰流行时尚。"人人都学上海样，学来学去学不像，等到学到三分像，上海已经变了样。"这是当时流行的歌谣，形象地反映出了上海在当时的服装界显要的领先地位。

做西装的"奉帮裁缝"

30年代的上海，是长衫和西装、旗袍和时装交相辉映的时代，在繁华的上海街头出现了中装绣鞋与西装革履并存的奇观，与做旗袍的"本帮裁缝"不同的是一批做西装的"奉帮裁缝"。在三四十年代的上海，这群专门制作西式服装的浙江人成为各大服装公司的业务主力，"鸿翔""培罗蒙""龙凤""朋街"都是当时有名的服装公司。

1942年2月，13岁的陈慎德从浙江宁波来上海投靠他的裁缝亲戚。1943年，奉化人陈厚顺也在上海的西服店里开始做起了学徒，他们成了有名的"奉帮裁缝"中的一员。当时做学徒的待遇差得很，店老板只管饭，没有工钱，在出于"教会徒弟，饿死师傅"的顾虑下，老师傅们也通常

创立于1917年的鸿翔时装公司

创立于1928年的培罗蒙西服公司

不会手把手地把徒弟"领进门"。陈慎德和陈厚顺只能看着老师傅怎么做,自己就跟着怎么学。为了能够提高技艺,陈慎德除了白天在做学徒的店铺里跟着老师傅学习外,晚上还到当时做西装最有名的培罗蒙西服公司去无偿帮工,能够在培罗蒙里"偷师"一些手艺,让年轻的陈慎德高兴不已。回忆起年轻时做裁缝的经历,陈厚顺则不无感慨:"我们这个行当,做一件算一件,不做衣服就没有收入,所以很多人说,裁缝师傅夏天生臭虫,冬天又做死。夏天生意冷清,而冬天大家都要做衣服了,做裁缝的就要日夜拼命工作。"

陈慎德晚上去帮工的培罗蒙西服公司创建于1928年,以设计制作男式西服和大衣为主,公司创立不久就以面料高档、做工讲究、质量上乘、久不走样而成为名流富人定制西装的首选店家。培罗蒙的创始人许达昌把服装质量作为立业之本，不惜以高薪聘请了当时号称上海西服业"四大名旦"的王阿福、沈雪海、鲍公海、庄志龙等工艺大师，并配备上等技师，使得培罗蒙精英荟萃，人才济济。

在30年代的上海，和培罗蒙齐名的是定制女子西式服装的鸿翔时装公司。鸿翔时装公司创立于1917年，创始人之一是国内女子时装大师金鸿翔。当年，金鸿翔和他的弟弟金仪翔一起经营这家女装公司，并形成了独特的服饰风格。金仪翔的公子、原鸿翔时装公司设计师金泰均介绍说："公司一方面去外国人开的时装店学习制衣理念，另一方面也注重发挥自身特长，手工制作是中国人心手相传的民族技艺，于是'鸿翔'将机工和手工混合在一起，形成了独特的服饰风格。"

因为"鸿翔"定制的服装款式大都来自欧洲，所以很多衣服的面料也是直接从国外进口，虽然这样做下来的服装价格会比较高，但是丝毫不影响那些追求时髦的女士纷纷前来定制。当时上海的一些名流，包括宋氏三姐妹、胡蝶、阮玲玉、梅兰芳的夫人都是"鸿翔"的常客，因此，"鸿翔"女装在上海服装界中很快就成了"女装之王"。由于上海人追求的衣饰的精致，讲究做工质量，注重服装细节的"培罗蒙""鸿翔""龙凤""朋街"就成为那个时代上海最知名的四大服装商店。卞向阳教授认为，上海人会在各种场合找理由把自己打扮得与众不同，这也许就是上海人对于衣着的一种追求，或者说是一种把自己装扮得更加精致的天性。

藏不住的"赶时髦"

时间来到20世纪五六十年代，那时正值新中国建设时期，社会物资匮乏，百废待兴，在"发扬艰苦朴素精神，培养勤俭节约习惯"的指导思想下，到"鸿翔"定制高档成衣的人越来越少，当时已经在公司挑大梁的金泰均只能转做俄罗斯的外贸生意。当年的上海，还经历了一次改衣风潮，居民们利用废衣料，自己动手改做衣服。虽然当时上海服饰的风格整体上是蓝灰色的，式样也比较单调，然而，敏感而又爱美的上海人依然能够捕捉到来自欧洲最新的流行时尚。包铭新教授介绍说："在淮海路上,有人穿那种裤脚管很小的裤子,英国管这种裤子叫'烟囱裤'或者'铅笔裤',上海很快就跟上了这股风潮,差别就在一个'度'上。上海人学人家的时髦喜欢留一点'度'的差别,英国人的裤脚管很小,我们的稍微大一点。那时候十几岁的小孩不懂时髦,看不起穿这种裤子的人,跟在他们屁股后面叫'小裤脚管花衬衫,阿飞阿飞飞得来',就是在骂他们。"

在那个强调政治素养、以穿军绿色衣服为荣的年代,"小裤脚管花衬衫"自然是不受待见的,然而,穿着哥哥穿过的劳动布裤子也让秉承艰苦朴素传统的刘彩云还是感到了一丝的别扭。刘彩云穿的裤子基本上是哥哥穿下来的,那些裤子在膝盖、屁股的部位补了一圈又一圈,大家管这种缝缝补补的裤子叫"唱片裤"。一位十六七岁的花季少女,开始懂得了什么是好看,刘彩云暗下决心要自己学着做衣服。

刘彩云居住的弄堂里有一个宁波裁缝,那个时候的上海,这种弄堂里的裁缝店和弄堂口的裁缝摊有很多,像刘彩云这样的女孩子一有空就会跑到那里默不做声地看上半天。会了一点基本功的刘彩云开始尝试做一些简单的小孩衣服,但是做大人的衣服,她却迟迟不敢下剪刀。后来,她家楼上一位阿姨买了块料子送给刘彩云,让她大胆地去尝试,在这位好心阿姨的鼓励下,刘彩云依照纸样,做出了人生中的第一件大人衣服。随着刘彩云做衣服的水平越来越高,到了70年代中期,她已经可以给全家人做衣服了。

改革开放以后,老百姓的生活发生了翻天覆地的变化,人们的穿着打扮开始讲究起来。一部叫《街上流行红裙子》的电影让中国女性感受到了内在美与外在美是并行不悖的,银幕上的"红裙子"把中国女性从单一刻板的服装样式中解放了出来。自此,一个多姿多彩的服装时代正式到来。那个时候,为了方便不会裁剪只会缝制衣服的人,在很多布店都可以买到服装纸样。当时人们穿着的大多是用同一款纸样剪裁出来的衣裳,为了穿得和别人不一样,很多人就跑到书店里去买印有很多新颖款式衣裳的服装裁剪书。当时上海的出版社出了很多裁剪书,那是最受全国人民欢迎的东西。一件夹克衫可以同时推出五六种款式,然后让人学着去做,书店里服装裁剪书的热销,掀起了一股全民做衣服的热潮,在很多上海人的家里至

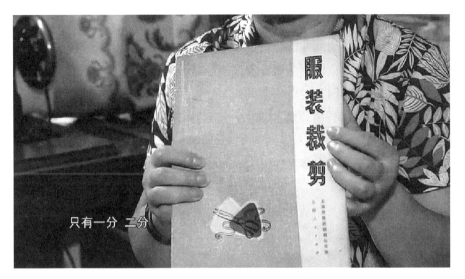

当年很多人都有这本《服装裁剪》

今还保存着当年买来的这些服装裁剪书。

一针一线总关情

当年眼热心痒、爱漂亮的牛秀华也跑去买了一本服装裁剪书,根据书上列出的算尺寸的公式,给哥哥做了一条裤子。说起那次裁剪布料的经历,牛秀华记忆犹新:"因为裁裤子没有经验,我把两层布料叠在一起裁,结果没注意,裤子裁得有长短,做好后给哥哥穿,哥哥说:'妹妹,你帮我看一下,我的脚是不是有长短?'我一看,是裤脚管做得有长短,我把他的裤子再修改了一下,他穿了屁颠屁颠地到单位里去上班,很自豪的。"这次的剪裁经历让牛秀华的胆子变得大了起来,开始尝试给自己和要好的小姐妹做衣裳。

牛秀华做衣裳的基本功都是从她邻居山东老太太那里学来的,后来,有了裁剪书的她就开始自己琢磨起新的服装样式。当时,牛秀华的工资比较低,所以她每次在南京路上的时装店里看到最新款式的衣服就会去布店买些衣料回家自己做。像牛秀华一样,很多的上海女性就在这样的摸索中慢慢练出了自己的一套做衣裳的手艺。1986年，31岁的胡剑萍要结婚了，因为喜欢做衣服，胡剑萍的妈妈就买了一台蝴蝶牌缝纫机给她作陪嫁。胡剑萍就用这台缝纫机做出了很多衣裳，也给喜欢唱越剧的妈妈做了一条唱戏穿的漂亮裙子。因为她做衣服既快又好，有时，刚做的连衣裙一穿出去就会被同事们用各种借口变相讹去。说起这些经历，胡剑萍笑呵呵地说："每次我穿着自己做的衣服，同事们都会开玩笑地说：'小胡的皮肤黑，这条裙子穿了黑乎乎的，不大好看的，给我穿吧。'反正我做的连衣裙都会被她们抢掉。"

1988年，做了三年业余裁缝的刘月琴要结婚了，有了做衣服经验的她决定给自己这个32岁的新娘子和她的新郎制作新婚礼服。刘月琴说："新郎官的那件衣服，从现在来看实在很一般，但以前穿的时候是很扎台型的。当年为了这块料子，我走遍了上海滩，我老公穿了这件衣服后，人家给他起了一个绰号叫'小开'。结婚后第三天我们到北京和天津去，一个外国人跷起大拇指说这件衣服漂亮。"当年，这股全民做衣服的热潮袭遍了整个上海，老百姓希望能够经常翻翻花头、穿穿不同式样的衣服，于是改衣服就成为那个年代上海人最热衷做的事情。刘彩云记得，20世纪80年代，上海市面上曾经流过行一种大喇叭款式的裙子，这个时尚风头过去之后，她把裙子改成了三条小短裤，外甥一条，儿子一条，侄女一条。随着外国电影的热播，电影里的喇叭裤马上就成为上海街头最时髦的服装，当时在很多家长看来，戴蛤蟆镜、穿喇叭裤的都是一些不良青年。为了能够穿上这样的喇叭裤，朱建萍在对付刻板的父亲上着实动了一番脑筋，她做的喇叭裤特意把裤脚管折起来一些，过一段时间，等到父亲不在意了，她再把裤脚管放了出来。

1981年，日本电视剧《姿三四郎》在中国热播，女主角高子穿的一款衬衫又引发了一轮的服装潮流，朱建萍的姐姐跟她说自己很想要一件这样的衬衫。朱建萍回忆说："当时我只在电视剧里看了一眼这件衬衫，记不得具体的样子，后来姐姐跟我说有个地方贴了一张高子穿这件衬衫的海报，她就带我一起去，走了很长的一段路，去看了这张海报。回来后，我就按照海报上的样式帮她做了一件衬衫，她穿了这件衬衫还特地到照相馆里去拍了一张照片呢。"

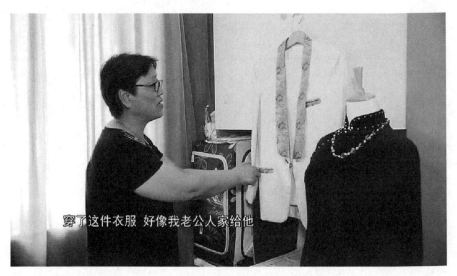

刘月琴至今保留着自己制作的新婚礼服

今天，很多以前要靠手工完成的制衣工序现在都可以用电脑来完成，做出来的衣服更合身，版型更时尚，做工也更精美，但一向勤劳、节约的上海妈妈仍然保留着手工制衣的传统，在她们看来，用一针一线缝制出来的衣服是最温暖的，这种"亲情牌"服装是其他服装替代不了的。让牛秀华最开心的事是到王家码头的面料市场淘零头布，多年做衣服的经历让她养成了这样的习惯，花最少的钱为家人和自己做最想穿的衣服，既节约钞票又物尽其用。和牛秀华一样，刘彩云改衣服的习惯也保留到了今天，儿媳妇不穿的衣服会被她改成小衣服给小孙女继续穿。朱建萍的儿子从小到大穿的衣服几乎都是她亲手做的，甚至到了读大学的时候，儿子仍然觉得妈妈做的衬衫比外面买的还要好，2016年春天，朱建萍的儿子又穿着妈妈做的衬衫领了结婚证。

上海裁缝和上海那些喜欢做衣服的人们引领了上海服饰的风尚，这些上海裁缝，他们也许是父亲、儿子，是母亲、女儿，是师傅、徒弟，但他们却共同拥有一颗专注的心，"以我之手裁剪我衣"。透过一件件衣服，触手可感的是他们精湛的技艺、独到的匠心和无价的亲情。

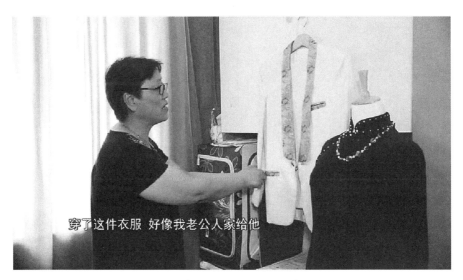

刘月琴至今保留着自己制作的新婚礼服

今天，很多以前要靠手工完成的制衣工序现在都可以用电脑来完成，做出来的衣服更合身，版型更时尚，做工也更精美，但一向勤劳、节约的上海妈妈仍然保留着手工制衣的传统，在她们看来，用一针一线缝制出来的衣服是最温暖的，这种"亲情牌"服装是其他服装替代不了的。让牛秀华最开心的事是到王家码头的面料市场淘零头布，多年做衣服的经历让她养成了这样的习惯，花最少的钱为家人和自己做最想穿的衣服，既节约钞票又物尽其用。和牛秀华一样，刘彩云改衣服的习惯也保留到了今天，儿媳妇不穿的衣服会被她改成小衣服给小孙女继续穿。朱建萍的儿子从小到大穿的衣服几乎都是她亲手做的，甚至到了读大学的时候，儿子仍然觉得妈妈做的衬衫比外面买的还要好，2016年春天，朱建萍的儿子又穿着妈妈做的衬衫领了结婚证。

上海裁缝和上海那些喜欢做衣服的人们引领了上海服饰的风尚，这些上海裁缝，他们也许是父亲、儿子，是母亲、女儿，是师傅、徒弟，但他们却共同拥有一颗专注的心，"以我之手裁剪我衣"。透过一件件衣服，触手可感的是他们精湛的技艺、独到的匠心和无价的亲情。